밀리터리 인공지능
# 리터러시

군인과 국방업무 종사자들이 인공지능을 주제로
자유롭게 대화하도록 돕는 인공지능 입문서

도전하는 사람들을 위한

# 밀리터리 인공지능
# 리터러시

정현식 지음

**인공지능의 이해를 위한 46개의 주제**

**국방환경을 바탕으로 하는 친숙한 설명**

쉽고 빠르게 인공지능 환경이해와 필수지식을 이해할 수 있도록 구성

좋은땅

## 추천사

도전하는 사람을 위한 『밀리터리 인공지능 리터러시』는 인공지능 기술의 기본 개념부터 국방분야에서의 실제 적용 사례까지 폭넓게 다룬 책으로 국방부 정보화기획관실에서 함께 근무했던 저자는 스마트국방 관련 업무를 수행한 경험을 바탕으로 내용을 구성했습니다.

이 책은 생성형 AI, 파이썬, 프롬프트 기획 등 주요 기술 요소를 군의 실무 환경과 연계해 이해하기 쉽게 설명하고 있고, 훈련, 정비, 작전 등 다양한 국방분야에서의 활용 가능성을 구체적인 사례 중심으로 보여줄 뿐만 아니라 개발자·관리자·사용자 간의 역할 차이를 고려한 소통 방식과 프로젝트 수행 시 유의할 점들도 제시하고 있습니다.

AI에 대한 기초 이해뿐 아니라 조직 내 적용을 고민하는 이들에게 실질적인 참고가 될 수 있어 국방 AI 혁신을 준비하거나 관심 있는 분들에게 유용한 입문서로 추천드립니다.

권혁진(서울과기대 교수, 前 국방부 지능정보화기획관)

## 추천사

　인공지능은 더 이상 기술 전문가만의 영역이 아닙니다. 모든 사람이 알아야 할 보편적 지식이 되었지만, 기술을 이해하는 것은 여전히 어려운 일입니다. 인공지능 활용 분야가 확산되면서 소버린 AI가 주목받는 이유는 고유한 문화적 맥락을 충분히 이해하는 AI 서비스 제공에 있습니다.

　국방분야 역시 마찬가지입니다. 국방 영역에서 인공지능을 효과적으로 활용하려면 인공지능에 대한 이해가 널리 확산되어야 하며, 국방의 관점에서 인공지능을 바라보는 것 자체가 또 다른 형태의 소버린 AI라고 할 수 있습니다.

　이 책은 인공지능에 다가가고자 하는 독자들에게 어렵고 전문적인 기술적 접근 대신 군사적 환경을 배경으로 인공지능에 대한 상식을 제공합니다. 인공지능의 확산과 국방업무 지능화를 위한 훌륭한 길잡이가 될 것입니다.

류효상(예비역 해군소장, 前 국방부 첨단전력기획관)

## 추천사

국방 인공지능은 미래 국방력을 보장할 수 있는 핵심기술로 인공지능과 국방의 융복합을 통해 국방력을 강화하고 민군협력을 통해 국가 경쟁력을 높이는 경제적 성과를 거둘 수 있습니다.

그럼에도 인공지능 겨울로 알려진 수 차례의 발전이 정체했던 시기가 발생한 이유는 기술적 한계보다는 인공지능에 대한 기대와 현실의 차이를 메우지 못한 원인이 더욱 컸습니다.

전 세계 패권경쟁이 가장 치열하게 이루어지고 있는 동아시아의 중심에 있는 우리나라는 반드시 확보해야 하는 대표적 첨단기술 인공지능에 대하여 저자의 풍부한 경험을 바탕으로 주요 주제를 설명하고 사례가 정리되어 있습니다.

많은 분들이 국방 인공지능에 대한 폭 넓은 이해와 활용을 위한 인사이트를 얻을 수 있는 좋은 기회를 공유할 수 있기를 바랍니다.

박현규(전산학 박사, 前 국방전산정보원장)

## 추천사

최근 전쟁 이론과 개념이 "Generative Knowledge Warfare"이고 우리 국방부의 슬로건이 "4차 산업혁명 기술 기반의 AI과학기술강군 육성"이고 보면 전쟁 승리의 Enabler는 바로 인공지능(AI)입니다.

우리 국방분야의 인공지능 기술의 적용과 확산을 위해서는 야전 환경에서 근무하는 장병들이 인공지능을 제대로 이해하고 이를 응용하고자 하는 능력이 필수적인데 군 여건상 모두가 교육의 기회를 갖기 힘든 게 또한 현실입니다.

이러한 측면에서 국방 지능정보화를 위해 개발자와 사용자, 그리고 관리자를 이어 주는 의사소통의 매개체이자 군 인공지능의 요소와 학습 기법(모델들) 그리고 응용에 대한 고민의 길잡이로 도전하는 사람을 위한 『밀리터리 인공지능 리터러시』는 필독서입니다. 인공지능을 이해하는 스마트한 군인이 스마트 국방을 만들 것이라 믿습니다.

강지원(세종대 교수, 한국인터넷정보학회 국방정보기술연구회장)

## 추천사

중국이 Deepseek라는 AI를 발표 했을 때, 세상은 '제2의 스푸트니크 쇼크'라고들 이야기하며 놀라워했다. 하지만, 다른 관점에서는 활용에 따라 관점과 방법을 조금만 달리하면 우리도 충분히 가능하겠구나라고도 이야기했다.

『밀리터리 인공지능 리터러시』는 군에서 오랜기간 근무한 국방기술 전문가인 저자가 그동안의 생생한 실무경험과 연구를 통해 쌓아온 최신기술과 국방AI 활용사례까지 정리한 책으로, 국방부 및 방위산업 관련자들이라면 꼭 읽어봐야 할 국방AI의 A부터 Z까지 친절하게 설명이 되어 있다.

AI 전문가들은 올해가 빠르게 발전하며 우리의 생활에 스며드는 AI를 공부할 마지막 시기라고들 이야기한다. 그 누구보다 앞서가기 위해 노력하며 도전하는 사람이라면 꼭 읽어 보길 추천한다.

박진호(동국대 교수, 국방안전연구센터장)

## 프롤로그

　인간의 삶을 가장 깊고 광범위하게 변화시킨 혁신기술 중 하나는 바로 IT, 즉 정보기술이다. 이 기술은 우리 사회와 개인 생활 전반에 걸쳐 지대한 영향을 미치며 끊임없는 변화를 이끌어왔다. IT는 '디지털화'라는 단계에서 시작하여, 우리의 삶을 전산화하는 기반을 마련했다. 다음 단계인 '정보화' 과정에서 기술과 시스템을 활용하여 업무 효율성을 높이고, 의사결정을 지원했다. 현재 우리는 이 두 단계를 지나 컴퓨터가 스스로 학습하고 판단하며, 복잡한 문제를 해결하는 능력을 갖추는 '지능화'라는 새로운 변화의 물결 속에 서 있다. 이러한 흐름은 궁극적으로 스스로 판단하고 행동할 수 있는 '자율화' 시대로 더욱 진전할 것이다.

　당면한 지능화의 중심에는 인공지능이 있다. 인공지능은 단순한 소프트웨어나 도구에 그치지 않는다. 인공지능은 모든 분야에서 혁신의 촉매 역할을 수행하여 우리 사회의 구조와 일상생활의 모습을 근본적으로 바꾸는 수단이다. 이 변화의 힘은 우리의 삶 곳곳에 스며들어, 우리의 세상 자체를 바꾸고 있다고 해도 지나치지 않다.

　오늘날 인공지능은 더 이상 먼 미래의 공상과학 소설 속 이야기가 아니다. 이미 우리 일상 속 깊숙이 자리 잡아서 길 찾기나 음악 추천과 같은 실생활에서 누구나 쉽게 경험할 수 있는 기술이 되었다. 하지만 인공지능은 단순한 기능을 넘어 사람들에게 지금까지 경험하지 못한 새로운 즐거움과 편리성을 제공하고, 전문가조차 해결하기 어려운 복잡한 문제에 대한 해답을 제시하고 있다. 군사 분야에서는 러시아-우크라이나 전쟁이나 이스라엘-이란 분쟁에서 보고 있듯이, 정교한 목표설정과 신속한 의사결정을 지원하고 전쟁의 효율성과 대응 속도를 향상시키면서 현대전의 판도를 근본적으로 변화시키고 있다.

우리가 인공지능의 영향력이 앞으로 얼마나 큰 변화를 가져올지에 대해 이야기하는 것은 더 이상 미래학자들의 예측이나 희망사항이 아니다. 인공지능의 가치는 전 세계적으로 이미 증명되고 있는 현실이며, 이제는 모두가 공감하는 상식이 되었다. 인공지능은 모든 산업과 분야에서 혁신을 이끄는 중심축으로 활약하고 있고, 앞으로 그 영향력은 더욱 확대되어 우리 일상의 새로운 표준이 될 것이다. 현존하는 문제와 다가오는 새로운 과제를 인공지능의 힘으로 해결하는 시도는 끊임없이 진화하고 있으며, 이는 단순히 기술 진보의 단계를 넘어 사회적, 경제적, 문화적 변화를 앞당기고 있음을 의미한다.

거대한 인공지능의 흐름 앞에서 우리는 그저 지켜보기만 하거나 막연한 두려움에 빠져 있을 수 없다. 개인뿐만 아니라 조직 차원에서도 이 변화의 본질을 이해하고, 스스로 그 변화의 파도를 바라보며 가장 적절한 시점에 그 파도를 타 나갈 수 있는 준비를 해야 하는 시점이 도래했다. 이를 위해서는 무엇보다도 '변화에 대한 올바른 이해'와 '주체적 태도'가 필수적이다. 이러한 준비는 도전과 학습, 그리고 적응을 통해서 가능하며, 포기나 회피가 아니라 적극적이고 도전적인 자세가 요구된다.

많은 사람들이 인공지능에 대해 막연한 불안감이나 두려움을 갖고 있거나, 넘쳐나는 정보의 바다에서 어디서부터 시작해야 할지 몰라 막막함을 느끼고 있다. 매일 쏟아지는 수많은 뉴스 기사와 끊임없이 등장하는 새로운 전문 용어는 평범한 사람들에게 오히려 인공지능을 더욱 복잡하고 어렵게 느끼게 만든다. 단편적인 정보만으로는 인공지능의 본질적인 의미와 함께 잠재된 가치를 충분히 이해하기도 어렵다. 한편으로는 너무 깊고 전문적인 기술 내용을 접하면, 비전문가는 쉽게 좌절하거나 흥미를 잃을 수도 있다. 이처럼 전문성과 접근성 사이에서 적절한 균형을 잡는 일은 인공지능의 이해를 위한 실질적 난관이다.

새로운 기술을 익히는 과정은 분명 쉽지 않은 용기 있는 도전이다. 무언가 익숙하고 익힌 것들을 잠시 내려놓고 미지의 영역으로 한 걸음 내딛는 일은 때로 부담스럽고 두려울 수밖에 없다. 우리 모두가 오랫동안 사용해온 낯익은 도구와 방식을 바꾸는 데에는 혁신저항이라고 정의되는 심리적 저항이 따른다. 과거에 '컴퓨터 문맹(컴맹)'에서 벗어나기 위한 노력이 한 시대를 획기적으로 바꾸었고, 우리 사회의 삶의 방식을 근본적으로 바꿔 놓았던 역사를 떠올려 보면, 지금 우리가 맞이한 인공지능 시대 또한 그러한 도전의 순간임을 알 수 있고, 혁신저항 또한 내려놓아야 하는 요소이다.

'리터러시(Literacy)'라는 개념은 원래 문해력(文解力), 즉 문자를 읽고 쓰는 능력을 말한다. 하지만 오늘날에는 이런 전통적 의미를 넘어 특정 분야에서 요구되는 지식과 정보를 이해하고, 평가하고, 분석하며, 효과적으로 소통하여 개인과 사회의 문제를 해결하는 포괄적이고 역동적인 능력을 지칭한다. 특히 리터러시는 시대와 사회 환경이 변화함에 따라 그 의미와 범위가 계속해서 확장되고 진화해 왔다. 다시 말해, 특정한 환경에서 필요한 정보를 이해하고 활용할 수 있는 능력이 곧 그 분야에서의 리터러시라는 뜻이다. 이는 단순히 '이 용어의 의미가 무엇인가'에 대한 이해를 넘어, '이 용어와 저 용어는 어떤 관계를 가지고 있는가'에 관한 인식과 분석을 포함한다.

국방 분야는 다른 일반 산업 분야와는 차별화된 특수한 환경을 가지고 있다. 이 책은 군인과 국방업무에 참여하는 다양한 이들이 인공지능을 단순한 도구가 아닌 일상의 업무와 임무수행에 유의미하게 적용할 수 있도록 '인공지능 리터러시'를 키우는 데 중점을 둔다. 여기서 인공지능 리터러시는 단순히 ChatGPT나 NotebookLM 같은 인공지능 도구를 단순히 다루는 기술을 익히는 것에 그치지 않는다. 인공지능이 어떻게 만들어지고, 어떤 원리로 작동하며, 어떠한 환경과 조건에서 가장 효과적으로 활용될 수 있는지에 대해 깊게 이해하는 것을 의미한다. 이를 통해 군과 국방에 참여하는 조직과 개인이 인공지능이 미칠 영향과 가능성을 정확히 통찰하고, 이를 바탕으로 실제 필요한 행동과 결정을 내릴 수 있는 역량을 갖추게 하는 것이 궁극적 목표이다.

이 책은 기술적 내용을 포함하고 있지만 개발자나 프로그래머를 위한 전문 기술서적이 아니다. 오히려 국방 분야에서 인공지능에 대해 비전문가인 독자들이 인공지능 기술의 탄생 배경부터 머신러닝과 딥러닝 같은 핵심 개념을 단계적으로 익히고, 국방에서 관심과 수요가 높은 인공지능의 적용 분야까지 쉽게 이해할 수 있도록 한다. 어렵고 낯선 전문 용어는 최소한으로 줄이고, 복잡한 원리는 알기 쉬운 비유나 도표를 이용한 비교와 그림을 통해 설명함으로써, 인공지능이 '복잡한 기술'이 아니라 '흥미롭고 쓸모 있는 상식'으로 인식될 수 있도록 돕고자 한다. 이러한 과정은 독자들이 인공지능의 잠재력을 정확히 파악하고 국방 업무에 실제로 활용할 수 있는 실질적 능력을 키우는 데 이바지할 것이다.

이 책의 구성은 크게 세 부분, 즉 '환경에 대한 이해', '기술 요소와 학습 기법', 그리고 '실제 활용을 위한 접근'으로 나누었으며 총 8개의 주제를 다루고 있다. 첫 번째 파트에서는 인공지능이 개발되고 운영되는 환경, 즉 모델 개발 상황과 인프라, 그리고 다양한 응용 분야를 포괄적으로 살펴본다. 독자들은 이를 통해 인공지능이 어떤 현장에서 만들어지고 어떠한 이점을 사용자에게 제공하는지 폭넓게 이해할 수 있을 것이다. 두 번째 파트는 인공신경망을 구성하는 주요 요소들과 인공지능이 지능을 형성하는 과정인 학습 원리를 다룬다. 여기서는 '모델' 대신 '신경망'이라는 용어를 채택하여, 독자가 혼동 없이 인공지능의 기본 개념을 이해하도록 돕는다. 마지막 세 번째 파트는 국방 분야에서 특히 주목받는 객체 탐지 기술과 거대 언어 모델(LLM)에 대해 깊이 있게 다룬다. 더 나아가 오픈소스 인공지능 모델을 활용하는 방안과 이와 관련한 적용 방법에 대해서도 안내한다. 실제로 조직 내에 적절한 인프라 환경과 인력이 갖춰진다면, 오픈소스를 기반으로 필요한 인공지능 기능을 직접 개발하여 활용할 수 있음을 강조한다.

또한, 이 책은 인공지능 발전 과정에서 중요한 역사적 사건 10가지를 선정하여 상세히 소개한다. 이러한 역사적 배경은 오늘날 우리가 직면한 인공지능 기술과 사회적 변화의 본질을 이해하는 데 도움이 될 것이다. 과거의 중요한 전환점과 사건들을 짚어봄으로써, 독자들은 현재의 인공지능이 어디서부터 왔는지, 그리고 앞으로 어떤 방향으로 나아갈지에 대한 통찰을 얻을 수 있을 것이다.

인공지능을 포함하는 IT 기술은 그 범위와 깊이가 오대양으로 구성된 바다와 같다. 지금 우리는 이 중의 한 영역인 이 '인공지능의 바다'를 함께 항해하는 탐험가이다. 이 책을 통해 우리는 새로운 지식을 배우고, 함께 성장하는 여정을 시작하려 한다. 그리고 이 여정의 끝에서, 우리는 무한한 가능성을 가진 인공지능이라는 바다에서 대항해 시대의 주인공으로 거듭날 것이다.

용기 있는 도전과 꾸준한 학습은 단지 개인의 역량을 키우는 데 그치지 않고, 첨단기술을 기반으로 하는 국방력 강화와 국가 안보에 기여하는 중요한 밑거름이 될 것이다. 우리가 함께 가는 이 길이 쉽지는 않겠지만, 그 여정의 가치는 그 어떠한 것보다 값질 것임을 믿어 의심치 않는다. 자! 이제 함께 출발하자. 저 멀리 수평선에 뭉게구름이 피어오르고 푸른 파도가 출렁이는 저 인공지능의 바다로······.

# 목차

추천사 ··· 5
프롤로그 ··· 10

## PART 1
## 환경에 대한 이해

### CHAPTER 1 인공지능 모델 개발환경

1.1 파이썬! 인공지능 개발을 위해 읽고 쓰기를 배우다 ··· 24
1.2 오픈소스! 공유와 협업으로 인공지능의 길을 열다 ··· 28
1.3 통합개발환경(IDE)! 학습을 위한 환경을 마련하다 ··· 33
1.4 개발 프레임워크! 학습을 위한 도구를 준비하다 ··· 38
1.5 데이터셋! 학습을 위한 교재를 준비하다 ··· 42

### CHAPTER 2 인공지능 인프라 환경

2.1 프로세서! 컴퓨터에 심장을 달다 ··· 50
2.2 GPU! NVIDIA를 인공지능의 강자로 만들다 ··· 55
2.3 CUDA! GPU의 병렬처리를 통제하다 ··· 61
2.4 NPU! 모든 것에 인공지능을 장착하다 ··· 66
2.5 인공지능 플랫폼! 인공지능 서비스를 위한 토대이다 ··· 70
2.6 개발 자동화 도구! 효율성과 정확성을 높이다 ··· 77

**CHAPTER 3** 인공지능 응용 분야

3.1 데이터 과학! 인공지능의 길을 개척하다 ··· 82
3.2 예측과 분류! 인공지능은 이미 일상에 있었다 ··· 86
3.3 컴퓨터 비전! 인공지능이 보는 것을 이해하다 ··· 93
3.4 자연어 처리! 인공지능이 사람과 대화하다 ··· 99
3.5 지능형 로봇! 인공지능이 세상 속에서 행동하다 ··· 103

# PART 2
# 기술요소와 학습기법

**CHAPTER 4** 인공신경망 기술요소

4.1 인공신경망! 인간의 뇌를 모방한 기술이 등장하다 ··· 112
4.2 인공신경망! 인공뇌에도 여러 종류가 있다 ··· 117
4.3 인공신경망 학습! 목표는 확률을 최대화하는 것이다 ··· 124
4.4 파라미터! 지능이 만들어지는 원천이다 ··· 128
4.5 하이퍼파라미터! 인공신경망 학습의 교과편성이다 ··· 132
4.6 활성화 함수! 인공신경망의 채점방식이다 ··· 136
4.7 과적합! 언제나 과도한 것은 문제가 된다 ··· 141

**CHAPTER 5** 인공신경망 학습기법

5.1 머신러닝! 기계에 생각하는 능력을 부여한다 ··· 146
5.2 기본 학습! 기계의 추론능력을 깨운다 ··· 150
5.3 전이 학습! 완성된 모델을 직무전환 시킨다 ··· 154
5.4 자기지도 학습! 학습용 데이터 처리 노력을 절감한다 ··· 158

5.5 메타 학습! 학습하는 방법을 학습한다 ··· 163
5.6 앙상블 학습! 인공지능이 집단지성을 발휘하다 ··· 168
5.7 n-샷 학습! 데이터셋이 부족해도 학습한다 ··· 174
5.8 멀티모달 학습! 다양한 감각으로 학습한다 ··· 178

# PART 3
# 활용을 위한 접근

### CHAPTER 6  객체탐지 모델

6.1 객체탐지를 위한 노력 ··· 188
6.2 객체탐지 모델의 진화과정 ··· 194
6.3 객체탐지 모델이 제공하는 정보! ··· 201
6.4 객체탐지 모델의 성능평가! ··· 204

### CHAPTER 7  거대 언어 모델과 생성형 인공지능

7.1 LLM의 등장! 인간과 인공지능의 협업시대를 열다 ··· 210
7.2 워드 임베딩! LLM이 지식을 쌓는 방법이다 ··· 217
7.3 환각과 편향! 대단한 LLM의 치명적 약점이다 ··· 223
7.4 파인튜닝과 RAG! LLM에 전문성과 최신성을 부여한다 ··· 227
7.5 sLLM! 가볍고 빠른 LLM이 필요하다 ··· 231
7.6 생성형 인공지능! 인간의 창의성에 도전하다 ··· 236

### CHAPTER 8  오픈소스 인공지능 모델의 국방활용

8.1 예측 모델의 국방업무 활용 ··· 244

| | |
|---|---|
| **8.2** 분류 모델의 국방업무 활용 | ⋯ 248 |
| **8.3** 3차원 렌더링 모델의 국방업무 활용 | ⋯ 252 |
| **8.4** 이미지 생성 모델의 국방업무 활용 | ⋯ 256 |
| **8.5** 오디오 생성 모델의 국방업무 활용 | ⋯ 261 |


| | |
|---|---|
| 에필로그 | ⋯ 265 |
| 부록 | ⋯ 267 |
| 참고 문헌 | ⋯ 297 |

# PART 1
# 환경에 대한 이해

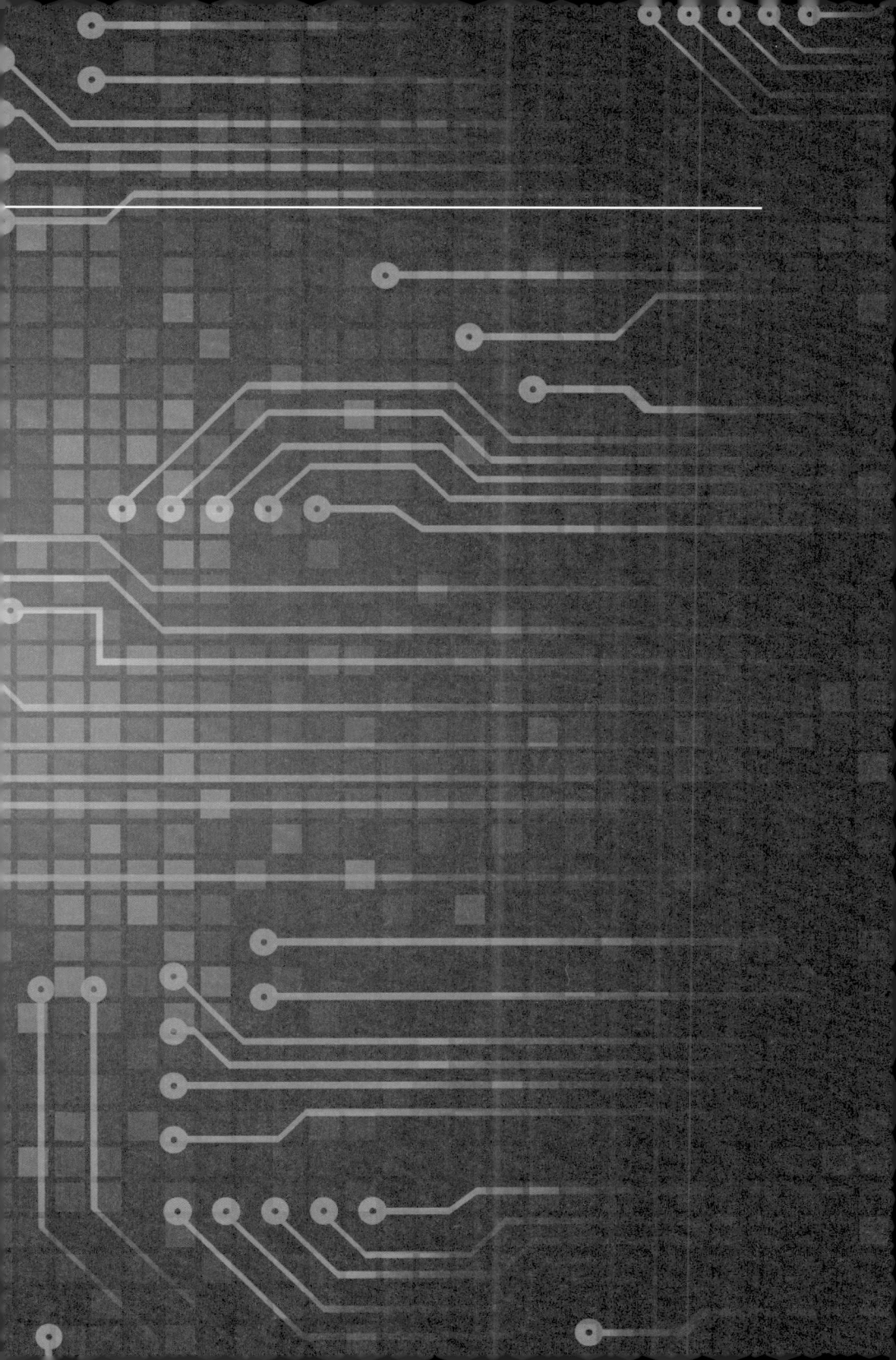

CHAPTER 1

# 인공지능 모델 개발환경

1.1 파이썬! 인공지능 개발을 위해 읽고 쓰기를 배우다
1.2 오픈소스! 공유와 협업으로 인공지능의 길을 열다
1.3 통합개발환경(IDE)! 학습을 위한 환경을 마련하다
1.4 개발 프레임워크! 학습을 위한 도구를 준비하다
1.5 데이터셋! 학습을 위한 교재를 준비하다

## 1.1
# 파이썬!
# 인공지능 개발을 위해 읽고 쓰기를 배우다

> 파이썬은 가독성이 뛰어나고 풍부한 라이브러리를 갖춘 프로그래밍 언어로, 인공지능 개발에 최적화되어 있다. 초보자도 쉽게 배울 수 있는 문법과 플랫폼 독립성을 가지며, 필수적인 디지털 역량으로 자리 잡고 있다.

프로그래밍Programming은 컴퓨터라는 기계가 특정한 작업을 수행하도록 명령을 만드는 과정이다. 개발자는 문제를 해결하거나 업무의 편리성을 높이기 위해 논리적인 절차인 알고리즘을 설계하고, 프로그래밍 언어를 사용하여 명령어들의 집합인 코드를 작성한다. 우리가 사용하는 소프트웨어는 이러한 코드의 최종 결과물이다. 기계인 컴퓨터는 코드를 해석하고 실행하여 작업을 수행한다. **프로그래밍은 컴퓨터를 통해 아이디어를 현실로 구현하는 창조적인 활동**이다.

인공지능 개발자에게 파이썬Python[1]의 활용능력은 학생이 공부를 시작하기 위해서 한글을 배우는 것과 같이 반드시 익혀야 하는 기본 역량

---

1) 1994년 '파이썬 1.0'이 등장한 이후 2000년에는 '파이썬 2.0'이, 2008년에는 '파이썬 3.0'이 등장하였다. 현재 파이썬은 비영리 단체인 파이썬 소프트웨어 재단(파이썬 Software Foundation, PSF)에서 관리하며, 파이썬 3.x 버전만 다운로드 가능하다.

이다. 파이썬은 뛰어난 가독성으로 초보자도 쉽게 이해할 수 있고, 주제별 커뮤니티에 참여한 전 세계의 개발자들이 제공하는 풍부한 라이브러리를 활용할 수 있어 **파이썬은 인공지능 개발에서 최적화된 언어로 평가**받고 있다.

[프로그래밍의 흐름]

프로그래밍 언어는 오랫동안 인간과 기계 간의 소통방식을 지속적으로 변화시켜 왔다. 1세대인 기계어와 어셈블리어는 컴퓨터가 직접 이해할 수 있는 2진수 코드로 구성되어 프로그래밍이 매우 어려웠다.

이후, 1960년대 초반에 등장한 2세대 언어는 인간이 읽을 수 있는 형태로 발전하여 프로그래밍 접근성을 높였고, 3세대 언어에서 구조적 프로그래밍을 지원하며 소프트웨어 개발의 효율성을 크게 향상시켰다.

1980년대에 등장한 4세대 언어는 객체지향 프로그래밍이라는 새로운 패러다임을 도입하여, 수천만 라인 이상의 코드로 만들어진 Windows 같은 대규모 소프트웨어 개발을 가능하게 했다.

이러한 프로그래밍 언어의 발전은 단순한 기술적 진화를 넘어 프로그래밍의 대중화를 이끌었고, 우리 삶에 자리 잡은 유비쿼터스 컴퓨팅 Ubiquitous Computing 환경에서 컴퓨터가 인간의 삶에 더 깊이 통합되는 데에 중요한 역할을 했다.

인공지능 개발에서 특히 강점을 발휘하고 있는 파이썬은 1991년에 네덜란드 출신의 프로그래머인 귀도 반 로섬Guido van Rossum이 만든 인터프리터 방식의 프로그래밍 언어이다. 파이썬은 **편리성**과 **범용성**으로 웹 및 게임 개발, 데이터 분석을 포함하여 거의 모든 프로그래밍 분야에서 소프트웨어 개발자들이 선호하고 있다.

두 마리의 뱀이 얽혀 있는 형상이다.

(귀도 반 로섬)                    (파이썬 로고)

* 출처 : https://blog.dropbox.com/

[귀도 반 로섬과 파이썬 로고]

**파이썬은 인간이 사용하는 자연어에 가까운 문법을 사용하는 프로그래밍 언어**로 ▲초보자도 쉽게 배울 수 있고, ▲운영체제에 영향을 받지 않는 플랫폼 독립성을 가지며, ▲다양한 라이브러리Library[2]를 쉽게 이용

---

2) '라이브러리'는 프로그래밍에서 특정 기능을 수행하는 코드의 모음이다. 마치 도서관에 다양한 책들이 정리되어 필요할 때마다 대출하는 것처럼, 소프트웨어 개발자가 필요할 때마다 가져다 사용할 수 있는 코드들을 모아 놓은 것이다.

할 수 있는 특징이 있다.

2024년 GitHub의 보고서는 파이썬을 가장 인기 있는 프로그래밍 언어로 선정하면서 인공지능 개발 분야에서 파이썬은 선택이 아닌 필수적인 언어로 평가했다. 파이썬은 **온라인 강의나 유튜브 등을 통해 무료로 학습**할 수 있으며, 국내에서는 **초·중등학교에서도 교육 과정에 포함될 만큼 대중화**되었다.

현실적으로 텐서플로$_{TensorFlow}$나 파이토치$_{PyTorch}$와 같은 인공지능 개발용 프레임워크들이 파이썬 기반으로 개발되어 있기 때문에, 파이썬 언어를 숙달하지 않으면 인공지능 개발이 어렵다. 인공지능에 기술적으로 접근하려 한다면 **파이썬을 먼저 학습하고 숙달**하는 것이 가장 효율적이고 현실적인 접근 방식이다.

프로그래밍이 문제 해결 능력, 논리적 사고력, 창의력을 키우는 종합적인 활동임을 고려할 때 파이썬 활용 능력은 전문성을 가지려는 사람들에게는 엑셀이나 파워포인트의 활용과 같은 보편적인 역량이 되어가고 있다.

## 1.2
# 오픈소스!
# 공유와 협업으로 인공지능의 길을 열다

> 오픈소스는 소스 코드가 공개되어 자유롭게 활용, 수정, 배포할 수 있는 개발문화로 공동체 정신에 기반한다. 독점적 소프트웨어에 대한 저항으로 시작되어 기술 민주화를 통해 인공지능 발전의 동력으로 자리매김하였다.

　　인공지능은 개방적이고 유연한 오픈소스Open Source 환경을 발판으로 빠르게 발전해 왔다. 오픈소스는 다양한 분야의 개발자들이 협력하고 정보를 공유할 수 있는 소프트웨어 개발 및 활용 생태계를 만들었고, 인공지능이 비약적으로 발전할 수 있도록 하는 원동력이 되었다.

　　**오픈소스**는 프로그램의 소스 코드Source Code가 공개되어 누구나 자유롭게 사용·수정·배포할 수 있는 소프트웨어 개발문화이자 소스 코드 자체를 의미한다. 오픈소스는 특정기업이나 개인이 저작권을 소유한 상업용 소프트웨어와 달리 프로그램의 소스 코드 자체를 공개하여 개발자가 원하는 대로 수정 및 편집이 가능하므로 소프트웨어에 새로운 기능을 추가하거나, 새로운 소프트웨어로 개량하여 재배포할 수 있다.

　　1970년대 이전에 소프트웨어는 대체로 자유롭게 공유되고 수정될 수 있었지만, 1980년대에 접어들면서 Unix나 Windows와 같은 소프트웨어 개발과정에서 소스 코드와 저작권을 독점하는 이익추구형 소프트웨어 개발방식이 주류가 되자 이에 대한 저항으로 **자유 소프트웨어 운동**이 시작되었다.

자유 소프트웨어 운동은 1990년대 후반에 와서 기업 친화적인 성격을 강조하고, 대기업의 자발적인 참여가 이루어지면서 자유 오픈소스 소프트웨어Free Open Source Software, FOSS운동으로 발전하였다. 본격적인 인공지능 시대에 접어들면서 자유 소프트웨어보다는 오픈소스 소프트웨어의 개념이 더욱 중요하게 부각되고 있다.

오픈소스는 시간이 지날수록 소프트웨어 개발자들의 협업을 통해 개선되면서 **일부의 경우에는 완제품 수준으로 공유되어 수정 없이도 활용**할 수 있다. 경우에 따라 완성도가 다소 부족한 오픈소스라 하더라도 업무간 보고서를 만들 때 초안이나 과거에 작성한 보고서를 이용하면 짧은 시간에 완성도 높은 보고서를 만들 수 있는 것과 같은 효과를 소프트웨어 개발에서도 얻을 수 있다.

오픈소스는 공동체 정신에 기반한다는 점에서 1960년대 미국의 히피Hippie문화와 연계성을 추정할 수 있다. 히피문화는 무질서하고 부정적인 측면도 있지만, 지식·경험·아이디어를 자유롭게 공유하는 긍정적인 가치도 가지고 있다. 또한, 지리적으로 현재의 IT 클러스터인 샌프란시스코는 당시에 히피 문화의 중심지이기도 해서 문화적 토양이 되는 데 일조했을 것이다. 히피문화에 영향을 받은 젊은이들이 IT 전문가로 성장하면서 그들의 문화적 경험은 소프트웨어 개발 철학에 반영되어 오픈소스 정신으로 계승되었을 가능성이 농후하다.

자유 소프트웨어 운동은 상업형 소프트웨어 개발방식에 대한 저항으로 1980년대 초반 MIT 실험실 프로그래머였던 **리처드 스톨먼**Richard Stallman의 주도하에 시작되었다. 리처드 스톨먼은 유료화된 Unix와 호환되지만 완전한 무료 OS를 만드는 것을 목표로 GNU[3] 프로젝트를 시작하였고, 이를 승계한 **리누스 토발즈**Linus Torvalds가 1991년에 Linux OS[4]를 개발하여 결실을 맺게 되었다.

\* 출처 : (좌)https://www.redusers.com/noticias/ (우)https://www.techradar.com/pro/
[GNU의 선구자들 : 리처드 스톨먼(좌)과 리누스 토발즈(우)]

대부분의 자유 소프트웨어는 오픈소스 소프트웨어이다. 그러나, 어떤 오픈소스 소프트웨어는 자유 소프트웨어가 아닐 수 있다. 또한, 상업적 사용 자체는 대다수 오픈소스와 자유 소프트웨어 라이선스에서

---

[3] GNU는 'GNU's Not Unix!'의 재귀 약자로, 이름에서 알 수 있듯이 1980년대 당시 유료화된 독점 운영체제인 유닉스(UNIX)와 호환되면서도 완전히 자유로운 소프트웨어 시스템을 목표로 했다.

[4] 'Linux'는 오픈소스의 대표적인 성공 사례로 컴퓨팅 환경, 특히 서버환경에서 중요한 역할을 담당해 왔다. 모바일 기기에서 주로 사용하는'안드로이드 OS'도 리눅스를 기반으로 개발되었다.

허용되지만, 일부 부가 서비스나 특수 라이선스에 한 해 비용이 발생할 수 있다.

| 구분 | Free Software | Open Source Software |
|---|---|---|
| 목표 | 사용자의 자유와 권리 보호 | 소프트웨어 개발 및 혁신 촉진 |
| 지향점 | 사용, 수정, 배포의 자유 | 실용적, 기술적 가치 |
| 라이선스 | GNU 일반대중 사용허가서 | MIT, Apache 등 다양함 |

[Free SW와 Open Source SW의 구분]

근래에 와서 오픈소스의 활용은 소프트웨어 개발 전반에 걸쳐 보편화되었다. 상업용 소프트웨어 생태계에서도 오픈소스를 기반으로 개발[5]하여 판매하는 경우가 흔하고, 정부와 공공기관 또한 오픈소스의 혁신성을 이해하고 오픈소스의 활용을 장려하고 있다.

오픈소스 생태계에서 핵심적인 역할을 하는 오픈소스 공유플랫폼[6]은 전 세계 개발자들이 협력하여 코드를 작성하고 수정할 수 있는 환경에서 분야별로 전문화되고 있는데 GitHub, Hugging Face 등 글로벌 공유 플랫폼 외에도 기업이나 커뮤니티에서 분야별 오픈소스 플랫폼을 운용 중이다.

---

5) '오픈소스'는 커스터마이징하거나, 기술 인력이 단순 설치 이상의 작업을 해야 하는 경우 등에는 소요비용이 발생한다.
6) '오픈소스 공유플랫폼'은 오픈소스를 지원하는 환경 또는 인프라(인터넷으로 접속하는 서버)를 의미한다.

| 구분 | GitHub | Open CV | Hugging Face |
|---|---|---|---|
| 서비스 개시 | 2008년 | 2000년 | 2016년 |
| 플랫폼 관리 | Microsoft | Open CV 재단 | Hugging Face Inc. |
| 특 징 | 광범위한 개발 생태계 지원 | 컴퓨터 비전에 특화 | Transformer 및 NLP에 특화 |

[주요 오픈소스 플랫폼]

오픈소스가 확산되면서 공급망 취약점을 이용한 사이버 위협은 새로운 관리요소로 부상했다. GitHub의 경우 美 국가안보국National Security Agency, NSA이 소프트웨어 공급망의 보안관리[7]를 위해서 보안취약점을 차단하여 **사이버 위협으로부터 안전한 오픈소스 사용을 지원**하는 것으로 알려져 있다.

인공지능 분야에서는 모델의 개발에 필요한 다양한 자동화 도구와 함께 거대 언어 모델Large Language Model, LLM까지도 오픈소스 공유 플랫폼을 통해 제공되고 있다. 이러한 오픈소스 환경은 인공지능 분야에 혁신의 문을 열고 **기술의 민주화**[8]를 발전시켰으며, 인공지능 기술의 성장에 절대적인 역할을 하고 있다.

---

7) 오픈소스 공급망 보안에 관심을 가지고 적극적으로 관리해야 하는 것은 이 문제가 '안보차원'에서도 중요한 위협이기 때문이다.
8) '기술 민주화'는 모든 사람이 기술을 접근하고 활용할 수 있도록 접근성을 확장하는 과정이다. 기술에 있어 '교육 격차'를 해소하고, '사회적 불평등'을 완화하며, '협업 및 혁신 촉진'에 기여한다.

# 1.3
## 통합개발환경(IDE)!
## 학습을 위한 환경을 마련하다

> 통합개발환경(IDE)은 소프트웨어 개발에 필요한 도구를 통합한 플랫폼이다. 인공지능 개발에서는 IDE는 단말 설치형과 클라우드 접속형이 있으며, 개발자의 선호도와 환경에 따라 선택할 수 있다.

**통합개발환경**Integrated Development Environment, IDE은 소프트웨어 개발에 필요한 다양한 도구를 통합하여 개발자의 코드 작성을 지원하는 소프트웨어이다. 전통적으로 소프트웨어 개발 분야에서 가장 널리 사용되는 IDE는 Microsoft의 Visual Studio는 파이썬, C언어, JAVA 등 다양한 프로그래밍 언어를 동시에 지원한다.

IDE는 개발자의 프로그램 개발과정에서 자동 오류식별, 자동 버전관리 등 **다양한 편의성을 제공**한다. 개발자는 웹, 게임, 군용 소프트웨어와 같은 개발 분야와 개인의 기호에 따라 자신의 단말기에 선호하는 IDE를 구축하여 개인 연구실처럼 활용한다.

인공지능 개발에서 IDE는 학습도구를 모두 갖춘 교실과 같다. 문서 작성을 위해서 Windows에서 제공하는 메모장이 아닌 아래아한글(또는 MS-Word)을 이용하는 것처럼 인공지능 개발에서 IDE는 필수적인 요소이지만, 어떤 IDE를 사용할지는 개발 분야 특성과 개발자의 선호도에 따라 결정된다.

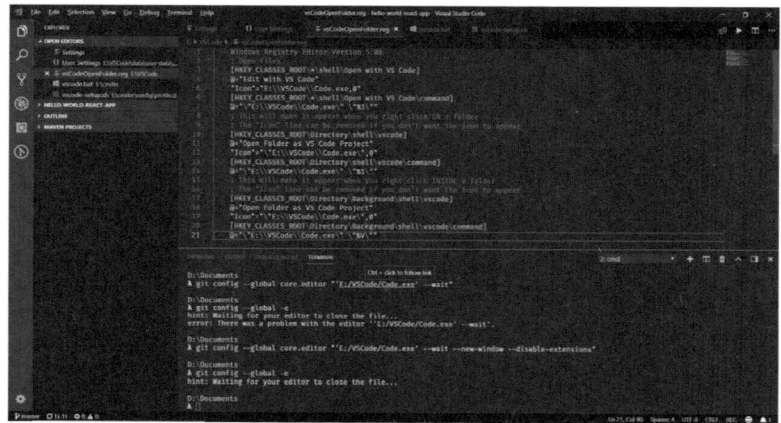

[Visual Studio(VS) 화면구성]

IDE를 인간의 환경에 비유하자면, 학습을 위해 필요한 화이트 보드, 프로젝터, 교재함, 사물함 등을 갖춘 교실과 같다. 편안한 책상과 의자, 멀티미디어 기기, 효율적인 내부 배치 등은 학습 효과를 높이는 것처럼 친숙한 IDE는 개발자의 업무효율을 높인다.

만약에 조직 내부에 온프레미스On-Premise 인공지능 개발 플랫폼을 구축한다면 IDE는 사용할 개발자의 의견을 반영하거나, 보편성이 높은 것으로 표준화하여야 한다.

IDE는 **단말 설치형**과 **클라우드 접속형**으로 구분할 수 있다. **단말 설**

**치형**은 개발자의 PC에 설치하는 것으로 아나콘다Anaconda, 스파이더Spyder, 주피터 노트북Jupyter Notebook 등이 있어 개인 취향에 따라 맞춤식으로 구성할 수 있다.

**클라우드 접속형**은 인터넷에 접속하고 클라우드 서버에서 제공하는 기능을 사용하는 것으로 Google 코랩Google Colab, 코드스페이스Code Space, 구름 IDE 등이 있다. 클라우드 접속형의 경우 GPU와 같은 고성능의 연산자원을 함께 제공하므로 기본적으로 유료 서비스이지만, 비전문적 사용자는 제한된 시간 동안 무료로 사용할 수도 있다.

| 구분 | 종류 | 설명 |
| --- | --- | --- |
| 단말 설치형 | 아나콘다 | • 파이썬 및 R 프로그래밍 언어의 배포판<br>\* 파이썬, NumPy, pandas, Matplotlib 등을 포함하여 설치됨 |
| | 스파이더 | • 아나콘다에서 제공하는 통합개발환경 |
| | 주피터 노트북 | • 주피터 커뮤니티에서 제공하는 통합개발환경 |
| 클라우드 접속형 | Google Colab | • Google이 주피터 노트북을 모방하여 클라우드 서버로 구현한 가상의 통합개발환경 |
| | Code Space | • 깃허브가 제공하는 통합개발환경 |
| | 구름IDE | • Colab과 유사한 국내의 통합개발환경<br>\* 정부지원 하에 카카오, NHN 등이 투자하여 개발함 |

[인공지능 개발용 IDE의 예]

IDE의 발전을 주도한 **Jupyter**[9]는 2001년 콜롬비아 출신의 페르난도 페레즈Fernando Perez가 박사과정 중에 시작한 비영리 단체인 IPython

---

9) 'Jupyter'라는 이름은 개발 초기에 주피터에서 지원 가능한 세 개의 언어인 'Julia', 'Python', 'R'에서 유래했다. 주피터는 현재 40개 이상의 다양한 프로그래밍 언어를 지원한다.

Project에서 시작되었다. IPython Project는 산출물로 IPython Notebook을 대중에 제공하였는데 2014년에 Project의 이름이 Jupyter로 변경되었다. 이후 Jupyter는 Jupyter Notebook에서 성능이 향상된 Jupyter Lab과 클라우드 접속형인 Jupyter Hub로 발전되어 왔다.

파이썬의 배포판인 **아나콘다**Anaconda를 설치하면 Jupyter Notebook과 Jupyter Lab이 모두 설치될 뿐만 아니라, 데이터 과학에 필요한 다양한 패키지[10]를 함께 설치할 수 있다.

커널 주변으로 3개의 언어인 'Julia', 'Python', 'R'이 돌고 있다.

(페르난도 페레즈)　　　　　　　　(쥬피터 로고)

\* 출처 : (좌)https://canssiontario.utoronto.ca/event/ares_fernando_perez/,
(우)https://kravensecurity.com/파이썬-threat-hunting-tools-jupyter-notebooks/

[페르난도 페레즈와 쥬피터 로고]

주피터 노트북은 ▲코드를 작성하고 실행 결과를 바로 확인할 수 있는 **대화형 코딩**, ▲GitHub에 바로 연결하여 협업 및 공유가 가능한 **웹 기반 환경**, ▲코드・텍스트・이미지・비디오 등 다양한 **콘텐츠 통합**, ▲ **다양한 프로그래밍 언어 지원** 등의 장점으로 코딩 교육, 데이터 과학,

---

10) 아나콘다는 Scikit-learn, Matplotlib, Pandas, NumPy, SciPy, Seaborn 등 수백 가지가 설치되는 'all-in-one 패키지'이다.

머신러닝 등 다양한 분야에서 널리 사용되고 있다.

대부분의 클라우드 접속형 IDE는 주피터 노트북과 유사한 사용자 환경을 제공하는데 Google에서 제공하는 Colab 또한 클라우드 접속형 주피터 노트북 환경으로, **PC에 별도의 소프트웨어 설치 없이 웹 브라우저만 있으면 별도의 설치과정 없이 어디서든 파이썬 코드를 작성하고 실행**할 수 있다. 또한, 고성능 병렬연산에 필요한 GPU 또는 TPU를 클라우드에서 제공하여 비용투입을 최소화하여 인공지능 모델을 개발할 수 있다.

민간분야에서 보편화된 클라우드 접속형 IDE 환경은 폐쇄망 환경에서 인공지능 모델의 학습에 필요한 GPU 자원을 공유할 수 있어 국방분야에서도 **인공지능 개발능력의 숙달과 자체 모델 개발의 활성화**를 위해서 좋은 모델로 벤치마킹할 수 있다.

# 1.4
# 개발 프레임워크!
# 학습을 위한 도구를 준비하다

> 2010년대 후반에 텐서플로우와 파이토치 같은 인공지능 개발 프레임워크가 오픈소스로 공개되면서 누구나 인공지능 모델을 개발할 수 있게 되었다. 이는 인공지능 개발을 대중화하고, 기술 발전의 토대를 마련했다.

2010년대 후반에 인공지능 개발 프레임워크Framework가 오픈소스로 공개되면서 인공지능 모델을 개발하고 학습시킬 수 있는 환경을 제공하여 인공지능에 대한 진입장벽이 낮아졌다. 대기업이나 연구소의 전유물이었던 인공지능 모델 개발을 소규모 IT업체뿐만 아니라 개인 연구자도 가능하게 했으며, 개발과정의 단순화·효율화로 인공지능 개발 환경에 혁신적인 변화를 가져왔다.

**방법론**Methodology은 특정 목표 달성이나 문제해결을 위한 체계적인 접근 방식 또는 절차를 의미하는데, **프레임워크**는 이러한 방법론을 실제 환경에 적용하기 위한 구체적인 실행도구의 모음이다. 인공지능 개발 프레임워크는 인공지능개발을 위한 도구로 학생의 필기, 그림, 음악에 필요한 도구를 보관하는 교실 내 학습도구 보관함에 비유할 수 있다.

인공지능 개발 프레임워크는 인공지능 모델 개발에 필요한 다양한 기능과 도구, 재사용 가능한 코드를 제공하는 오픈소스 라이브러리이다. 예를 들어, 수학적 연산에 필요한 **함수 코드**, 모델의 학습과정과 구조를 나타내는 **시각화 도구**, 개발된 모델을 서비스 플랫폼으로 넘기는 **배포 도구** 등이 있다.

학생이 수업과목에 따라 도구를 선택하여 사용하는 것처럼, 인공지능 개발자는 자신이 설정한 개발 방법론에 따라 인공지능 개발 프레임워크에서 필요한 도구를 불러와서 원하는 인공지능 모델을 개발한다.

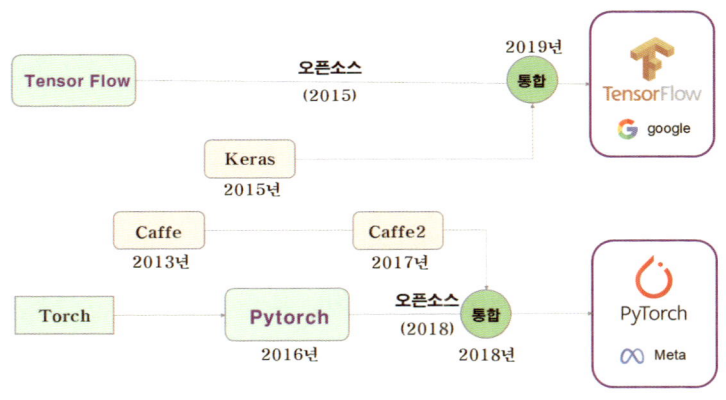

[인공지능 개발 프레임워크의 변천과정]

인공지능 모델 개발 시에 개발자는 개발환경, 모델유형, 성능 요구사항 등을 고려하여 적절한 프레임워크를 선택해야 한다. 인공지능 개발의 양대 프레임워크는 **텐서플로우**TensorFlow와 **파이토치**PyTorch이다. 과거에는 케라스Keras[11], 카페Caffe[12] 등 분야별로 특화된 프레임워크들도 사용하였으나, 점차 텐서플로우와 파이토치로 통합되면서 두 가지 프레임워크는 인공지능 분야의 사실상의 표준De facto standard으로 입지를 확보하게 되었다.

| 구분 | TensorFlow | PyTorch |
|---|---|---|
| 개발주체 | Google | Meta |
| 공개시기 | 2015년 | 2018년 |
| 주 활용분야 | 대형 지능화 시스템, 다양한 인공지능 생태계 | 연구 개발, 자연어 처리, 컴퓨터 비전 |

[TensorFlow와 PyTorch 비교]

텐서플로우는 Google에서 개발하여 2015년 오픈소스로 공개되었고, 파이토치는 Meta에서 개발하여 2018년 오픈소스로 공개되었다. 모델 개발에 필수적인 텐서플로우와 파이토치의 공개는 수많은 소프트웨어 개발자들과 데이터 과학자들을 인공지능 분야에 유입시키는 중요한 계기가 되었다.

텐서플로우는 벡터, 스칼라, 행렬 등 수학적인 데이터 배열을 아우르는 **텐서**Tensor[13]가 데이터의 흐름Flow을 따라 연산되는 방식에서 이름이

---

11) 'Keras'는 2015년에 Google의 소프트웨어 엔지니어인 프랑수아 숄레(Franois Chollet)가 개발한 오픈소스 딥러닝 라이브러리이다.
12) 'Caffe'는 이미지 인식 분야에 강점을 가진다.
13) 'Tensor'는 딥러닝에서 데이터를 표현하고 처리하는 기본적인 단위이며, 딥러닝 모델의 모든 연산은 텐서의 흐름을 기반으로 이루어진다.

유래했다. Google은 텐서플로우를 오픈소스로 공개하며 개발자들이 모델 개발에 참여할 수 있는 환경을 제공하였다.

또한, 사용자 친화적인 인터페이스를 제공하는 케라스를 통합하여 초보자도 쉽게 인공지능 모델을 개발할 수 있도록 하였다. 텐서플로우는 강력한 성능과 사용의 용이성을 모두 갖춘 대표적인 딥러닝용 프레임워크로서 인공지능의 발전에 핵심적인 역할을 수행하고 있다.

한편, 파이토치는 기존 인공지능 개발 프레임워크인 토치$_{Torch}$를 파이썬 환경에서 사용할 수 있도록 개선한 데서 이름이 유래했다. Meta는 파이토치를 오픈소스로 제공하여 소규모 연구개발실이나 개인 개발자들의 인공지능 개발 접근성을 높였다. 파이토치는 실험적인 모델 개발에 강점을 가지므로 연구개발 분야에서 더욱 널리 활용되고 있다.

Google과 Meta는 많은 노력과 자원을 투입하여 개발한 텐서플로우와 파이토치를 오픈소스로 공개함으로써 인공지능의 발전에 이정표를 세웠다.

인공지능은 본질적으로 **오픈소스 환경에서 협력적 생태계를 기반으로 발전**한다. 텐서플로우와 파이토치 또한 경쟁적 협력을 통해 인공지능 기술 발전에 기여하고 있다.

## 1.5
# 데이터셋!
# 학습을 위한 교재를 준비하다

> 인공지능 개발의 핵심은 양질의 학습용 데이터셋으로 양, 균형, 최신성은 정확한 답변을 얻는데 결정적이다. 데이터는 분석을 통해 가치를 창출하는 경제적 자산으로 품질관리가 중요하다.

　인공지능 모델 개발의 가장 중요한 요소는 **학습에 사용하는 데이터셋**이다. 인공지능의 본질은 학습에 의한 예측능력이므로, 인공지능 모델의 학습재료인 데이터셋의 양·균형·최신성은 사용자가 정확한 답변을 얻는 데 결정적인 역할을 한다.

　아무리 우수한 교육 환경과 도구가 갖춰져 있어도 부실한 교재로는 학습의 목표를 달성할 수 없는 것처럼, 인공지능 모델의 성능을 위해서는 양질의 데이터셋을 준비해야 한다.

　데이터는 숫자, 문자, 기호 등 다양한 형태로 표현된 가공되지 않은 정보이다. 데이터는 **자연 발생적 데이터**와 **인간 활동으로 생성된 데이터**로 구분할 수 있는데 모든 정보체계는 숫자 형태의 데이터[14]를 가

---
14) 영상이나 파형과 같은 숫자가 아닌 것은 컴퓨터에서 처리할 수 있도록 숫자형태로 변환하

공하여 필요한 정보를 생산한다.

데이터의 활용은 수집으로부터 시작된다. 가장 효율적이고 정확도가 높은 데이터를 수집하는 방법은 **기존 정보체계의 데이터베이스나 센서 데이터를 활용**하는 것이다. 기존 정보체계의 데이터베이스는 정확하고 활용성이 높을 뿐만 아니라 데이터 수집비용을 절약할 수 있다. 사물인터넷의 경우에는 데이터를 실시간·지속적으로 수집할 수 있을 뿐 아니라 인간의 개입 없이 수집되므로, 주관적인 편견이나 오류를 최소화할 수 있다.

특히 사물인터넷은 ▲기상이나 소음 및 진동과 같은 **환경 데이터**, ▲심박수나 혈당 및 뇌파와 같은 **생체 데이터**, ▲압력이나 유량 및 전력과 같은 **물리적 상태 데이터**, ▲장비의 작동이나 생산품질 및 재고와 같은 **성질 데이터** 등 수집하는 데이터의 종류와 형태가 다양하여 인공지능과 결합할 경우 활용도가 높다. 최근에는 수집된 데이터의 처리에서 인공지능과 연계가 필수화되면서 인공지능 사물인터넷Artificial Intelligence of Things, AIoT라는 용어가 보편화되었다.

데이터는 단순히 나열된 숫자나 텍스트만으로는 큰 의미를 가지지 않지만, 분석과 해석 과정을 거치면 유용한 정보로 탈바꿈한다. 데이터는 형식, 출처, 접근성, 가치, 구조, 소유권 등에 따라 다양하게 분류되지만, 인공지능에서 활용하는 데이터의 관점에서는 텍스트, 이미지, 수치, 오디오 등으로 구분하고 있다.

---

는데 이를 '인코딩'이라고 한다. 문자나 기호 또한 숫자로 변환하여 처리한다. 입력 시점의 데이터 형태에 불문하고, 컴퓨터 내에서 처리하는 것은 오로지 숫자이다.

| 구분 | 텍스트 | 이미지 | 수치 | 오디오 |
|---|---|---|---|---|
| 형태 | 문자 | 사진, 그림 | 숫자 | 파동 |
| 형식 | 비정형 | 비정형 | 정형 | 비정형 |

[형태에 따른 데이터의 분류]

양질의 데이터는 **사용 목적에 부합하고, 정확하며, 최신상태를 반영**한 것이다. 전통적으로 컴퓨터 시스템에서 "쓰레기를 넣으면 쓰레기가 나온다"는 말로 입력되는 데이터 품질의 중요성을 강조해 왔듯이 부실한 데이터는 인공지능 학습의 효율성을 떨어뜨리고 모델의 성능을 저하시킨다. 마치 부실한 교재가 학생들에게 잘못된 지식을 전달하는 것과 같다.

인공지능 모델은 개별적인 데이터만으로는 효과적으로 학습시키기 어렵다. 인공지능 모델의 학습은 **주어진 데이터 간의 관계, 패턴, 특징 등을 이해하여 새로운 데이터에서도 재현할 수 있도록 하는 것**인데, 이는 구조화되고 의미 있는 형태로 정리된 데이터셋$_{Dataset}$[15]을 통해 가능하다.

데이터셋은 단순한 데이터의 모음이 아니라, 학습 목적에 맞게 정제-전처리-레이블링 등의 과정을 거쳐 모델이 학습하기에 적합한 형태로 만들어진 것이다. 예를 들어, 이미지 분류 모델을 학습시키기 위해서는 많은 이미지 데이터와 각 이미지가 어떤 객체를 나타내는지에 대한 레이블이 포함된 데이터셋이 사용된다.

---

15) 인공지능 학습에는 원시데이터가 아니라 레이블링과 메타정보를 추가한 데이터셋이 필요하다. 따라서, 인공지능 학습을 설명하는 과정에서는 정확한 의미 전달을 위해서 '원시데이터'와 '데이터셋'이라는 두 용어를 명확하게 사용하는 것이 바람직하다.

| 구분 | 설명 |
|---|---|
| 이미지 분류 | • 이미지 데이터에 해당 이미지가 나타내는 객체의 이름을 레이블을 부여 |
| 객체인식 | • 미지 내에서 특정 객체의 위치를 박스 형태로 표시하고, 해당 객체가 무엇인지 레이블을 부여 |
| 텍스트 분류 | • 텍스트 데이터에 긍정, 부정, 중립과 같은 감성 레이블을 붙이거나, 뉴스 기사의 주제를 레이블을 부여 |
| 음성 인식 | • 음성 데이터에 해당하는 텍스트 내용을 레이블을 부여 |
| 시계열 데이터 | • 이벤트 발생 여부나 상태 변화에 대해 레이블을 부여 |

[레이블링 방법의 예]

원시데이터를 인공지능 학습에 사용하는 데이터셋으로 정제하는 과정의 일부인 레이블링 작업은 비교적 단순하지만 많은 시간과 비용이 소요된다. 과거에는 Google이나 MS 같은 글로벌 테크기업들이 크라우드소싱Crowdsourcing 플랫폼이나 외주업체를 통해 저임금 노동력을 활용[16] 하였으나, 최근에는 규칙기반이나 인공지능 기반의 **데이터 정제 솔루션과 자기지도 학습** 같은 새로운 학습방식이 등장하여 시간과 비용을 절감할 수 있게 되었다.

인공지능 모델 개발의 성공은 데이터셋 제작 단계에 얼마나 많은 노력과 자원을 투자하느냐에 달려있다고 해도 과언이 아니다. 데이터 플랫폼을 구축하는 경우 단순한 데이터의 수집, 저장으로 끝나는 것이 아니라 원시데이터를 데이터셋으로 변환하는 과정이 반드시 필요하다.

---

16) 국내에서도 2022년부터 일자리 창출을 위한 정책사업으로 데이터 레이블링이 활용되기도 했다. NIA에서 주도적으로 '인공지능 학습데이터 구축' 직무를 개발하여 NCS로 정식 확정하고, '데이터 레이블러'라는 새로운 직업 명칭이 사용되기 시작했다.

이 데이터셋 제작dataset creation 과정은 수집과정보다 더 많은 비용과 시간이 소요될 수 있지만, 이 과정과 노력이 선행되어야만 효율적인 모델 개발을 위한 데이터 품질을 확보하고, 인공지능 활용을 위한 기획과 실행이 뒤를 이어갈 수 있다.

| 구분 | 설명 | 구성비 |
| --- | --- | --- |
| 훈련용 데이터 | • 모델을 학습시키는 데 사용<br>• 파라미터를 조정하며, 데이터의 패턴을 학습 | 80% |
| 평가용 데이터 | • 모델의 성능을 평가하고 하이퍼파라미터를 조정<br>• 모델의 성능을 모니터링하고, 과적합을 방지 | 10% |
| 시험용 데이터 | • 최종적인 모델의 일반화 성능을 평가하는 데 사용<br>• 실제 환경에서의 성능을 객관적으로 평가 | 10% |

[학습용 데이터의 용도별 배분]

인공지능 모델 개발은 훈련Training-평가Validation-시험Test의 단계를 거치는데, 데이터는 인공신경망의 훈련단계뿐만 아니라 평가단계와 시험단계에서도 필요하다. **성능평가의 객관성을 달성**하기 위해서 가용한 데이터는 훈련용, 평가용, 시험용으로 학습준비 단계에서 배분하여야 한다.

데이터는 보호되어야 하는 정보보호 관점뿐만 아니라 경제적인 측면에서도 조직의 중요한 자산으로 가치를 가진다. 당장 인공지능 활용 여건이 마련되지 않더라도 미래를 대비하여 데이터를 체계적, 통합적으로 관리해야 한다.

대규모의 기업이 아닌 조직이나 기업에서 인공지능을 활용하는 경우에는 대개 **오픈소스로 공개된 파운데이션 모델**Foundation Model**이나 사전훈련**Pre-Trained**된 모델을 기반으로 전이학습**Transfer Learning**을 통해 업무에 특화된 모델을 개발**하는데, 해당 기능이나 업무영역의 데이터셋은 전이학습을 위한 더욱 중요한 요소이다.

민간에서는 영업 및 기술정보의 유출을 방지가 중요한 경우에 해당 조직 내에 **온프레미스**On-Premise [17] 방식의 인공지능 플랫폼을 구축하는 것이 일반적 추세이다.

데이터에 대한 접근성 차원에서 기관 내에 온프레미스 인공지능 시스템을 구축하는 경우 담당자는 데이터의 활용 권한을 확보해야 한다.

타 정부기관보다 더욱 높은 정보보호 수준이 적용되어야 하는 국방분야에서 업무용으로 인공지능을 활용하기 위해 온프레미스 플랫폼을 구축하고, 여기에 탑재하기 위한 국방용 특화모델 개발이 필수적인데 모델의 개발에 필요한 데이터에 대한 접근제한은 여전히 현실적 한계사항[18]이다.

향후 예상되는 인공지능 모델 수요의 폭증과 군 외부 데이터 제공의 현실적 제약사항을 고려할 때 자체적으로 개발인력 양성을 하여 필요한 모델을 개발하도록 능력을 더욱 **빠르게 발전시킬 필요가 있다.**

---

17) '온프레미스(On-Premise)'는 클라우드 컴퓨팅과 대비되는 개념으로 조직이 필요한 소프트웨어와 하드웨어를 직접 구매하여 자체적으로 서버를 구축하고 운영하는 IT 인프라 구축 방식을 의미한다.
18) '아무도, 아무것도 믿지 말라'는 제로 트러스트(Zero Trust)는 내부직원에게 조차 필요한 최소한의 데이터 접근 권한만을 부여하는 개념이다.

CHAPTER 2

# 인공지능 인프라 환경

2.1 프로세서! 컴퓨터에 심장을 달다
2.2 GPU! NVIDIA를 인공지능의 강자로 만들다
2.3 CUDA! GPU의 병렬처리를 통제하다
2.4 NPU! 모든 것에 인공지능을 장착하다
2.5 인공지능 플랫폼! 인공지능 서비스를 위한 토대이다
2.6 개발 자동화 도구! 효율성과 정확성을 높이다

## 2.1
# 프로세서!
# 컴퓨터에 심장을 달다

> 유비쿼터스 AI 시대에 맞춰 프로세서가 다양하게 진화 하고 있다. CPU 중심의 프로세서는 GPU를 포함한 다양한 인공지능용 프로세서로 분화되어 발전 중이며, 기존 반도체의 성능과 효율을 높이고 있다.

지금은 컴퓨터의 세상이다. 손목, 주머니, 승용차, 신호등, 심지어 가전제품까지 우리 주변 어디든 컴퓨터가 존재하며, 사용자의 상황과 필요에 맞춰 최적의 서비스를 제공하는 유비쿼터스 컴퓨팅Ubiquitous Computing[19] 환경에서 생활하고 있다. 유비쿼터스 환경에서 **컴퓨터는 다양한 형태의 프로세서**Processor **자체를 의미**한다. 그러나, 인공지능 환경에서는 이러한 프로세서들이 인공지능용 프로세서로 대체될 것이며, 유비쿼터스 인공지능Ubiquitous AI 시대가 도래할 것이다.

컴퓨터 시스템의 핵심 부품인 프로세서는 프로그램의 명령어를 해석하고 실행하며, 연산과 제어를 담당한다. 컴퓨터는 입력장치, 처리장치, 기억장치, 출력장치 등으로 구성되는데, 이 중 **프로세서는 처리장치**

---

[19] 제록스의 팔로알토 연구소에 근무하던 마크 와이저(Mark Weiser)가 1988년 이 개념을 처음 사용했다.

에 해당하며 컴퓨터에서 가장 중요한 역할을 한다.

| 구분 | 설명 |
| --- | --- |
| 명령어 해독 | • 프로그램의 명령어를 해석하고, 수행할 연산종류를 결정 |
| 연산 실행 | • 해독된 명령어에 따라 필요한 연산을 수행 |
| 데이터 관리 | • 메모리에 저장된 데이터를 읽고 쓰고 관리 |
| 제어신호 생성 | • 다른 부품들에게 필요한 제어 신호를 보내 작동을 지시 |

[프로세서의 역할]

프로세서는 새로운 기능에 대한 요구가 증가함에 따라, 기존의 CPU 중심 구조에서 벗어나 기능과 용도에 특화된 다양한 형태로 분화 및 발전하고 있다. 이러한 제품화된 **다양한 프로세서를 통칭하여 xPU**[20]라고 부른다.

| 구분 | 의미 | 설명 |
| --- | --- | --- |
| CPU | 중앙 처리장치 | • 명령어 실행, 데이터 처리, 연산, 제어를 담당 |
| GPU | 그래픽 처리장치 | • 이미지, 동영상 등 그래픽 데이터를 빠르게 처리 |
| NPU | 신경망 처리장치 | • 딥러닝 모델의 연산을 가속 |
| TPU | 텐서 처리장치 | • Google에서 개발한 NPU의 한 종류 |
| APU | 가속 처리장치 | • CPU와 GPU의 기능을 통합 |
| QPU | 양자 처리장치 | • 양자의 원리를 이용한 차세대 프로세서 |

[다양한 형태의 프로세서]

---

20) 단어 앞에 'x'가 붙는 용어들은 특정 핵심 개념을 중심으로 다양한 기술, 방법론, 서비스 등을 묶어서 지칭할 때 유용하게 사용된다.

CPU는 컴퓨터에서 가장 보편적으로 사용되는 프로세서이다. 인텔은 1970년대에 프로세서의 모든 기능을 통합한 세계 최초의 마이크로프로세서를 개발하여 개인용 컴퓨터의 발전에 기여하면서 CPU 시장을 주도했다. 인텔을 공동 창립한 고든 무어Gordon Moore는 반도체 집적회로의 성능이 18개월마다 2배로 증가한다는 무어의 법칙Moore's Law을 제시하여 반도체 성능 발전의 일반적인 경향을 설명했다.

최근에는 단일 코어 성능 향상이 발열 문제 등으로 물리적 한계에 도달하면서, 멀티코어 아키텍처를 통해 처리속도를 높이는 방향으로 발전하고 있다. **멀티코어 아키텍처는 CPU 내부에 여러 개의 코어를 병렬로 배치하여 연산능력을 향상시키는 방식**이다.

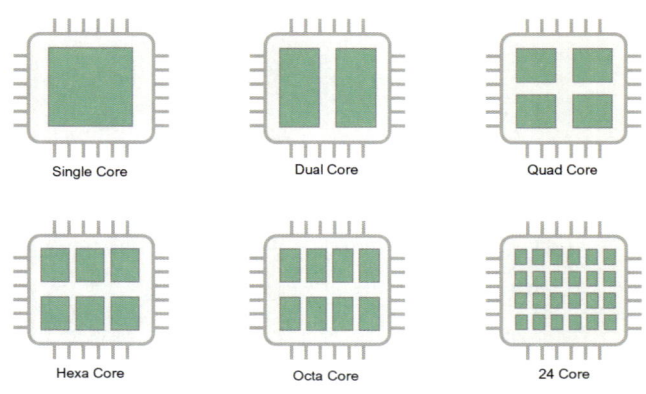

[멀티코어 프로세스의 예]

현재 개인용 PC 시장에서는 24코어 CPU가 주류를 이루고 있으며, 고성능 서버 시장에서는 96코어 이상의 CPU를 탑재한 제품도 출시되고 있다. CPU의 고성능화로 IoT에서 수집되는 데이터와 같은 소규모의 텔레메트리Telemetry 데이터를 이용하거나, 실시간 처리가 필요하지 않은 인공지능 서비스는 CPU만으로도 구현할 수도 있다.

CPU의 고성능화는 인공지능 서비스에 무조건적으로 고가의 GPU가 필요하다는 고정관념을 탈피하여, 비용 효율성과 전력 효율성을 고려한 시스템 설계에 중요한 고려사항이 된다.

반도체 기술의 급격한 발전은 새로운 프로세서의 등장을 촉진하며, 이들 간의 결합을 통해 성능을 극대화하는 방향으로 발전하고 있다. 특히, 기기에 직접 탑재되어 작동하는 온디바이스On-Device 프로세서 사용이 증가함에 따라, 프로세서 기술은 저전력 설계 기술과 칩렛Chiplet 기술이라는 두 가지 핵심요소에 집중하고 있다.

**저전력 설계** 기술은 프로세서의 전력 소비를 최소화하여 배터리 수명을 늘리고 발열을 줄이는 기술이고, **칩렛** 기술은 하나의 완전한 칩 대신 고성능의 작은 반도체 칩을 레고 블록처럼 하나의 패키지에 장착하여 프로세서의 성능과 확장성을 높이면서 비용을 절감하는 기술이다. 이러한 기술들은 프로세서의 성능과 효율성을 향상시켜 사용자들에게 더욱 빠르고 편리한 환경을 제공할 것이다.

한편, 양자역학의 원리를 이용하여 기존 기술의 한계를 뛰어넘는 혁신적인 기술인 양자기술Quantum Technology이 컴퓨팅, 통신, 센싱을 중심으로 연구가 진행 중인 가운데 차세대 슈퍼컴퓨팅의 핵심인 **양자처리장치**Quantum Processing Unit, QPU는 초전도, 이온트랩, 광자 등 다양한 **큐비트**

$_{Qubit}$[21)] 방식의 사용과 함께 큐비트의 수와 안정성을 높이기 위한 노력이 진행 중이다.

실용화 측면에서 QPU는 2024년에 IBM이 헤론$_{Heron}$을, Google이 윌로우$_{Willow}$를 공개하였으며, 2025년 초에는 Microsoft가 마요나라$_{Majorana}$를 공개하면서 QPU를 이용한 컴퓨팅은 현실에 더욱 가까워지고 있다. **QPU와 인공지능의 만남**은 지금과는 또 다른 세상으로 우리를 이끌 것이라고 예상된다.

인공지능 서비스의 본질은 프로세스의 연산에 의한 통계적 확률이다. 개발한 인공신경망을 이용한 인공지능 서비스에서 얼마나 빠르고 정확하게 연산결과를 제공할 수 있는지가 성능의 본질이다. **최적의 프로세서가 최적의 인공신경망과 결합되었을 때 최고의 서비스를 구현**할 수 있다.

---

21) 큐비트(Qubit)는 '퀀텀 비트(Quantum Bit)의 약어'이다. 큐비트(Qubit)는 중첩특성으로 한 번에 많은 정보를 표현할 수 있어 처리속도가 빠르다.

## 2.2

# GPU!
# NVIDIA를 인공지능의 강자로 만들다

> GPU는 뛰어난 병렬연산 능력 덕분에 인공지능 학습에 필수적인 요소가 되었다. GPU 기술을 발전시킨 NVIDIA의 인공지능용 프로세서 및 서버 시장에서 독점적인 위치를 차지하고 있다.

GPU는 컴퓨터 시스템에서 고화질 동영상이나 게임과 같이 고속연산이 필요한 그래픽 처리를 전문적으로 담당하는 장치이다. GPU는 원래 컴퓨터 게임을 위한 고화질 영상 처리용으로 개발되었으나, **병렬처리 능력이 인공지능 학습에 매우 효과적**임이 확인되면서 용도가 드라마틱하게 전환되었다.

2012년 ILSVRC<sub>ImageNet Large Scale Visual Recognition Challenge</sub>에서 토론토 대학의 제프리 힌튼<sub>Geoffrey Hinton</sub> 교수팀이 딥러닝 모델을 GPU와 결합하여 압도적인 결과를 보여 주면서 동면기에 접어들었던 인공지능 연구는 다시 봄의 기지개를 켠다.

이 대회의 결과는 게임용 그래픽 처리장치였던 NVIDIA의 GPU가 인공지능 산업의 중심으로 등장하여 현재 세계시장의 95% 이상을 점유하게 되는 시발점이 되었다.

초기의 단순한 오락에서 출발한 게임은 경제, 문화, 기술 등 다양한 측면에 걸쳐 막대한 영향력을 행사하는 중요한 산업이 되었다. **GPU는 게임산업과 함께 성장**했는데, 3차원 게임의 발전은 인공지능 시대 이전에 GPU의 성능향상을 위한 성장동력이었다.

NVDIA는 1999년 GeForce 256의 출시에서 처음으로 GPU라는 이름을 사용했고, 이후 인공지능 분야에서 GPU의 활용 전략에 집중하면서 산업 분야에 특화된 다양한 GPU를 개발해왔다.

4세대인 H100의 경우, 카드 하나에는 **약 15,000개의 코어를 탑재**하고 있다. GPU의 뛰어난 병렬처리 능력은 인공지능 학습에 필요한 엄청난 연산을 고속으로 처리하는 데 유용하며, 특정한 목적에 한정되지 않고 다양한 인공지능 연산을 처리할 수 있는 범용성은 큰 장점이다.

| 구분 | 설명 |
|---|---|
| GeForce | • 게이밍, 일반적인 작업, 초급 전문가 작업 |
| Quardro | • 전문가용 그래픽 작업(CAD, 3차원 모델링, 영상 편집 등) |
| Tesla | • 데이터 센터, 고성능 컴퓨팅, 인공지능 모델 개발 |
| Titan | • 최고 성능 GPU, 다양한 분야 활용 |
| Jetson | • 임베디드 시스템, AIoT 장치 |

[NVIDIA사의 주요 GPU 제품군]

NVIDIA의 GPU 제품군 중에서 테슬라~Tesla~ 모델은 인공지능 플랫폼에 특화된 제품군이다. 테슬라 제품군은 인공지능 모델 개발을 위한 고성능 컴퓨팅 환경에 일상적으로 사용되는데 **최신제품은 2024년 말에 출시된 Blackwell 아키텍처[22] 기반의 B100**으로 Hopper 아키텍처에 비해 40배의 추론성능을 가진다. 한편, NVIDIA는 2026년에 Rubin 아키텍처 기반의 GPU를, 2027년에는 Rubin Ultra 아키텍처 기반의 새로운 GPU 출시를 준비 중이다.

| 구분 | 출시년도 | 설명 |
| --- | --- | --- |
| B100 | 2024년 | • Blackwell 아키텍처 기반의 GPU<br>• 유연성과 효율성이 향상된 칩렛 구조로 제작<br>• H200에 비해 2.5배의 추론성능이 향상 |
| H200 | 2024년 | • Hopper 아키텍처 기반의 GPU<br>• H100에 비해 메모리와 전송속도를 향상시킴<br>• H100에 비해 약 2배의 추론성능이 향상 |
| H100 | 2022년 | • Hopper 아키텍처 기반의 GPU<br>• HBM3 및 NVLink C2C 탑재<br>• A100에 비해 약 2배의 추론성능이 향상됨 |
| A100 | 2020년 | • Amphere 아키텍쳐 기반의 GPU<br>• 최초로 AI 데이터센터용으로 제작<br>• 일반적인 AI 개발 및 중소규모 모델 훈련 |

[Telsa 계열 주요제품]

인공지능에서 GPU의 가치를 확인한 NVIDIA는 인공지능 특화전략에 따라 GPU를 이용하여 더욱 높은 부가가치를 창출할 수 있도록 산업분야별로 특화된 GPU 서버 제품군을 개발하였는데, 이 중에서 인공지능 모델 개발에 특화된 서버 제품군이 DGX$_{\text{Deep GPU Xceleration}}$이다.

---

[22] NVIDIA의 모든 GPU 아키텍처는 기념비적인 과학자들의 이름을 부여하고 있다. 차기 아키텍처에 적용되는 베라 루빈(Vera Rubin)은 암흑물질을 발견한 천문학자이다.

NVIDIA는 오랫동안 기술을 개발하고, 인공지능 분야의 성장에 맞춰 GPU에 적극적으로 투자해왔기 때문에 현재 NVIDIA는 과거 Intel CPU나 Windows OS처럼 인공지능 생태계에서 실질적 독점지위를 확보하고 있다.

온프레미스로 구축한 인공지능용 서버라 하더라도 대개 NVIDIA의 DGX 서버 중 어떤 제품이거나, NVIDIA의 GPU와 CUDA 소프트웨어를 탑재한 조립형 서버인 경우가 많다.

인공지능 플랫폼 구축을 위해서는 서버의 이름으로 용도와 능력에 대한 직관적인 이해가 필요한데, DGX 서버의 모델명은 내장된 GPU와 종류, 서버의 규모를 포함하고 있다.

DGX A100 서버에는 4개의 A100 GPU 카드가, DGX H100 서버에는 8개의 H100 GPU 카드가 내부에 장착되어 있으며, 초고속 연결기술인 NVLink[23]를 통해 GPU를 서로 연결하고 있다. Station 서버는 워크 스테이션형 설치를 의미한다.

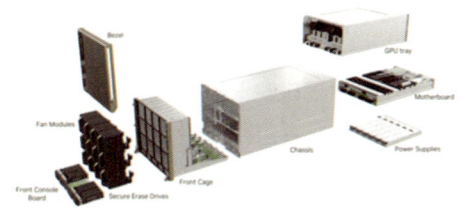

[DGX A100 서버 형태 및 내부구조]

---

23) NVLink는 NVIDIA에서 만든 초고속 데이터 통신 기술이다. 최신 버전인 NVLink4.0의 경우 속도는 최대 900Gbps로 알려져 있다.

슈퍼급 연산능력을 가진 컴퓨터는 거대기업이나 국가기관 등에서 전략적 용도로 구축하는데, **NVIDIA 서버의 확장성은 슈퍼컴퓨터에 필요한 병렬연산 능력을 제공**한다.

개인이나 소규모 용도를 넘어서서 DGX 서버가 슈퍼컴퓨터로 이용되는 경우에는 주로 기존 데이터 센터 일부로 구축[24]되므로 DGX POD<sub>Part Of Data center</sub>라고 한다.

[BasicPOD(좌)와 SpuerPOD(우)]

DGX POD는 설치규모에 따라 BasicPOD와 SuperPOD로 구분된다. BasicPOD는 최소 2대의 DGX 서버 유닛과 필요한 네트워킹, 스토리지 장치와 학습 및 관리에 필요한 통합환경을 포함하여 구축하고, 용도와 능력에 따라 수 대의 DGX 서버 유닛을 확장한다.

**Super POD**는 파운데이션 모델 개발, 과학, 시뮬레이션 등 초거대 연산이 필요한 경우에 대량의 DGX 서버 유닛을 설치하고, NVLink로 연

---

24) 전력소모, 발열처리, 확장성 등을 고려할 때 발전소와 인접한 해안지역은 인공지능센터에 유리한 입지조건이다.

결하여 하나의 거대한 시스템처럼 작동하도록 구성한다.

한편, GPU의 뛰어난 병렬처리 능력에 비례하는 엄청난 전력소모는 인공지능의 활용이 증가하면서 더욱 현실적인 문제가 되고 있다. GPU는 수천 개의 코어를 동시에 활용해 대규모 연산을 빠르게 처리할 수 있지만, CPU에 비해 전력 소비 역시 훨씬 높다.

| 구분 | GPU 수 | 전력소모 | 비고 |
|---|---|---|---|
| H100 GPU 카드 | 1개 | 700W | 일반 가정 전력소모량의 10%~15% 수준 |
| DGX H100 서버 | 8개 | 10.2KW | 편의점의 평균 전력소모량 수준 |
| DGX H100 BasicPOD | 64개 | 81.6KW | 8가구의 연간 전력소모량 수준 |
| DGX H100 SuperPOD | 20,480개 | 28,440KW | 지방 중소산업단지의 평균 전력사용량 |

[서버 제품별 전력소모]

실제로 최신 GPU는 동일한 수준의 연산처리를 기준으로 CPU보다 훨씬 많은 전력을 소모할 뿐 만 아니라, 발열에 따른 냉각, 초고속 네트워크 장치의 구동 등 부수적 요소를 위한 전력이 소요된다.

GPU 기반 인공지능 시스템의 엄청난 전력 소모는 단순한 에너지 비용 문제를 넘어, 전력망 자체의 부하로 이어진다. 국방시설의 경우 전력시스템이 노후 되었거나 확장성이 제한되는 경우가 많아 온프레미스로 구축할 경우 전력의 가용성은 반드시 확인해야 하는 요소이다.

## 2.3
# CUDA!
# GPU의 병렬처리를 통제하다

> CUDA는 NVIDIA GPU의 병렬연산을 효율적으로 관리하는 소프트웨어 솔루션이다. CUDA와 GPU의 관계는 마치 운영체제와 하드웨어의 관계와 같다고 비유할 수 있다.

컴퓨터에서 CPU가 순차적으로 연산을 처리하는 것과 달리 GPU는 수많은 코어를 활용한 병렬처리로 인공지능 모델이 대량의 데이터를 이용한 고속연산을 가능케 하는데, CUDA$_{\text{Compute Unified Device Architecture}}$는 하드웨어인 GPU가 고속의 병렬연산을 효율적으로 수행하도록 제어한다.

CUDA는 컴퓨터의 그래픽 처리장치인 GPU가 인공지능에서 고속의 병렬연산을 지원하는 GPGPU$_{\text{General-Purpose GPU}}$[25]로 역할을 하도록 한다. GPU에 내장된 개별 Core를 전투원 개인으로, GPU 그룹 전체를 부대에 비유한다면, CUDA는 전투원과 부대를 통합적으로 지휘하는 사령탑이라고 할 수 있다.

CUDA는 개발자들이 NVIDIA의 GPU를 활용하여 병렬연산을 수행

---

25) 원래 그래픽 처리를 위해 설계된 GPU(Graphics Processing Unit)에 대응하여 인공지능과 같은 '범용의 연산에 활용하는 GPU'를 의미한다.

할 수 있도록 개발 도구와 병렬 컴퓨팅을 지원하는 기능을 갖추고 있다. 텐서플로우나 파이토치 같은 인공지능 개발 프레임워크가 발전하면서 CUDA는 개발에 관련된 기능의 활용성은 감소하였으나, GPU의 병렬연산성능을 제어하고 최적화하는 플랫폼으로서의 중요성은 더욱 부각되고 있다.

| 구분 | 설명 |
| --- | --- |
| GPU 병렬연산 통제관리 | • CUDA 코어를 효율적으로 관리하고 작업을 분배 |
| 개발환경 제공 | • C, C++, 파이썬 등 다양한 프로그래밍 언어환경에서 GPU 가속화 라이브러리, 디버깅 도구 등 개발환경을 제공 |
| 라이브러리 제공 | • 특정연산을 가속화하는 다양한 라이브러리를 제공 |

[CUDA의 기능과 역할]

NVDIA를 지금의 기업으로 성장시키는데 또 다른 측면에서 기여한 이안 벅Ian Buck은 美 방위고등연구계획국Defense Advanced Research Projects Agency, DARPA이 주관한 저비용·고효율의 슈퍼컴퓨터 개발 프로젝트에서 GPU 활용방안을 연구하면서 GPU와 관련한 기술을 연구하였다. GPU를 이용한 슈퍼컴퓨터는 다양한 분야에서 응용되면서, 슈퍼컴퓨터의 보편화 시대로 이끌고 있다.

스탠퍼드 대학원생 시절 이안 벅은 컴퓨터 게임을 위해 GPU 구동 소프트웨어를 분석하면서 GPU의 고성능 연산 잠재력을 발견했다. NVDIA로 이직한 후 젠슨 황Jensen Huang의 지원하에 연구를 계속하고, 2007년에 마침내 CUDA를 상용화함으로써 GPU를 도약기로 이끌었다. 2012년에는 알렉스넷Alexnet이 GPU와 CUDA를 사용한 것이 인공지능 연구계에 알려지면서, **CUDA는 GPU와 함께 딥러닝을 위한 필수적인 기술**로 자리매김하게 되었다.

[젠슨 황(Jensen Huang)과 이안 벅(Ian Buck)]

CUDA는 대규모 데이터 처리가 필요할 때 CPU에서 GPU로 데이터를 복사하여 GPU의 계층적 처리 구조를 통해 병렬연산을 수행하고, 결과를 다시 CPU로 전송하는 방식으로 작동한다.

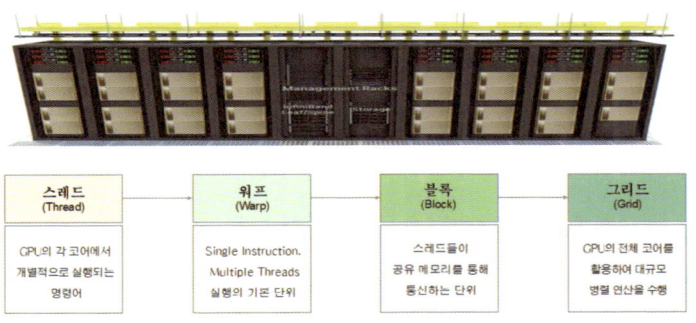

[CUDA의 데이터 병렬처리 통제구조]

NVIDIA는 GPU와 CUDA를 통합하여 호환성 문제를 해소하고, 편의성과 효율성을 제공하는데 인공지능 개발 플랫폼 분야에서 개발자들이 GPU와 CUDA 결합 방식을 선호하는 자연스러운 이유이다.

한편, 모든 고속 병렬연산 프로세서는 CUDA와 유사한 기능을 제공하는 도구가 필요하다. NPU 분야에서도 CUDA와 같은 병렬연산 제어용 도구를 제공하고 있으나, 제조사별로 기능과 표준이 상이하여 **개발자는 하드웨어에 종속된 인공지능 학습 프레임워크를 사용**해야 하고, 개발한 인공지능 모델을 타 제조사에서 만든 프로세서에 이식하여 작동하는 경우 호환성 문제가 발생하여 표준화 이슈가 등장하였다.

[ONNX의 작동구조]

이러한 문제를 해결하기 위해 Microsoft와 Meta가 주도하여 개발한 **ONNX**Open Neural Network Exchange는 개방형 표준으로 서로 다른 인공지능 학습 프레임워크 간에 모델의 호환성을 제공한다. 개발한 인공지능 모델을 ONNX 형식[26]으로 변환하면 다양한 하드웨어 환경에서 실행될 수

---

26) ONNX는 딥러닝 프레임워크에서 ONNX 모델로 변환하는 도구를 호출하여 사용하거나, tf2onnx와 같은 별도의 변환 도구를 사용할 수 있다. ONNX 모델을 실행하기 위해서는 ONNX 런타임을 설치한다.

있으므로, 개발자는 하드웨어 환경에 제약받지 않고 모델을 개발할 수 있다.

특정기업의 독점은 기술적 종속이라는 문제를 가지게 된다. **GPU의 입장에서 NPU는 후발 추격기술이고, QPU는 미래 선도기술이다.** 하드웨어에서 GPU를 대체할 수 있는 하드웨어의 발전과 함께 소프트웨어에서 CUDA를 대체할 수 있는 소프트웨어를 준비하는 것은 인공지능의 생태계에서 새로운 과제일 것이다.

## 2.4

# NPU!
# 모든 것에 인공지능을 장착하다

> 모든 것을 지능화하기 위해 온디바이스 인공지능이 부상하고 있다. 온디바이스 인공지능의 구현을 위한 프로세서인 NPU는 소형화 및 저전력으로 유비쿼터스 인공지능 시대를 만들어갈 것이다.

컴퓨팅은 프로세서의 배치와 집중 정도에 따라 **클라우드**Cloud, **엣지**Edge, **온디바이스**On-Device**로 구분**[27]하는데 컴퓨팅의 확장인 인공지능 또한 동일한 방식으로 구분하는 것이 일반적이다.

| 구분 | 처리방식 | 장 점 | 단 점 |
|---|---|---|---|
| 클라우드 인공지능 | 중앙집중형 서버에서 인공지능 연산을 처리 | 고성능, 범용성 지원 능력 | 응답속도 지연과 네트워크 의존성 |
| 엣지 인공지능 | 데이터 발생 현장에서 인공지능 연산을 처리 | 비교적 빠른 응답속도 | 고성능 시스템의 분산 |
| 온디바이스 인공지능 | 기기 자체에서 인공지능 연산을 처리 | 실시간 응답 | 성능과 범용성 제한 |

[컴퓨팅 환경에 따른 인공지능의 분류]

---

27) 데이터센터는 클라우드형, 부대 전산실은 엣지형, 장비 자체(드론·로봇)는 온디바이스형으로 이해하면 쉽다.

**클라우드 인공지능**은 데이터센터에 위치한 중앙집중형 플랫폼에서 연산을 처리하므로, 다양한 인공지능 서비스가 가능하고, 연산자원을 효율적으로 관리할 수 있다. 그러나, 과도한 정보의 집중과 네트워크 의존성, 피해의 치명성은 단점으로 작용한다.

**엣지 인공지능**은 데이터가 발생하는 지점과 가까운 분산된 엣지 장치에서 연산을 처리하므로, 실시간성과 개인정보 보호를 강화하고 네트워크의 의존성을 낮출 수 있다. 그러나, 제한적인 컴퓨팅 자원과 분산된 장치의 관리, 개별장치 고장 시의 기능 저하는 단점이다.

**온디바이스 인공지능**은 최종 사용자 장치 자체에 내장된 프로세서에서 인공지능 모델의 연산을 직접 처리하므로, 즉각적인 응답성과 네트워크 연결 없이 독립적인 기능 수행이 가능하며, 정보보호를 최대화할 수 있다. 그러나, 제한적인 컴퓨팅 자원과 배터리 소모, 모델 업데이트를 포함한 유지보수가 어려운 단점이 있다.

클라우드형과 엣지형은 범용성이 중요한 반면에 공간과 무게의 제약을 거의 받지 않으므로 GPU 서버를 배치할 수 있지만, 온디바이스 인공지능의 경우에는 휴대형 디바이스와 같은 기존의 제품이나 기기에 인공지능이 부가되므로 제약사항 극복을 위해 소형화, 저전력화는 성능만큼 중요한 요소이다.

온디바이스 인공지능은 **소형화, 저전력화된 반도체 기술과 밀접하게 관계**되어 있다. 반도체는 범용 반도체와 주문형 반도체로 나눌 수 있는데, NPU는 인공지능 모델의 학습 및 추론에 필요한 초고속 병렬연산을 위해 특수하게 설계된 ASIC의 한 종류로 근본기능은 GPU와 유사하다. NPU는 제조회사별로 다양한데 제품 명칭의 경우 삼성 NPU 또는 퀄컴 NPU라고 특정 기업의 이름을 붙여 명칭을 부여하는 경우도 있고, Google의 TPU$_{\text{Tensor Processing Unit}}$[28], 인텔의 VPU$_{\text{Vision Processing Unit}}$와 같이 기능에 특화된 명칭을 붙이는 경우도 있다.

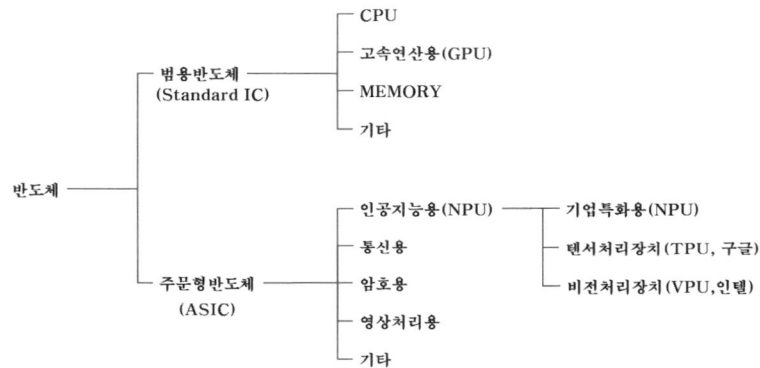

[반도체의 분류]

**NPU**는 인공지능 모델의 학습 및 추론을 위해 특수하게 설계된 프로세서로, 초고속의 연산을 통해 인공지능 모델의 추론을 제공하지만, GPU에 비해 범용성과 성능은 제한적일 수밖에 없다.

NPU의 가장 큰 장점은 소형화 및 전력 효율성이다. 인공지능 연산에 특화된 구조로 칩 하나에 모든 기능을 집적하여 크기를 줄였고, 저전력 설계로 불필요한 연산을 최소화했다.

---

28) TPU는 2016년에 처음 공개된 후 2024년 현재 v6e 버전까지 공개되었으며, Google은 NVIDIA 와 달리 일반 사용자에게 제품판매가 아닌 TPU를 이용한 클라우드 서비스만 제공하고 있다.

[GPU와 NPU의 형태 및 크기 비교]

이러한 장점으로 **NPU는 드론이나 휴대폰과 같은 소형기기에서 온디바이스 인공지능 구현을 위한 최적의 프로세서**이다. 또한, 비용과 전력 효율성이 가지는 잇점으로 서버 플랫폼으로 확대하기 위한 실용화가 진행되고 있다.

온디바이스 환경에서 인공지능을 활성화하고, GPU의 독점에 대응하기 위해 국내 반도체 업계는 정부 지원 아래 대기업과 스타트업 간 협력을 통해 NPU 기술을 발전시키고 있다.

국내에서 삼성의 경우, 휴대폰에 NPU를 시범적으로 탑재하고, 차량용 NPU 개발을 추진 중이다. 사피온, 퓨리오사AI, 모빌린트 등 국내의 인공지능 반도체 설계업체[29]들은 자체 능력으로 제품을 개발하여 NPU 시장에서 기술력을 인정받고 있다. NPU는 로봇, 드론, 자율주행차 등 전자기기에 탑재되어 지능형 사물시대를 여는 핵심요소가 될 것이다.

---

29) 반도체는 설계전문(Fabless)와 제조전문(Foundry)으로 분야를 나눈다. 이 용어들은 방직산업에서 유래했다. Fabless는 직접 반도체를 설계하지만 제조 공장(fabrication facility, fab)을 소유하지 않는 기업을, Foundry는 반도체 생산 설비(fab)를 갖추고 다른 기업이 설계한 반도체를 위탁받아 전문적으로 제조하는 기업을 말한다.

## 2.5
# 인공지능 플랫폼!
# 인공지능 서비스를 위한 토대이다

> 인공지능 플랫폼은 고성능의 연산용 하드웨어와 다양한 소프트웨어의 결합체이다. 국방분야는 온프레미스 방식이 현실적이며, 높은 비용과 변경 어려움을 고려할 때 체계적인 사전설계가 중요하다.

작물을 재배하기 위해서 토양이 필요하고, 전투력 배양을 위해서 훈련장이 필요한 것처럼 편리한 인공지능 서비스를 활용하기 위해서는 인공지능 플랫폼이 필요하다. **인공지능 플랫폼**은 고속 병렬연산을 지원하는 하드웨어 장치와 지속적인 인공지능 모델 개발 및 성능 개선을 위한 소프트웨어 시스템이 유기적으로 통합된 복합적인 환경이다.

인공지능 플랫폼은 경제적 능력과 사용자의 규모 및 서비스 성격을 고려하여 인터넷 환경에서 서비스업체가 제공하는 클라우드 환경을 이용할 수도 있고, 보안이 강조되는 폐쇄망 환경에서는 온프레미스 방식으로 구축할 수도 있는데, 각 구축 방식은 특징과 고려사항에 차이가 있다.

다만, 최근의 외국군의 사례와 군 내부의 혁신요구 등을 고려할 때 정책적, 기술적 보완을 통해 퍼블릭 클라우드Public Cloud나 하이브리드 클라우드Hybrid Cloud를 국방용으로 사용할 수도 있을 것이다.

| 구분 | 설명 | 장점 | 단점 |
|---|---|---|---|
| 퍼블릭 클라우드 | 인터넷 상에서 서비스 업체가 제공하는 플랫폼 | • 투자비용 절감<br>• 유지관리 용이<br>• 기술적 대응용이 | • 보안통제 제한<br>• 지속비용 투입 |
| 하이브리드 클라우드 | 퍼블릭 플랫폼과 온프레미스 플랫폼을 결합한 형태 | • 기술적 유연성 | • 보안통제 제한 |
| 온프레미스 클라우드 | 조직 내 전산실에 내부 폐쇄망용으로 구축한 플랫폼 | • 보안통제 유리<br>• 적시적 권한통제<br>• 데이터 주권 | • 높은 투자비용<br>• 유지관리 부담<br>• 기술적 대응곤란 |

[클라우드 컴퓨팅의 유형]

국방분야는 다양한 사이버 위협과 이를 반영한 현행 보안정책에 따라 대민 서비스외의 대부분 정보체계를 폐쇄망 내부에 온프레미스로 구축하고 있다. 인공지능 플랫폼 또한 이러한 **상황의 극적인 변화가 없는 한 온프레미스로 구축하는 것이 불가피**하므로 온프레미스 인공지능 플랫폼 구축[30]을 전제로 접근한다.

인공지능 플랫폼은 인공지능 모델의 개발, 학습, 배포 및 서비스 전반을 지원하는 하드웨어와 소프트웨어의 통합적 환경이다. 플랫폼은 물리적으로 학습용 서버, 추론용 서버, 웹 서버 및 데이터 스토리지와 네트워크 장치로 시스템을 분할할 수 있다.

---

30) 하나의 조직 내에서 다수의 인공지능 플랫폼을 개별로 구축하는 것은 자원 낭비이다. 사용자 수요에 따라 자원을 할당하는 클라우드형 플랫폼 구축이 효율적이다.

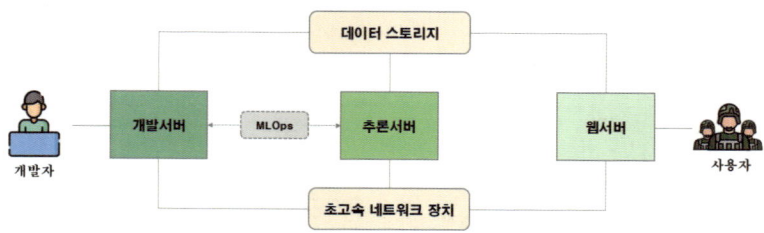

[인공지능 플랫폼의 기본 구조]

인공지능 플랫폼은 인공지능 플랫폼은 마치 숙련된 셰프들이 좋은 요리를 만들어내는 레스토랑과 같다. 숙련된 셰프들이 각자의 전문성을 바탕으로 협력하여 멋진 요리를 만들어내듯, 인공지능 플랫폼 또한 다양한 분야별 전문 엔지니어들 협력하여 성능 좋은 인공지능 모델을 개발하여 서비스를 제공한다.

좋은 레스토랑의 주방이 신선한 재료와 우수한 도구를 갖추고 있듯이, 인공지능 플랫폼 역시 데이터 관리, 모델 개발, 그리고 모델 기반의 서비스 제공 등 인공지능 모델의 전 주기에서 활용할 수 있도록 고품질 데이터, 강력한 컴퓨팅 자원, 그리고 다양한 개발 도구들로 구성하여야 한다.

또한, 레스토랑이 최고의 맛과 서비스를 위해 끊임없이 노력하듯 인공지능 플랫폼도 지속적인 모델 개선과 최적화를 통해 사용자에게 더욱 유용하고 가치 있는 서비스를 제공해야 한다.

인공지능 플랫폼의 각 서버에는 해당 기능을 수행하기 위한 소프트웨어가 탑재되어, 플랫폼의 다양한 작업에 활용된다.

| 구분 | | 학습용 서버 | 추론용 서버 | 웹 서버 | 스토리지 |
|---|---|---|---|---|---|
| 공통 요소 | 운영체제 | ★ | ★ | ★ | ★ |
| | 모니터링 도구 | ★ | ★ | ★ | ★ |
| 컨테이너화 요소 | 쿠버네티스 | ★ | ★ | - | - |
| | 도커 | ★ | ★ | - | - |
| 인공지능 요소 | GPU 드라이버 (CUDA) | ★ | ★ | - | - |
| | 딥러닝 프레임워크 | ★ | ★ | - | - |
| | 인공지능 모델 | ★ | ★ | - | - |
| | MLOps | ★ | ★ | - | - |
| | 데이터 관리도구 | ★ | ★ | - | - |
| | RAG 도구 | ★ | ★ | - | - |
| 기능 요소 | API 서버 SW | - | ★ | ★ | - |
| | 웹 서버 SW | - | - | ★ | - |
| | 시각화 도구 | - | - | ★ | - |
| | WAS | - | - | ★ | - |
| | DB 솔루션 | - | - | - | ★ |
| | 데이터 암호화 도구 | - | - | - | ★ |

[서버별 소프트웨어 스택 소요]

**학습용 서버**는 인공지능 모델의 개발과 학습에 필요한 고성능 컴퓨팅 플랫폼이다. 요리 과정에 비유하자면, 요리사를 양성하는 학원과 같다. 모델을 빠르게 학습시키기 위해 단기간에 많은 고성능 연산 프로세서가 동원된다. 사용자는 이러한 학습용 서버의 존재를 인지하지 못하는 경우가 많지만, 모델 학습이 이루어지는 중요한 구성 요소이다.

**추론용 서버**는 학습된 인공지능 모델과 사용자의 요구 또는 현장의 데이터를 이용하여 예측, 분류, 생성 등 인공지능 서비스에 사용하기 위한 고성능 컴퓨팅 플랫폼이다.

음식점에 비유하면, 주방에서 직접 요리를 만드는 요리사와 같다. 사용자의 요청과 입력된 데이터를 바탕으로 추론을 수행하고, 그 결과를 제공한다. 추론용 서버는 데이터센터에 안정적으로 설치된 GPU 서버 형태일 수도 있고, 스마트폰, 드론, 차량 등 장비에 탑재된 칩 형태의 NPU일 수도 있다.

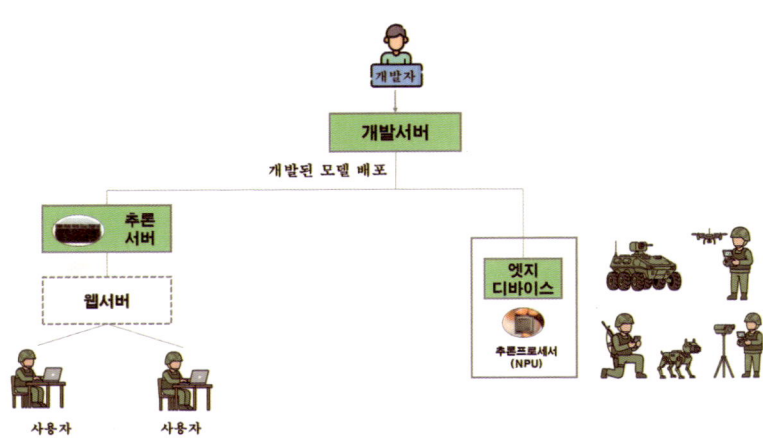

[개발한 모델의 배포 유형]

**웹 서버**는 추론용 서버와 사용자 사이에 위치하여, 웹을 통한 서비스 이용과 외부 시스템과의 API 연동에 필요한 컴퓨팅 환경을 제공한다. 음식점에 비유하자면, 손님을 응대하고 요리사가 만든 요리를 손님에게 전달하는 홀 서비스 담당자와 같다. 웹 서버에서는 GPU와 같은 초고속의 병렬처리를 위한 프로세서가 필수적인 요소가 아니다.

**스토리지**는 인공지능 플랫폼의 데이터 저장소 역할을 하며, 각 서버에서 사용하는 모든 데이터와 파일을 안전하고 효율적으로 관리한다. 음식점에 비유하자면, 재료와 음식을 보관하는 식료품 저장소와 같다. 스토리지는 모델 학습에 필요한 대용량 학습용 데이터셋, 학습된 모델, 사용자 정보 및 로그 데이터 등 다양한 정보가 저장된다.

기타 주요 구성요소로는 보안 요소와 네트워크 스위치가 있다. 보안 요소의 경우, 서버 접근 제어와 모델의 보안을 고려해야 하며, 음식점에 비유하자면 위생 환경에 해당한다. 네트워크 스위치는 GPU의 초고속 연산의 처리에 병목현상이 발생하지 않도록 **InfiniBand**[31] **스위치나 400G/800G급의 고성능 이더넷 스위치**와 같이 초고속 병렬처리에 적합한 위한 장비를 사용해야 한다.

플랫폼을 구성하는 용도별 서버는 가상화 기술을 활용해 하나의 물리적 서버에 통합할 수도 있다. 가상화 기술을 사용하면 하나의 물리 서버를 여러 개의 독립적인 논리적인 서버로 분할하고, 각 가상화 서버에 필요한 소프트웨어 스택을 별도로 구성하여 실행할 수 있다.

기술적으로 통합이 가능하더라도 실제 운영환경에서는 성능, 안정성, 보안 등 다양한 측면을 종합적으로 고려해야 한다. 시험 운용이나 실증 단계에서는 서버 가상화 방식을 이용한 구성이 합리적일 수 있지만, 서비스를 장기간 안정적으로 운영하려면 각 서버를 물리적으로 분리하거나 클라우드화하여 체계적으로 관리할 필요가 있다.

---

31) InfiniBand는 수백 Gbps의 속도를 지원하는 전송기술로 슈퍼컴퓨터나 데이터 센터 등 대규모 병렬처리가 필요한 분야에서 활용된다. 향후, 이더넷과기술경쟁이 치열해질 것이다.

| 구분 | 물리적 분리 | 서버 가상화 | 클라우드 구축 |
|---|---|---|---|
| 개념 | 서버 머신을 역할별로 분리 | 하나의 서버머신에 다수의 가상서버 생성 | 서머머신 공유용 플랫폼 구축 |
| 효율성 | 낮음 | 보통 | 매우 높음 |
| 초기비용 | 매우 높음 | 낮음 | 높음 |
| 유지비용 | 매우 높음 | 낮음 | 낮음 |
| 보안성 | 매우 높음 | 보통 | 보통 |
| 사용사례 | 보안요구 환경 | 시험, 실증 환경 | 장기적 운영환경 |

[온프레미스 플랫폼 구축방안 비교]

폐쇄망 환경[32]에서는 온프레미스 인공지능 플랫폼 구축은 필수적이고, 인공지능 플랫폼은 서비스 수요가 증가함에 따라 그 규모도 함께 확대될 것이다. 그러나, **인공지능 플랫폼은 기존 플랫폼에 비해 구축 비용이 월등히 높다**[33]는 한계가 있다. 한 번 구축된 플랫폼은 변경이나 업그레이드에 따른 비용, 그리고 매몰 비용이 크기 때문에, 사업계획 수립 단계에서 선행 기술분석과 전문가 자문을 통해 체계적인 설계가 이루어져야 한다.

---

32) 만약 조직 내에 보안상의 이유로 용도별 폐쇄망을 운용한다면 각 폐쇄망별로 인공지능을 위한 학습서버 PaaS와 추론서버 PaaS를 구축해야 한다.
33) 기존 정보체계 플랫폼이 프로펠러 비행기라면, 인공지능 플랫폼은 제트기 수준이다. 유지보수, 교체 등 수명주기 전체를 고려하여 비용 대 효과를 신중하게 판단해야 한다.

## 2.6
# 개발 자동화 도구!
# 효율성과 정확성을 높이다

> 모델 개발 자동화 도구는 개발 용이성과 효율성을 제공한다. 최근에는 MLOps 도구가 모델 개발 자동화를 위한 필수요소가 되었다. MLOps가 없는 상황에서는 AutoML이 제한된 범위의 역할을 대체한다.

다른 업무 자동화와 마찬가지로, 인공지능 모델 개발에도 다양한 용도의 자동화 도구가 활용되고 있다. 인공지능 개발에서 자동화 도구는 개발자가 데이터 준비로부터 배포에 이르는 전 과정을 효율적으로 관리할 수 있도록 하고, 모델의 지속적인 성능개선을 지원한다.

인공지능 개발에는 모델에 따라서 자동화 도구를 활용하지만, 공통적이고, 보편적으로 활용하는 자동화 도구는 **MLOps**Machine Learning Operations 도구와 **AutoML**Automated Machine Learning 도구이다.

자동화 도구의 활용은 개발 및 운영 절차를 간소화시키고, 프로세스를 표준화하여 인공지능의 개발업무 자체가 쉬워지며, 개발인력과 시간 또한 절약하는 이점을 제공한다.

| 구분 | MLOps | AutoML |
|---|---|---|
| 용도 | 모델의 개발, 배포, 운영 전반에 걸친 프로세스 자동화 및 관리 | 모델 개발 과정의 자동화 |
| 중점 | 모델운영 및 관리 | 모델 개발 자체 |
| 주요기능 | 모델 개발·배포·운영 자동화 | 모델 개발 자동화 |
| 사용자 | DevOps 엔지니어 | 모델 개발자 |
| 상호관계 | AutoML을 통해 개발된 모델을 MLOps를 통해 배포 및 운영 | MLOps 일부기능을 자동화하여 효율성 향상 |

[MLOps와 AutoML의 비교]

 소프트웨어는 일회성 개발로 완결되는 것이 아니라, 실제 운영환경에서 발생하는 사용자 피드백과 개선 요구사항을 반영하여 **지속적인 성능 개선과 유지보수가 필수**적이다.

 이에 따라 등장한 **DevOps**는 소프트웨어의 개발과 운영을 통합한 개발 방법론으로, 소프트웨어 개발주기 전반의 자동화를 통해 더 빠르고 안정적인 소프트웨어 출시를 가능하게 하는 개발 문화이자 방식이다.

 인공지능도 다른 소프트웨어와 마찬가지이다. 특히, 인공지능 모델이 제공하는 답변은 데이터의 패턴과 내용에 의존적인데 문제는 데이터가 시효성을 가진다는 것이다. 그러므로, 인공지능은 한 번의 모델 개발로 끝나는 것이 아니라 지속적으로 최신 데이터를 이용하여 재학습[34]하여야 한다.

---

34) 모델 드리프트(Model Drift)는 사용 중인 인공지능 모델의 성능이 시간이 지남에 따라 저하되는 현상을 의미한다.

[MLOps와 DevOps의 개념 비교]

**MLOps는 DevOps를 인공지능 분야에 적용한 개념**으로 인공신경망의 설계, 개발, 배포, 운영 및 관리를 효율적으로 수행하기 위한 반복적인 프로세스를 의미한다. DevOps와 MLOps는 가시적인 도구가 아닌 업무의 방식으로 이해하는 것이 필수적이다.

**MLOps 도구**는 MLOps 방법론을 구현하는 소프트웨어 도구로 인공지능 모델의 개발, 및 운영 전 과정에서 자동화를 지원하여 인공지능 모델의 안정적인 서비스 제공과 지속적인 개선을 가능토록 한다. 이를 통해 개발 속도를 높이고, 운영 효율성을 향상하며, 결과적으로 인공지능 서비스의 신뢰성과 가치를 향상시키는 데 기여한다.

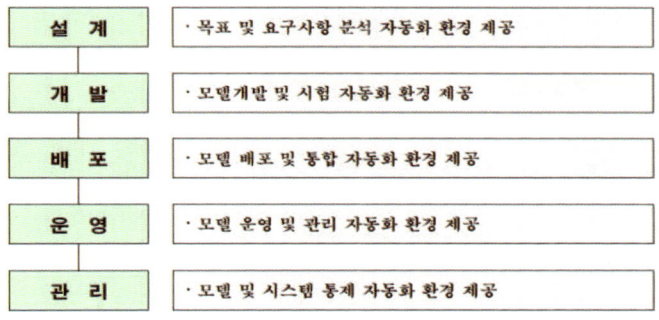

[인공지능 개발 업무분야별 MLOps의 역할]

MLOps 도구는 오픈소스 솔루션과 상용 솔루션으로 나눌 수 있다. 오픈소스 솔루션은 높은 유연성과 확장성을 가지는 반면, 설정 및 관리가 복잡하고 전문적인 지식이 필요하다. 반면, 상용 솔루션은 다양한 기능을 제공하며 안정적인 운영이 가능하지만 비용이 발생한다. 조직 차원에서는 상용 솔루션을 사용하는 것이 일반적이다.

**AutoML**은 인공신경망의 개발과정을 자동화하는 도구이다. MLOps 도구를 채택한다면 MLOps 도구는 AutoML 기능을 내장하거나 통합하여 제공하므로, 별도의 AutoML 도구를 확보할 필요성이 줄어든다. 개발자의 전문지식이 충분하지 않다면 초기부터 자동화 도구를 적극 활용할 수 있는 환경 제공이 필요하다.

**MLOps 도구를 효과적으로 활용하려면 조직 내부에 인공지능 개발 및 서비스 운영 역량이 필수적**이다. 개발능력이 제한되어 외부 민간업체에 위탁할 경우 기술의존 심화, 비용 증가, 민감 정보 유출 등의 문제뿐만 아니라 MLOps 도구의 경우에는 운영 주체의 모호성까지 초래될 수 있다.

이는 마치 고가의 비행기를 구매하고 조종사가 없는 것과 같은 비합리적인 상황이다. MLOps가 강력한 자동화 도구임은 분명하나, 획득사업에 포함하는 경우에는 조직 내 인공지능 개발팀 운용 또는 자체 개발팀 운영 계획을 전제로 추진해야 타당하다.

**CHAPTER 3**

# 인공지능 응용 분야

3.1 데이터 과학! 인공지능의 길을 개척하다
3.2 예측과 분류! 인공지능은 이미 일상에 있었다
3.3 컴퓨터 비전! 인공지능이 보는 것을 이해하다
3.4 자연어 처리! 인공지능이 사람과 대화하다
3.5 지능형 로봇! 인공지능이 세상 속에서 행동하다

## 3.1
# 데이터 과학!
# 인공지능의 길을 개척하다

> 데이터 과학은 방대한 데이터를 수집, 분석, 해석하여 유용한 정보를 추출하고 의사결정을 지원하는 학문이다. 인공지능은 데이터 과학의 도구이자 토대이며, 두 분야의 융합은 더욱 가속화될 전망이다.

IT 기술의 발전으로 다양한 분야와 기기에서 방대한 데이터가 생성되면서 전통적인 통계학의 처리 범위를 넘어섰다. 이후, 사람들은 쏟아지는 데이터 속에서 무질서하게 존재하는 정보의 가치에 주목하기 시작했고, 특정 패턴 발견에 집중하던 **데이터 마이닝 기술이 점차 고도화되어 데이터 과학이라는 학문으로 발전**했다.

인공지능과 데이터 과학은 수학 및 통계학을 기초로 데이터를 대상으로 한다는 부분에서 상당한 공통점을 가지고 있다.

인공지능과 데이터 과학은 각각의 목표를 달리하는 가운데 인공지능은 데이터 과학에서 예측을 위한 도구로 사용되는 한편 인공지능은 데이터 과학의 토대 위에서 발전된다.

| 구분 | 인공지능 | 데이터 과학 |
|---|---|---|
| 목표 | 인간 지능을 모방하여 문제를 해결 | 유용한 정보를 추출하여 상황을 분석 |
| 공통요소 | 데이터 수집, 정제, 분석 | 데이터 수집, 정제, 분석 |
| 주요활동 | 모델학습, 성능향상 | 모델링, 시각화 |
| 차이점 | 성능과 자동화에 집중 | 데이터 자체에 집중 |

[인공지능과 데이터 과학의 비교]

**데이터 과학**Data Science은 다양한 분야에서 생성되는 방대한 양의 데이터를 수집, 분석, 해석[35]하여 유용한 정보를 추출하고 이를 기반으로 의사결정을 지원하는 학문이다. 데이터 과학은 단순히 데이터를 처리하는 것을 넘어, 숨겨진 패턴과 의미를 발견하고 이를 통해 미래를 예측하거나 문제를 해결하는 데 목표를 둔다.

실생활에서 데이터 과학의 예를 들면 도심지 교통상황 관리에서는 교통량, CCTV 영상의 데이터를 분석하여 도로별 교통상황을 도시하고, 예측을 통해 교통신호등의 시간을 조정하거나 운전자에게 우회경로를 제공하고 있다. 마케팅에서는 고객의 구매패턴, 웹사이트 방문기록, 자주 방문하는 위치정보 등의 데이터를 분석하여 맞춤형 제품광고를 보내고 있다.

웹사이트나 문서로부터 키워드와 관심도를 가시화하는 워드 클라우드Word Cloud와 다양한 수치 데이터를 시각적으로 표현하여 사용자가 정

---

[35] 분석은 복잡한 것을 나누어 요소, 관계, 패턴을 체계적으로 파악하고 설명하는 객관적인 과정이고, 해석은 분석 결과에 의미, 중요성, 가치를 부여하여 설명하고 이해하는 주관적인 과정이다.

보를 직관적으로 파악하도록 돕는 대시보드Dashboard는 데이터 과학의 표현 형태에 관한 것이다.

* 출처 : (좌) https://www.etnews.com/20240610000212, (우)https://www.finereport.com/kr/
[워드 클라우드(좌)와 대시보드(우)]

데이터 과학은 실용적이면서 융합적인 학문이다. 데이터 과학은 **수학 및 통계학**, **컴퓨터 과학**, **도메인 지식**의 세 가지 분야의 융합을 기반으로 하는데 수학과 통계학은 데이터 분석 및 해석의 핵심적인 역할을 한다.

데이터 과학은 수학 및 통계학적 지식을 활용하여 데이터로부터 의미 있는 정보를 추출하는데 이 과정에서 수학적 원리와 통계학적 기법이 활용된다. 컴퓨터 과학은 데이터 분석, 시각화, 예측 등 전반적인 과정에서 핵심적인 역할을 수행한다.

데이터 과학자는 전문지식을 바탕으로 데이터의 맥락을 파악하여 적절한 데이터를 수집하거나 선정하고, 데이터를 분석한 후 결과를 해석하여 실제 업무에서의 문제를 예방하거나 해결할 수 있는 방안을 제시한다.

데이터 과학자는 분석하는 과정에서 소프트웨어 도구를 활용하는데 인공지능도 데이터 분석 및 예측을 위한 도구로 활용된다.

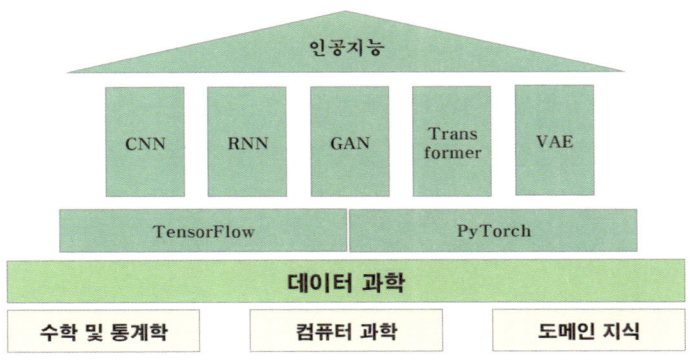

[데이터 과학과 인공지능의 구조]

데이터 과학과 인공지능은 상호 의존적으로 발전해 왔으며, 특히 인공지능은 데이터 과학을 기반으로 성장했다. 시간이 흐르면서 두 분야의 융합은 더욱 가속화되고 있다.

스마트시티의 핵심기술인 사물인터넷이 인공지능과 결합하여 지능형 사물인터넷으로 진화한 것이 대표적인 예이다. 앞으로 이러한 기술의 융합은 의사결정 과정을 더욱 지능화할 것이다.

## 3.2

## 예측과 분류!
## 인공지능은 이미 일상에 있었다

> 데이터 과학의 핵심 분야인 예측과 분류는 인공지능을 통해 발전하며, 다양한 분야에 활용된다. 전통적인 통계 방법과 딥러닝을 이용하여 미래를 추론하고 대상을 범주화하며, 수치요소로 객관적 성능을 평가한다.

인간은 상황이나 상태를 예측함으로써 생존 및 안전을 확보하고, 위험을 관리하며 기회를 포착하며, 효과적인 계획 수립과 의사결정을 할 수 있다. 또한, 분류를 통해 정보를 체계적으로 정리하고 이해 능력을 향상시키며, 문제해결 및 의사결정 능력을 강화할 수 있다.

우리는 일상에서 인공지능을 분류나 예측의 결과를 흔하게 마주하고 있다. 일상생활에서 상황에 대한 분석 및 해석Orientation은 대부분 예측이나 분류 문제로 귀결되며, 문제와 관련된 데이터 분석결과는 실생활에 유용한 정보로 활용되고 있다.

데이터 과학의 여러 분야 중에서 예측과 분류는 핵심적인 분야이면서 인공지능을 가장 보편적으로 활용하는 분야이다. 객체인식이나 자연어 처리 또한 대규모의 복잡한 데이터를 대상으로 하는 예측과 분류의 결과를 활용하는 것이다.

예측과 분류는 ▲데이터에서 숨겨진 패턴을 발견하여 기회를 제공하고, ▲미래의 결과를 예측하여 의사결정을 지원하며, ▲반복적인 작업을 자동화할 수 있는 조건을 제공한다.

| 구분 | 예측 | 분류 |
| --- | --- | --- |
| 목표 | 미래의 숫자값을 예측 | 데이터의 소속 그룹을 식별 |
| 결과 | 연속적인 숫자 | 이산적인 범주 값 |
| 실제 예 | 온도, 사용량, 수익 | 적군/아군, 개/고양이/토끼 |
| 전통적 분석방법 | 선형회귀, 다항회귀, 시계열 분석 등 | 로지스틱 회귀, 결정 트리, 서포트 벡터 머신(SVM) 등 |

[예측과 분류의 비교]

**예측**은 과거의 데이터 또는 현재의 정보를 바탕으로 과학적이고, 통계적인 방법을 적용하여 미래를 추론하는 활동으로 객관적인 데이터와 분석 결과를 기반으로 하며, 경제, 과학, 기술 등 다양한 분야에서 활용된다.

예측은 연속적인 수치 데이터를 주로 사용하며, 모델링과 시뮬레이션 등의 기법을 통해 정확도를 높인다. 인공지능은 방대한 양의 데이터에 숨겨진 상관관계를 찾아내는 데 탁월하다. 이러한 능력은 과거 데이터를 분석하여 미래를 예측하는 데 매우 유용하다. 인공지능은 날씨, 수요, 장비 고장 등 일상에서 필요한 예측에 활용되고 있다.

예측은 데이터가 선형적이거나 비교적 단순한 패턴의 경우에는 **선형회귀, 다항회귀, 시계열 분석 등의 전통적인 분석방법**을 이용한다. 데이터의 양이 방대하고, 패턴이 복잡한 경우에는 **인공신경망**을 이용한다. 예측의 결과는 예측값과 실제값의 오차 기반의 지표 또는 실제 데이터와 예측 데이터의 분산비율을 통해 수치로 확인할 수 있다.

| 구분 | 설명 |
|---|---|
| 선형회귀 분석 | • 변수간의 선형 관계를 모델링하는 통계적 예측기법<br>• 직선의 그래프로 표현됨 |
| 다항회귀 분석 | • 다수의 독립변수와 종속변수 간의 비선형 관계를 다항식으로 모델링하는 통계적 예측기법<br>• 곡선형 그래프로 표현됨 |
| 시계열 분석 | • 시간 순서대로 정렬된 데이터를 분석하는 통계적 예측기법<br>• 시간에 따른 추세, 주기성, 순환성, 불규칙성 등을 분석 |

[예측기법의 종류]

**분류**는 두 가지 이상의 범주를 설정하고 입력된 데이터가 어떤 범주에 포함되는지를 결정하는 예측의 한 종류이다. 방대한 양의 다양한 데이터에 숨겨진 복잡한 패턴을 찾아내는 데 탁월한 인공지능은 주어진 데이터 간 유사성을 찾아서 그룹화 하는데도 유용하다.

분류는 두 가지 범주 중에서 하나의 범주로 예측하는 이진분류와 세 가지 이상의 범주 중에서 하나의 범주로 예측하는 다중분류로 구분한다. 이진분류는 양성·음성, 합격·불합격, 적군·아군 등으로 분류하는 것이고, 다중분류는 숫자, 객체, 감정, 장비유형 등 세 가지 이상의 범주로 분류 가능한 대상을 분류하는 것이다.

분류는 데이터의 특성이 비교적 단순하고 명확할 경우에는 로지스틱 회귀Logistic Regression, 의사결정 트리Decision Tree, 랜덤 포레스트Random Forest, 서포트 벡터 머신Support Vector Machine, SVM, K-최근접 이웃K-Nearest Neighbors, KNN 등의 전통적인 분석방법을 사용하는데, 랜덤 포레스트와 K-최근접 이웃은 예측에도 사용할 수 있다.

| 구분 | 설명 |
| --- | --- |
| 로지스틱 회귀 | • 이진 분류에서 사용하는 통계적 모델<br>• 결과를 0과 1사이의 확률값으로 변환하여 분류함 |
| 결정 트리 | • 데이터를 특성에 따라 분할하여 트리 형태의 모델을 생성하는 알고리즘<br>• 각 분할은 질문에 해당하며, 최종적으로 데이터를 특정 클래스로 분류함 |
| 랜덤 포레스트 | • 여러 개의 의사결정 트리를 결합하여 분류 또는 회귀 문제를 해결하는 앙상블 학습 알고리즘<br>• 최종 예측은 각 트리의 예측을 종합하여 결정함 |
| 서포트 벡터머신 | • 데이터를 고차원 공간으로 매핑하여 최적의 초평면을 찾아 데이터를 분류하는 알고리즘<br>• 초평면은 고차원 공간에서 데이터를 분류하는 경계선임<br>• 서포트 벡터는 초평면과 가장 가까운 데이터 위치임 |
| K-최근접 이웃 | • 새로운 데이터 포인트를 주변 k개의 가장 가까운 데이터 포인트의 클래스로 분류하는 알고리즘<br>• K개의 이웃 중 가장 많은 범주로 데이터의 범주를 결정 |

[분류기법의 종류]

패턴이 복잡하고, 양이 많은 데이터를 이용하는 경우에는 인공신경망을 이용하는데 데이터의 형태에 따라 **이미지의 경우에는 합성곱 신경망**Convolutional Neural Network, CNN, **텍스트의 경우에는 순환 신경망**Recurrent Neural Network, RNN을 주로 이용한다.

분류 결과는 정확도, 정밀도, 재현율과 정밀도와 재현율의 조화평균 값인 F1 점수 등을 통해 수치로 확인할 수 있고, 이진 분류 모델에서는 ROC~Receiver Operating Characteristic~ 곡선과 AUC~Area Under the Curve~ 면적을 통해서도 성능을 시각적으로 확인이 가능하다.

**시각화는 어떠한 상황을 직관적으로 이해할 수 있도록 돕는다.** 예측이나 분류의 결과는 그래프나 차트 등으로 표현하여 데이터의 패턴, 추세, 이상치 등을 쉽게 파악하고, 예측 결과에 대한 이해도를 높일 수 있다.

예측과 분류에 사용하는 **scikit-learn**은 SciPy, NumPy 등의 분석도구와 긴밀하게 연계되어 작동하는 포괄적인 머신러닝 프레임워크이다. 파이썬은 범용의 프로그래밍 언어로서 scikit-learn의 기반 환경을 제공하며, SciPy는 과학기술 계산을 위한 다양한 함수들을 지원한다. 특히, NumPy는 빠른 데이터 처리 및 모델 학습을 위해 scikit-learn에서 사용되는 효율적인 배열 연산 기능을 한다.

| 구분 | 설명 |
|---|---|
| Pandas | • 테이블 형태의 데이터를 전처리, 정제, 조작 |
| scikit-learn | • 머신러닝 모델 학습, 평가, 다양한 알고리즘 제공 |
| SciPy | • 과학기술 계산, 최적화, 선형대수, 통계 함수 제공 |
| NumPy | • 배열, 행렬[36] 등 다차원 데이터 효율적 처리, 수치 연산 |
| Matplotlib | • 데이터 시각화 라이브러리 제공 |
| Seaborn | • Matplotlib 기반 고급 데이터 시각화 도구 제공 |

[예측 및 분류를 위한 주요 도구]

---

36) 배열, 행렬, 텐서는 유사하지만 다른 개념이다. 배열은 순서 있는 데이터 모음으로, 행렬은 2차원 배열이다. 텐서는 배열의 일반화된 형태로, 0차원부터 N차원까지 포괄한다. 즉, 행렬 < 배열 < 텐서의 순서이다.

시각화에 사용되는 도구는 인터넷의 경우에는 웹 서비스에서 제공하는 도구를 이용할 수 있고, 온프레미스로 구축하는 경우에는 개발용 프레임워크에서 Matplotlib이나 Seaborn 같은 오픈소스 도구를 불러와서 시각화 할 수도 있고, Microsoft의 Power BI나 Tableau 같은 전문화된 시각화 도구를 활용할 수 있다.

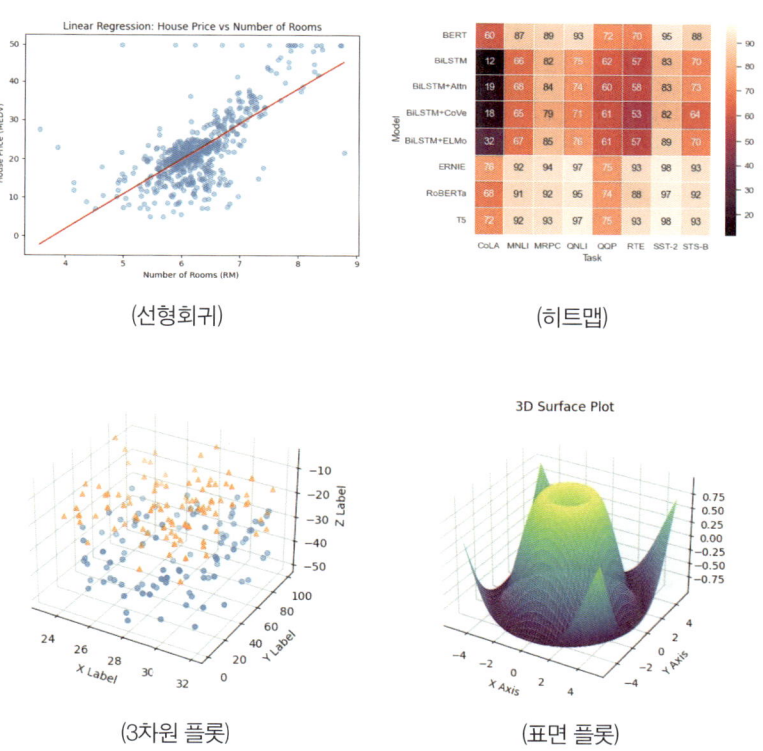

* 출처 : https://www.tutorialspoint.com/matplotlib/matplotlib_quick_guide.htm

[예측 및 분류 결과의 가시화 형태]

예측과 분류는 이미 우리 일상 곳곳에 깊숙이 자리 잡았다. 날씨예보부터 쇼핑 추천, 의료 진단까지 다양한 영역에서 활용되며, 의사결정을 지원한다.

특히, scikit-learn과 같은 전문 프레임워크의 발전으로 더욱 보편화되고 있다. 인공지능 기술이 계속 발전함에 따라 예측과 분류의 정확도와 효율성은 더욱 향상될 것이며, 이는 업무의 혁신과 일상생활의 편의성 증대로 이어질 것이다.

## 3.3
# 컴퓨터 비전!
# 인공지능이 보는 것을 이해하다

> 컴퓨터 비전은 컴퓨터가 이미지 또는 동영상에서 정보를 이해하고 해석하는 인공지능 기술이다. 이미지 분류, 영역 구분, 얼굴 식별, 행동 분석 등 다양한 활용 분야에서 효과성이 확인되고 있다.

최근 인공지능 기술의 발전으로 우리의 일상은 크게 변화했다. 휴대폰에서 얼굴인식으로 잠금을 해제하고, 촬영한 사진이 자동으로 분류되어 저장되며, 심지어 공공장소에서 싸움이 발생하면 신고 없이도 CCTV를 통해 경찰이 출동하는 시대를 살고 있다.

**컴퓨터 비전**Computer Vision 기술[37]은 컴퓨터가 이미지, 영상 및 다양한 시각적 입력을 해석하고 이해하는 인공지능 분야이다. 인간이 눈으로 보고 뇌로 인식하는 과정과 유사하게, 컴퓨터 비전 기술은 시각 데이터를 분석하여 의미 있는 정보를 추출한다.

---

37) 컴퓨터 비전은 인식 이외에도 이미지의 변형, 복원, 품질향상 등에도 사용된다.

[컴퓨터 비전 기술의 분류]

**이미지 인식**은 컴퓨터가 이미지나 영상을 분석하여 객체, 장면, 특징을 식별하고 분류하는 기술이다. 객체 인식이 이미지 내 특정 대상의 위치를 실시간으로 탐지하고 종류를 식별하는 데 중점을 둔다면, 이미지 인식은 주로 이미지 전체를 카테고리별로 분류하거나 라벨링하는 데 초점을 맞춘다.

스마트폰 사진 애플리케이션이 촬영된 사진을 자동으로 인물, 풍경, 음식 등으로 분류하는 것이 대표적인 이미지 인식 기술의 활용 사례이다. 이미지 인식은 객체 인식에 비해 분류와 식별에 주로 활용되며, 실시간 처리의 중요성은 상대적으로 낮다.

**이미지 분할**은 이미지를 픽셀 단위로 분석하여 각 픽셀에 의미 있는 레이블을 부여하는 고급 기술이다. 이는 이미지 내 객체나 영역을 정밀하게 구분하고 분리하는 것을 목표로 한다.

분할은 ▲동일 유형의 대상을 함께 분류하는 **의미론적 분할**Semantic Segmentation, ▲개별 객체를 구분하는 **인스턴스 분할**Instance Segmentation, ▲관심영역과 나머지 영역을 구분하는 **전경-배경 분할**Foreground-Background Segmentation 등이 있다. 자율주행 시스템에서는 카메라로 포착한 이미지를 도로, 보행자, 차량, 건물 등으로 정확히 분할함으로써 주행 경로 변경과 같은 적절한 대응 행동을 결정하는데, 이는 의미론적 분할의 실질적 응용 사례이다.

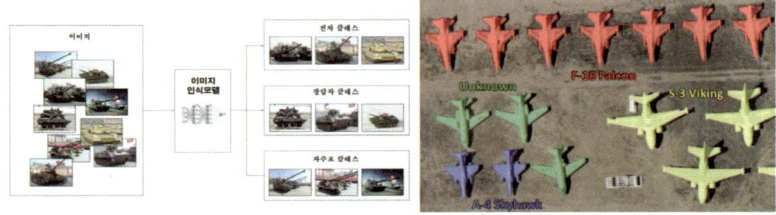

\* 출처 : (우) https://www.nv5geospatialsoftware.com/docs/OverviewPixelSegmentation.html
[이미지 인식(좌)과 이미지 분할(우)]

**얼굴 인식**은 이미지나 비디오 속에서 사람의 얼굴을 자동으로 감지하고 식별하는 기술이다. 이는 단순히 얼굴의 존재를 확인하는 것을 넘어, 누구의 얼굴인지까지 파악하는 것을 목표로 한다.

얼굴 인식은 이미지에서 얼굴을 감지한 후, 얼굴 형태, 눈 사이 거리, 코의 모양 등 고유한 특징을 추출하여 사전에 등록된 얼굴 데이터와 매칭하는 과정으로 이루어진다. 스마트폰의 잠금 해제나 보안 구역 출입 통제 시스템은 얼굴 인식 기술을 활용하는 대표적인 사례이다.

**동작 인식**은 비디오나 연속된 이미지 프레임에서 사람 또는 객체의 움직임을 분석하고 이해하는 기술이다. 이는 단순히 객체의 존재를 감지하는 것을 넘어, 객체가 수행하는 특정 행동이나 동작 패턴을 파악하는 것을 목표로 한다.

동작 인식은 특정 동작의 발생을 감지하는 동작 감지, 감지된 동작이 어떤 종류인지 분류하는 동작 분류, 그리고 해당 객체의 움직임을 지속적으로 추적하며 분석하는 동작 추적의 세 가지 주요 과정으로 구성된다. 경계·감시 시스템에서 침입자의 월책 시도를 감지하거나 공공장소에서 폭력 행위를 자동으로 경고하는 시스템은 동작 인식 기술을 활용하는 실제 사례이다.

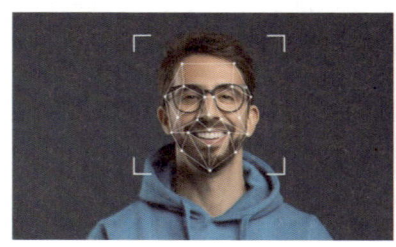

\* 출처 : (우) https://www.nv5geospatialsoftware.com/docs/OverviewPixelSegmentation.html
[얼굴인식(좌)과 동작인식(우)]

**객체 인식**은 이미지나 비디오에서 특정 객체의 존재를 감지하고 위치를 찾아내는 기술이다. 단순히 이미지를 분류하는 것을 넘어, 객체가 어디에 있고 어떤 종류인지 파악하는 것이 목표이다.

객체 인식은 객체의 탐지와 분류 과정을 거치며, 결과 화면에는 객체의 위치를 나타내는 바운딩 박스Bounding Box, 객체의 종류를 의미하는 클래스Class, 분류의 정확도를 나타내는 확률값Confidence Score이 함께 표시된다.

최근 주요 시설의 경계 시스템이나 지방자치단체의 공공안전 감시 시스템에 객체 인식 기술이 적용되고 있다. 이러한 경계·감시 시스템은 즉각적인 대응이 필수적이므로 **실시간 인식의 중요성**이 매우 높다. 객체 인식[38]은 인공지능의 활용 분야 중 경계·감시 기능이 핵심인 국방분야와 안전 분야에서 특히 주목받고 있다.

**3차원 비전**은 2차원 이미지에서 3차원 정보를 복원하거나, 전용 센서를 활용하여 3차원 공간 정보를 획득하는 기술이다. 3차원 비전은 공간적 정보를 활용하여 더욱 정밀하고 다양한 작업을 수행하는 것을 목표로 한다.

3차원 비전의 핵심은 영상에서 원근감과 깊이 정보를 추출하는 것으로, 이를 위해 두 대의 카메라로 동시에 이미지를 촬영하는 **스테레오 비전**Stereo Vision **방식**과 레이저를 활용하여 대상 물체까지의 거리를 정밀하게 측정하는 **라이다**LiDAR **방식** 및 신경망 기반의 **NeRF**Neural Radiance Field **방식**이 활용된다. 건물이나 특정 지역을 촬영하여 디지털 트윈Digital Twin으로 변환하는 과정은 3차원 비전 기술을 적용한 대표적인 사례이다.

이미지 생성은 인공지능 모델을 사용하여 완전히 새로운 이미지를 만들어내는 기술이다. 이미지 생성은 생성형 인공지능의 중요한 분야

---

38) 교통관리나 보안에 활용되는 차량 번호판 인식(License Plate Recognition, LPR)은 객체인식과 이미지 인식이 결합된 기술이다. 카메라에서 번호판 이미지를 캡쳐하는 데는 객체인식이 사용되고, 이미지에서 문자를 인식하는 데는 이미지 인식이 사용된다.

로, 단순히 기존 이미지를 편집하거나 변형하는 것을 넘어 완전히 새로운 시각적 콘텐츠를 창조하는 것을 목표로 한다. 이미지 생성 역시 생성형 인공지능의 일종이므로, 생성형 인공지능의 기본 기술과 절차가 동일하게 적용된다.

딥러닝 기술의 획기적인 발전에 힘입어 컴퓨터 비전 기술은 더욱 빠른 속도로 진화하고 있다. 특히 실시간 객체 인식은 경계작전 분야에서 관심이 높으므로 활용을 위한 접근 편에서 더욱 자세하게 살펴보기로 한다.

## 3.4
# 자연어 처리!
# 인공지능이 사람과 대화하다

> 자연어 처리는 컴퓨터가 인간의 언어를 이해하고 처리하도록 돕는 인공지능 기술이다. Transformer 신경망을 기반으로 하는 LLM이 등장하여 질의응답, 번역 등 기존의 처리범위를 뛰어넘는 다양한 작업이 가능해졌다.

ChatGPT 서비스가 2022년에 등장하고 다양한 후속 서비스가 발전하면서 거대 언어 모델Large Language Model, LLM의 열풍이 전 세계를 강타하고 있다. 그러나 LLM은 갑자기 출현한 기술이 아니다.

LLM은 자연어 처리의 중요한 분야로서, 인간과 컴퓨터 간 의사소통 및 방대한 텍스트 데이터에서 유의미한 정보를 추출하기 위한 연구는 수십 년간 꾸준히 진행되어 왔다.

최근에 이르러 자연어 처리Natural Language Processing, NLP 기술이 고도화된 인공신경망과 결합되면서 현재의 LLM이 탄생한 것이다. 즉, **NLP의 연장선에서 LLM이 있는 것이다.**

NLP는 컴퓨터가 인간의 언어를 이해하고 처리할 수 있도록 하는 인공지능 기술이다. 즉, 인간이 일상적으로 사용하는 자연어를 컴퓨터가 분석·이해·생성함으로써 인간과 컴퓨터 간의 원활하고 자연스러운 소통을 가능하게 하는 기술이다. 기존의 컴퓨터 코딩이 컴퓨터의 언어를 사용하는 컴퓨터 중심의 상호작용이었다면, 자연어 처리는 인간의 언어로 인간이 주도하는 소통 방식인 것이다.

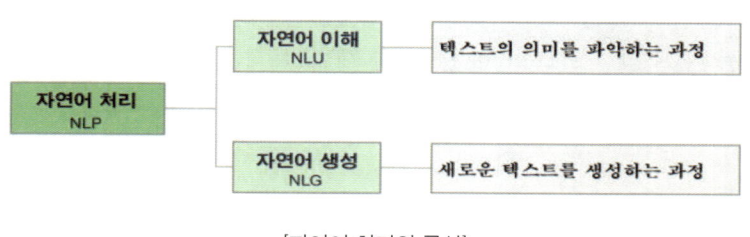

[자연어 처리의 구성]

NLP는 1980년대부터 통계·규칙 기반으로 연구되어 일부 서비스에 적용되어 왔으나, 복잡한 문맥을 이해하는 데는 뚜렷한 한계가 있었다. **2017년, Google의 Transformer 신경망 발표는 자연어 처리 분야를 포함한 인공지능 기술 전반의 획기적인 전환점**이었다.

Transformer 신경망은 문맥을 효과적으로 파악하고 기존 모델을 압도하는 처리 성능을 보여 주었다. 이후 Transformer 구조를 기반으로 GPT, BERT, LLaMA와 같은 강력한 LLM이 차례로 등장하면서, 현재 우리는 이러한 기술을 일상생활의 다양한 영역에서 활용하고 있다.

NLP의 기본적인 응용 분야는 질의응답, 번역, 텍스트 요약, 텍스트 분석이다. LLM 등장 이전에는 은행의 자동응답 서비스나 Google 번역과 같이 특정 기능에 최적화된 개별적인 모델이 독립적으로 운용되었다.

그러나 LLM이 등장한 이후에는 하나의 모델이 다양한 자연어 처리 작업을 동시에 수행할 수 있게 되면서, 개별 모델을 구축하고 관리해야 하는 필요성이 감소하였다.

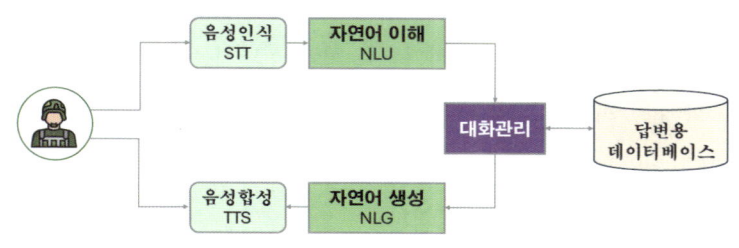

[대화형 인공지능 시스템의 작동 방식]

전통적인 NLP가 LLM으로 발전하면서 기본적인 분야의 성능향상과 함께 텍스트 생성, 텍스트 편집, 챗봇 기능 분야에서 혁신적인 발전이 이루어졌다.

LLM은 시, 소설, 기사, 코드 등 다양한 형태의 텍스트를 고품질로 생성하고, 문법 교정, 맞춤법 검사, 문장 스타일 변환 등 텍스트 편집 작업을 정교하게 자동화하며, 이전보다 훨씬 더 자연스럽고 유창한 대화가 가능하도록 활용 범위가 크게 확장되었다. 심지어 지금 이 문장에도 LLM의 도움이 부분적으로 포함되어 있다.

자연어 처리는 기본적으로 텍스트를 기반으로 하므로, 음성을 이용한 자연어 처리[39]에서는 음성을 텍스트로 변환하는 **음성-문자 변환**Speech-to-Text, STT **기술**이 필수적으로 사용된다.

음성은 텍스트 외에도 인간 발화에 담긴 맥락 이해에 중요한 말투와 톤을 포함하기 때문에, 깊이 있는 맥락 파악을 위해서는 감정을 인식하는 감정인식 기술이 함께 활용되어 멀티모달Multi-modal 방식을 이용하여 맥락을 종합적으로 인식할 수 있다.

최근에는 대화 및 토론 참여자를 정확히 식별하는 화자 식별 기술이 고도화되어, 회의나 상담 내용 분석 등에서 더욱 풍부한 정보를 획득할 수 있게 되었으며, 사용자 편의성 또한 크게 향상되었다.

NLP 자체와 진화된 LLM은 지식 서비스, 콘텐츠 제작, 비즈니스 자동화 등 다양한 산업 분야에서 다양하게 활용되고 있다. 앞으로 대화형 자연어 처리 기술은 다양한 감각 센서 및 감정 인식 기술과의 융합을 통해 인간과 기계 간의 교감형 의사소통을 한층 더 발전시키고, 상호작용에서의 자연스러움과 친밀감 향상에 기여할 것으로 전망된다.

---

[39] 자연어 처리의 발달은 자연어 명령으로 이어졌다. 특정한 명령에만 반응하는 기기가 불확실한 발음이나 사투리 같은 자연스러운 인간의 언어를 이해하고, 기기를 제어할 수 있도록 하여 사용자 친화성을 높이고 있다.

## 3.5 지능형 로봇! 인공지능이 세상 속에서 행동하다

> 지능형 로봇은 인공지능을 기반으로 스스로 판단하고 행동하는 로봇으로, 인간의 인지 및 학습 과정을 모방한다. 산업용에서 인공지능 융합형으로 발전했으며, 다양한 인공지능 기술을 로봇 내에 통합한다.

지능형 로봇Intelligent Robots은 움직임을 갖춘 구현체로서의 인공지능으로 이러한 의미에서 **물리적 인공지능**Physical AI이라고도 불린다. 로봇은 인간 사회의 생산성과 효율성을 획기적으로 향상시키고, 안전성과 편의성을 대폭 증대시켜 인간의 삶을 더욱 풍요롭게 만드는 것을 궁극적 목표로 한다.

1960년대에 최초로 등장한 로봇은 산업현장의 단순 반복적인 작업을 수행하는 기초적인 기계식 로봇이었다. 그러나, IT 기술의 발전과 함께 1980년대부터는 다양한 센서와 컴퓨터를 이용한 정밀 제어기술이 접목된 자동화 로봇이 제조업을 중심으로 다양한 산업 분야에서 작업을 효율적으로 수행하도록 광범위하게 보급되었다.

2000년대에 와서는 인공지능 기술을 접목하여 스스로 상황을 인지하고 판단하며 능동적으로 행동할 수 있는 지능형 로봇이 발전[40]하고 있다.

| 구분 | 시기 | 설명 |
|---|---|---|
| 기계식 로봇 | 1960년대 | • 단순한 기계 장치로 구성<br>• 정해진 동작만을 반복적으로 수행하고, 환경 변화에 대한 대응 능력은 없음 |
| 자동화 로봇 | 1970년대<br>~1980년대 | • 센서를 통해 외부 환경 정보를 감지하고, 프로그래밍된 알고리즘에 따라 동작을 제어<br>• 산업현장에서 조립, 용접, 운반 등 다양한 자동화 작업을 수행 |
| 지능형 로봇 | 2000년대 이후 | • 인공지능 기술을 기반으로 스스로 학습하고 판단하여 복잡한 작업을 수행<br>• 자율주행 자동차, 서비스 로봇, 의료 로봇 등 다양한 분야에서 활용 |

[로봇의 발전과정]

인공지능과 로봇의 융합체인 지능형 로봇은 디지털 영역에 머물던 인공지능이 물리적 움직임을 통해 현실 세계에서 구체적으로 실현되는 형태라고 할 수 있다.

지능형 로봇은 인공지능 기술을 핵심 기반으로 하여 스스로 주변 상황을 정확히 인지하고, 독자적으로 판단하여 자율적으로 행동하는 첨단 로봇을 의미한다.

---

[40] 우리나라에서 인공지능을 관할하는 정부부처는 과학기술정보통신부이고, 지능형 로봇을 관할하는 부처는 산업통상자원부이다. 인공지능 기술은 다양한 분야와 융합되어 발전하고 있으므로 그 경계가 점차 모호해지고 있다. AI+X 과정에서 불가피한 현상이다.

지능형 로봇의 핵심 기능 체계는 **환경인식-상황판단-자율행동**으로 구성된다. 합리적 행동이론에서 설명하는 인간의 행동 과정은 동기-의도-행동으로 연결되며, 작전활동 프로세스는 감시-결심-타격인데 지능형 로봇과 인간의 행동 및 작전활동 프로세스간의 유사성은 쉽게 확인 가능하다.

| 구분 | 의미 | 핵심 | 포함기술 |
| --- | --- | --- | --- |
| 환경 인식 | 자신과 주변 환경의 정보를 수집하고 이해하는 능력 | 정밀 센서 | 위치인식, 자세인식, 사물인식, 음성인식, 동작인식, 균형인식, 자연어 이해 등 |
| 상황 판단 | 상황을 분석하고 최적의 행동을 결정하는 능력 | 인공 지능 | 인공지능학습, 의사결정, 경로계획, 행동제어 등 |
| 자율 행동 | 스스로 행동을 결정하고 수행하는 능력 | 구동 장치 | 자율이동, 물체조작, 자연어 생성 등 |

[지능형 로봇의 주요 기능]

지능형 로봇의 기능 체계가 인간의 행동 과정이나 작전활동 프로세스와 유사한 구조를 가진 이유는, 정보를 수집하고 분석하여 의사결정을 내리고 실행하는 일련의 과정이 인간의 생존과 목표 달성에 필수적인 메커니즘이며, 지능형 로봇이 이러한 인간의 효율적 사고 패턴과 행동 능력을 모방하여 설계되었기 때문이다.

우리는 흔히 인간을 닮은 휴머노이드 형태의 지능형 로봇을 떠올리지만, **자율주행 자동차나 드론과 같은 첨단 기술이 적용된 이동 수단들도 고도의 지능형 로봇 시스템**이다.

 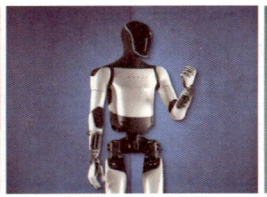 

* 출처 : (좌)https://www.mk.co.kr/news/it/11245067, (중)https://view.nate.com/tech/view/80300/, (우)https://www.nocutnews.co.kr/news/5465574

[다양한 지능형 로봇의 형태]

지능형 로봇은 다양한 첨단 인공지능 기술이 유기적으로 통합된 복합체이다. 환경 인식을 위해 위치, 속도, 가속도, 자세 등을 측정하는 다양한 센서와 카메라, 라이다 시스템을 기반으로 한 고급 컴퓨터 비전 기술을 효과적으로 활용한다.

또한, 인간과의 자연스러운 소통을 위해 자연어 처리 기술을 적극 도입하며, 심층 강화학습 등 복합적인 학습 기법을 통해 상황에 맞는 최적의 추론을 수행한다. 이러한 다양한 센서와 정보를 통합하는 멀티모달 센서 융합은 지능형 로봇의 핵심적이고 필수적인 요소이다.

지능형 로봇은 특정 목적과 용도에 따라 더욱 정교하게 세분화되며, 산업, 의료, 교육, 서비스, 우주 탐사 등 인류 활동의 영역에서 인간과 긴밀하게 협력하거나, 때로는 인간을 완전히 대체하여 복잡하고 다양한 업무를 효율적으로 수행하도록 진화하고 있다.

인공지능은 디지털 세계의 지능이며, 이러한 지능이 물리적 실체를 얻어 현실 세계에서 능동적으로 움직이고 상호작용하는 형태가 지능형 로봇이다. 앞으로 더욱 발전하여 인간의 삶과 사회 전반에 걸쳐 혁신적인 변화를 가져올 새로운 동력이 될 것이다.

밀리터리 인공지능
**리터러시**

# PART 2
# 기술요소와 학습기법

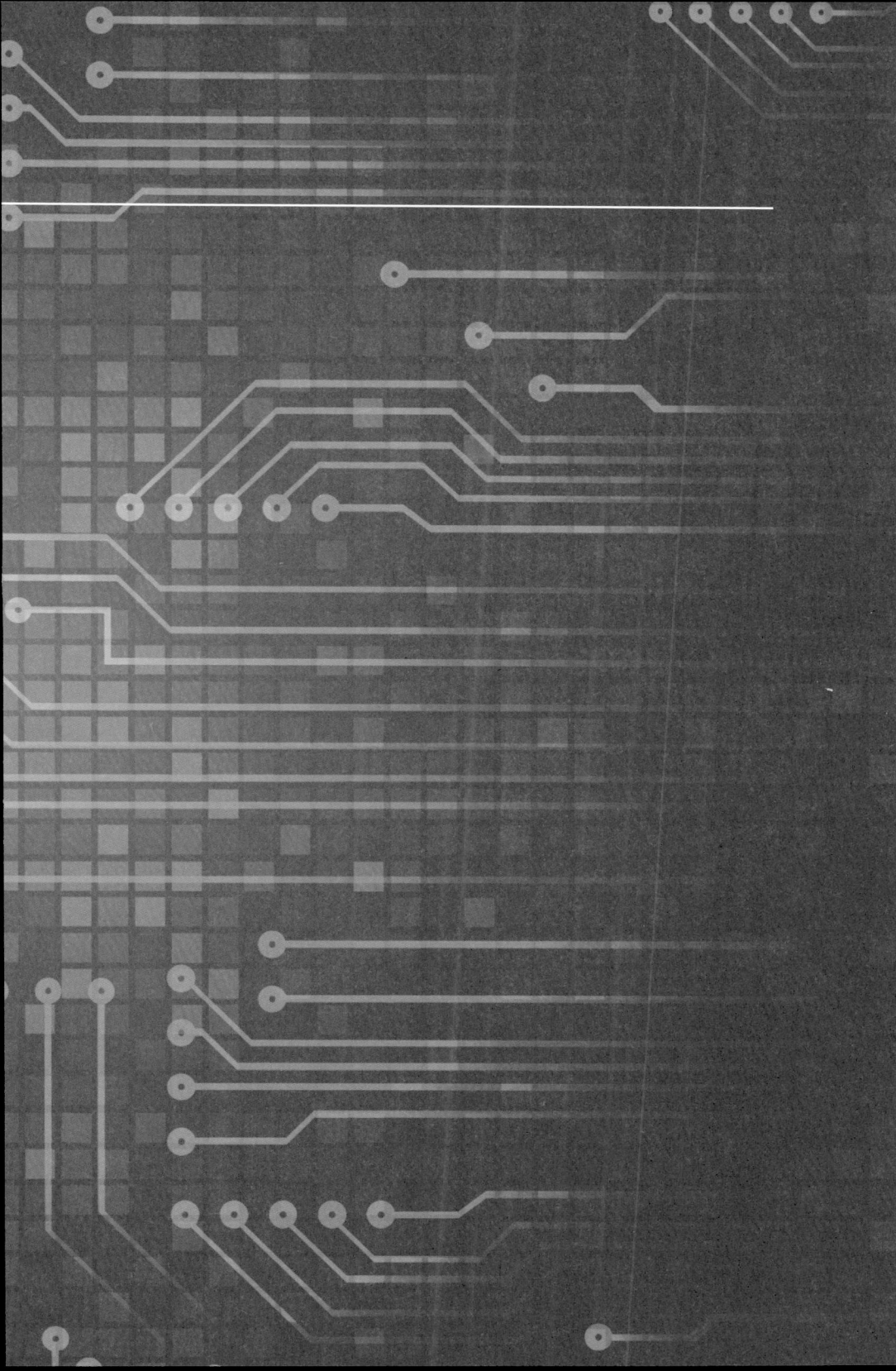

CHAPTER 4

# 인공신경망 기술요소

4.1 인공신경망! 인간의 뇌를 모방한 기술이 등장하다
4.2 인공신경망! 인공뇌에도 여러 종류가 있다
4.3 인공신경망 학습! 목표는 확률을 최대화하는 것이다
4.4 파라미터! 지능이 만들어지는 원천이다
4.5 하이퍼파라미터! 인공신경망 학습의 교과편성이다
4.6 활성화 함수! 인공신경망의 채점방식이다
4.7 과적합! 언제나 과도한 것은 문제가 된다

## 4.1
# 인공신경망!
# 인간의 뇌를 모방한 기술이 등장하다

> 인공신경망은 인간 뇌 작동 방식에서 영감을 얻은 기술이다. 인공신경 세포는 입력, 가중치, 편향, 활성화 함수, 출력으로 표현되는데, 추론 성능의 향상을 위해서 점점 복잡한 구조로 발전되고 있다.

인공신경망Artificial Neural Network, ANN은 인간의 뇌가 작동하는 방식에서 영감을 얻어 개발된 인공지능 기술이다. 1943년에 과학자들은 뇌 신경의 작동원리를 규명하는 과정에서 **뇌 신경의 단위세포인 뉴런**Neuron**의 작동 방식을 수학적으로 규명**했는데, 이는 인공 뉴런의 연결을 통해 복잡한 계산을 수행할 수 있는 인공신경망 연구의 이론적 시초가 되었고, **1958년에는 드디어 최초의 인공신경망인 퍼셉트론**Perceptron[41]**이 등장**하였다.

인간의 뇌는 단위세포인 약 1,000억 개 이상의 뉴런과 이를 서로 연결하는 100조 개 이상의 시냅스로 구성이 되어 있다고 하는데, 인공신경망은 이를 모방하였다. 인공신경망에서 인간 뇌세포의 뉴런에 해당

---

41) 미국의 심리학자 프랭크 로젠블랫(Frank Rosenblatt)이 1958년 개발한 퍼셉트론은 400개의 광전센서로 구성된 입력소자와 전기모터 기반의 가중치 조정 시스템으로 구성된 최초의 신경망 하드웨어로, 패턴 인식 및 이미지 분류 실험에 사용되었다. 이는 현대 인공지능 모델의 기원으로 평가받고 있다.

하는 것은 활성화 함수가 장착된 노드이고, 시냅스에 해당하는 것은 노드를 연결하는 가중치이다.

| 구분 | 뇌 신경망 | 인공신경망 |
|---|---|---|
| 형태 | 생물학적 세포 | 수학적 모델 |
| 구성 | 세포체, 축삭돌기, 수상돌기, 시냅스 | 입력, 가중치, 편향, 활성화 함수, 출력 |
| 에너지 효율 | 높음 | 낮음 |
| 복잡성 | 매우 복잡 | 점점 복잡 |

[뇌신경과 인공신경망의 비교]

최근에 초파리는 뇌지도를 완성하였다는 보도가 있었지만, 인간의 뇌 구조는 1,000만 배 더 많은 뉴런이 시냅스로 복잡하게 얽혀서 많은 연구에도 불구하고 현재의 과학으로는 완전한 해석이 불가능하다고 한다.

뇌의 구조를 모방한 인공신경망 또한 엄청난 수의 노드가 많게는 수백 층까지 복잡하게 얽혀 있어 작동원리에 대한 명확한 규명을 위한 연구가 계속되고 있다.

인공신경 세포는 물리적인 실체가 아니라 수학적인 모델이다. 하나의 인공지능 세포는 **입력, 가중치, 편향, 활성화 함수, 출력**의 5가지를 이용한 수학적 형식으로 표현하고 있다.

입력은 외부로부터 정보를 받아들이는 부분이다. 가중치는 입력된 정보의 중요도를 조절하는 값이다. 편향은 뉴런의 활성화 임계값을 조절하는 값이다. 활성화 함수는 가중치의 합을 기반으로 출력값을 결정하는 함수이다. 출력은 활성화 함수의 결과로 생성된 최종값으로 다음 층의 인공신경 세포 또는 최종적인 결과로 전달된다.

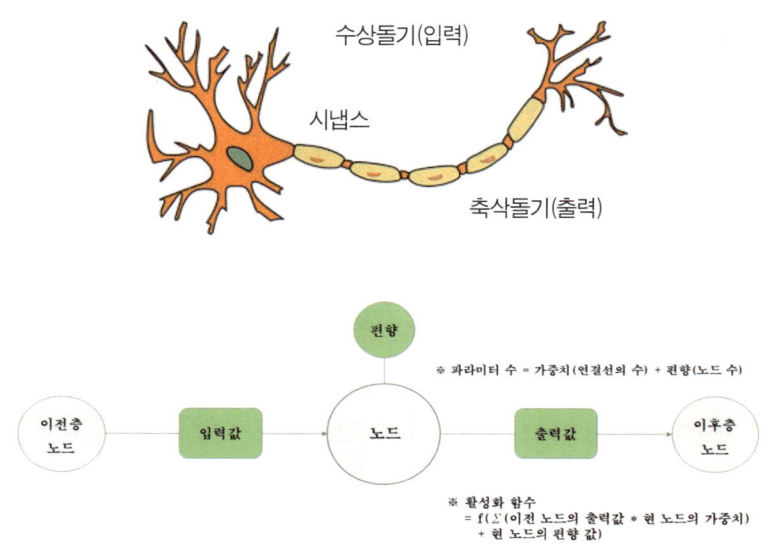

[뇌세포(뉴런)와 인공지능 세포의 비교]

인공신경망이 복잡도와 규모를 표현하는 **파라미터 수는 가중치(연결선)의 수와 편향(단위노드)의 수를 더한 숫자**이다. 숫자로 표현되는 가중치와 편향은 학습을 통해서 최적화시키는데, 인공지능의 학습과정이라는 것은 사실은 모델 내의 모든 파라미터의 값을 최적화하는 과정이다.

GPT-3의 경우 1,750억 개의 파라미터를 이용하고 있다고 알려졌는데 학습과정에서 입력된 인간의 질문에 스스로 답변을 출력할 수 있도록 1,750억 개의 파라미터에 대한 최적값을 찾았다는 의미이다.

인공신경망은 **단층신경망**Single-Layer Neural Network 과 **심층신경망**Deep Neural Network으로 구분한다. 단층신경망[42]은 입력층과 출력층, 단 두 개의 층으로 구성된 가장 기본적인 형태의 인공신경망으로 일반적으로 최초로 만들어진 인공신경망인 퍼셉트론을 의미한다. 한편, 심층신경망은 복잡한 패턴 인식, 이미지 인식, 자연어 처리 등 다양한 분야에서 사용하는 최근의 모든 신경망으로 해결할 문제가 복잡할수록 층이 깊어지며 현재의 관점에서 인공신경망은 일반적으로 심층신경망을 의미한다.

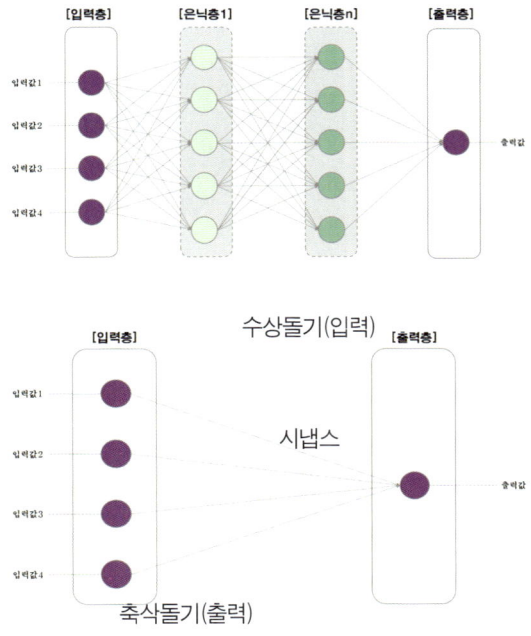

[단층 인공신경망과 심층 인공신경망]

---

42) 초기의 단층 인공신경망은 은닉층이 존재하지 않는다. 은닉층이 1개면 2층, 2개면 3층이다. 실제로는 은닉층+1개가 층수가 되는 셈이다. 신경망의 층수는 개발자가 인공지능 모델을 설계할 때 개발용 프레임워크를 사용하여 결정한다.

과거의 정보시스템은 규칙기반으로 작동되었고, 작업을 수행하기 위한 명령어들을 질서 있게 나열한 알고리즘을 사용했다. 인공지능이 사용되면서 알고리즘은 데이터셋으로 학습된 인공지능 모델로 대체되고 있다. 정보화는 명확하게 정의된 규칙과 절차인 알고리즘을 이용하는 환경이고, 지능화는 스스로 패턴을 발견하는 인공지능 모델을 이용하는 환경이라 할 수 있다.

생물의 신경세포가 진화해 왔던 것처럼 인공신경망은 단순한 단층에서 시작하여 더욱 복잡하게 심층화되고 있다. 인공신경망이 더욱 복잡한 문제도 잘 해결할 수 있도록 발전되고 있다는 의미이기도 하다.

## 4.2

# 인공신경망!
# 인공뇌에도 여러 종류가 있다

> CNN, RNN, GAN, VAE, Transformer는 5가지의 주요 인공신경망이다. 특히, Google이 2017년에 공개한 Transformer 신경망이 뛰어난 성능으로 다양한 분야에서 활용되는 가운데 지속적으로 융합 및 개량중이다.

인공신경망은 인간의 뇌 인공신경망 작동 방식을 모방하여 복잡한 문제를 해결하기 위한 수학적인 모델이다. 1958년 패턴 인식 및 이미지 분류를 위해 최초의 인공신경망인 퍼셉트론이 등장하였지만 이후 개발된 모델들은 연산능력의 한계, 데이터의 부족, 알고리즘의 비효율성 등으로 지금과 같은 주목을 받지 못하였다.

인공신경망은 2000년대 이후 GPU가 제공하는 초고속 병렬연산 능력과 정보화 과정에서 축적된 대량의 데이터의 시너지 효과로 빠르게 발전하였다.

인공신경망은 특화된 모델이 다양하게 개발되었지만, 주목을 받고 있는 모델은 합성곱 신경망Convolutional Neural Network, CNN, 순환 신경망Recurrent Neural Network, RNN, 변분 오토인코더Variational AutoEncoder, VAE, 생성적 적대신경망Generative Adversarial Network, GAN, 트랜스포머Transformer이다. 특히, Google에서 개발한 Transformer 신경망은 탁월한 성능으로 활용도가 매우 높다.

| 구분 | 등장시기 | 장점 | 주요 용도 |
|---|---|---|---|
| CNN | 1980년대 | 공간적 특징 추출 | 객체인식, 영상분석 |
| RNN | 1980년대 | 순차 데이터의 처리 | 자연어 처리, 음성인식 |
| VAE | 2013년 | 데이터 생성 | 생성형 인공지능 |
| GAN | 2014년 | 데이터 생성 | 생성형 인공지능 |
| Transformer | 2017년 | 데이터 생성, 병렬처리 | 자연어 처리, 생성형 인공지능 |

[대표적인 인공신경망]

**CNN**은 사진이나 동영상 같은 이미지 데이터 분석에 특화된 인공신경망이다. 합성곱Convolution은 입력 이미지에서 특징을 추출한 특징맵을 생성하는 수학연산을 의미하는데 컴퓨터 비전에서 주로 사용한다. CNN은 인간의 뇌 중에서 시각피질에서 영감을 받아 설계되었으며, 이미지의 특징을 효과적으로 추출하고 학습하는 데 뛰어난 성능을 보인다.

이 분야에서 1989년에 손글씨 숫자를 인식[43]하기 위해 얀 르쿤Yann LeCun이 개발한 **LeNet 모델은 최초의 실용적인 CNN 모델**로 평가받고 있다. 이후, 제프리 힌튼Geoffrey Hinton은 연구원들과 함께 2012년에 이미지넷이 주최한 객체인식 대회인 ILSVRCImageNet Large Scale Visual Recognition Challenge에서 AlexNet[44]을 이용한 압도적인 성능을 보여주면서 CNN의 발전에 크게

---

43) 얀 르쿤은 당시 AT&T의 벨 연구소에 재직 중이었는데 AT&T는 우편물의 자동 분류와 수표의 자동처리를 위해 빠르고 정확한 손글씨 인식 시스템의 개발이 필요했고, 이는 LeNet의 개발로 연결되어 AT&T의 실제 문제들을 해결하는 데 성공적으로 적용되었다.
44) AlexNet이라는 명칭은 논문의 1저자인 알렉스 크리제프스키의 이름에서 유래했다.

기여하였다.

　AlexNet의 등장은 객체인식 뿐만 아니라 인공지능 전반에 부흥을 촉발하는 인공지능 역사의 이정표가 되었다. 이들과 함께 RNN 연구와 단어 임베딩 개념 발전에 기여한 몬트리올대 교수 죠수아 벤지오Yoshua Bengio는 2018년 튜링상을 공동으로 수상했으며 이 세 명의 과학자를 묶어서 인공지능의 대부들Godfathers of Deep Learning이라고 부른다.

\* 출처 : (좌) https://www.businesstoday.in/technology/news/story,
(우)https://www.britannica.com/biography/Geoffrey-Hinton

[얀 르쿤(좌)과 제프리 힌튼(중), 죠수아 벤지오(우)]

　**RNN**은 1980년대부터 연구가 진행된 모델로 자연어 처리나 시계열 데이터[45]와 같이 순차적인 데이터를 처리하는 데 특화된 인공신경망이다. RNN은 이전 단계의 정보를 기억하고 활용하여 현재 단계의 출력을 예측하는 방식으로 작동한다. RNN은 층의 갯수가 많아질수록 먼 과거의 정보를 기억하고 활용하는 데 어려움을 겪는 장기 의존성 문제[46]가

---

45) 시계열 데이터(Time Series Data)는 일정한 시간 간격으로 순차적으로 기록된 데이터의 집합이다. 시간의 흐름에 따라 데이터 간에 관계나 패턴이 나타나는 특징을 가지는데 모든 센서 데이터, 인간의 활동 데이터 등이 여기에 해당한다.
46) 장기 의존성 문제는 RNN이 신경망 구조상 문맥이 긴 텍스트, 긴 시계열 데이터 등에서 오래 전에 나타난 중요한 정보를 현재 시점까지 제대로 기억하고 활용하지 못하는 문제이다. 이 문제는 어텐션 메커니즘을 활용한 Transformer 신경망이 등장하여 해결되었다.

발생한다.

이에 대한 개선을 위해 독일 과학자인 제르겐 슈미트후버Jrgen Schmidhuber 등은 1997년 LSTMLong Short-Term Memory이라는 모델을 개발하였다. RNN 과 LSTM은 자연어 처리에 많이 활용되었으나, 2017년에 Transformer 모델이 등장하면서 최근에는 음성인식과 시계열 데이터 분석 등으로 역할이 축소되었다.

**VAE**는 2013년 네덜란드 출신의 과학자인 디데릭 킹마Diederik Kingma 등이 논문과 함께 발표한 생성형 인공신경망이다. VAE의 모태인 오토인코더 AutoEncoder는 1980년대에 개발된 인공신경망의 한 종류로, 인코더-디코더 구조를 활용하여 특징 추출, 데이터 압축 및 이상 탐지 등에 활용되었다.

AutoEncoder가 VAE로 진화하는데 적용된 확률분포 이론은 텍스트 와 다른 방법으로 데이터를 생성하는 **이미지와 오디오 생성 분야에서 탁월한 성능을 발휘하고 있는 확산 모델**Diffusion Model에도 이론적 기초를 제공하였다.

\* 출처 : (좌)https://www.brainpreservation.org, (좌중)https://dpkingma.com/, (우중)https://soundcloud.com , (우)https://montgomerysummit.com/
[제르겐 슈미트 후버(좌), 디데릭 킹마(좌중), 이안 굿펠로우(우중), 아시시 바스와니(우)]

GAN은 2014년 캐나다 출신의 과학자인 이안 굿펠로우Ian Goodfellow 등이 제안한 인공신경망이다. GAN은 이전의 생성형 모델과는 달리 두 개의 인공신경망(생성자, 판별자)이 서로 경쟁하며 학습하는 방식으로 작동한다. 이는 이미지, 오디오 등 다양한 형태의 데이터를 생성하는 데 활용되어 본격적인 생성형 인공지능 연구를 촉발하였고, 현재의 생성형 인공지능 서비스 환경으로 발전시켰다.

Bahdanau 등의 인공지능 연구자들은 Transformer 신경망 발표 이전인 2015년에 ICLRInternational Conference on Learning Representations에서 Seq2Seq 모델의 한계를 극복하는 어텐션 메커니즘을 제안하였는데, 이는 **Transformer 신경망 개발의 이론적 배경**이 되었다. 증기기관에서 제임스 와트James Watt 이전에 토머스 뉴커먼Thomas Newcomen이 있었던 것과 유사한 사례이다.

**Transformer**는 2017년 Google에의 인도계 과학자인 아시시 바스와니Ashish Vaswani 등 8명의 공동 논문인 「Attention Is All You Need」[47]의 발표와 함께 오픈소스로 공개한 혁신적인 인공신경망이다.

Transformer의 탁월한 능력은 **어텐션 메커니즘**Attention Mechanism과 **병렬 처리**Parallel Processing라는 두 가지 기술적 요소에서 발휘된다. Transformer는 자연어 처리와 생성 능력에서 탁월한 능력을 발휘하여 이후, 거대 언어 모델과 생성형 인공지능에서 보편적으로 활용되는 범용 모델이 되었다.

---

47) 이 논문은 2017년 NIPS에서 발표한 15페이지짜리 논문지만, 단순한 학술 논문을 넘어, 자연어 처리의 패러다임을 완전히 바꾸고 딥러닝 연구의 새로운 시대를 연 기념비적 연구이다.

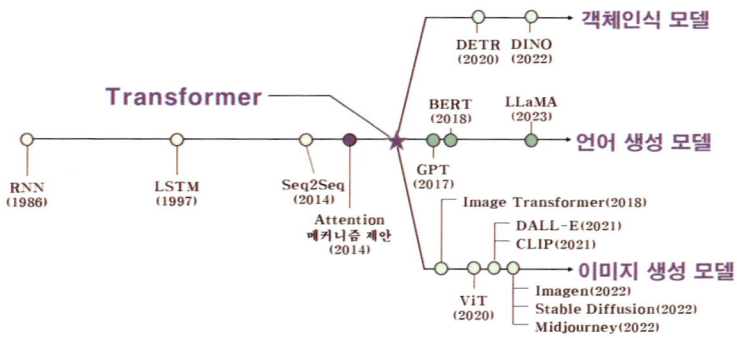

[Transformer 신경망 등장 이전과 이후]

　어텐션 메커니즘에서는 입력 데이터의 모든 부분을 동일하게 처리하는 RNN과 달리 각 부분이 얼마나 중요한지를 평가해 특정 요소에 집중한다. 예를 들어, 번역 작업에서 문장 중 특정 단어가 더 중요한 역할을 한다면, 이 단어에 높은 가중치를 부여해 전체 문장의 번역 정확도를 높이는 것이다. 이렇게 필요한 정보에 집중함으로써, 모델은 방대한 데이터에서 가장 관련성이 높은 패턴을 효과적으로 학습할 수 있게 된다.

　Transformer에서 채택한 병렬처리는 데이터를 순차적으로 처리하는 기존 방식과 달리, 데이터를 동시에 처리함으로써 작업 속도를 크게 향상시키는 기술이다. 예를 들어, RNN 모델은 단어를 하나씩 처리해야 하지만, Transformer 신경망은 한 문장의 모든 단어를 병렬로 처리할 수 있는 구조로 설계하여 학습과 예측 속도가 비약적으로 향상되었다.

　인공신경망은 상호 보완을 통해 발전하고 있다. 전통적으로 하나의 모델은 고유한 장점을 가지고 특정 분야나 작업에 특화되어 있었지만,

최근에는 모델들의 장점을 결합하거나 특정 분야에 특화된 성능을 발휘하는 하이브리드 모델Hybrid Models들 또한 지속적으로 등장하고 있다.

인공신경망도 복잡계Complex System로서 다수의 모델이 비선형적으로 상호작용함으로써 개별 요소의 합으로는 예측할 수 없는 **창발적 특성을 강화하는 시스템으로 진화**하는 것이다.

## 4.3
## 인공신경망 학습!
## 목표는 확률을 최대화하는 것이다

> 인공신경망 학습은 데이터로 패턴을 파악하고, 예측 오류를 줄이는 과정이다. 파라미터 최적화가 학습의 핵심으로 손실함수 최소화, 파라미터 최적화, 성능 최대화는 같은 목표를 다른 시각으로 표현한 것이다.

**인공신경망 학습**은 인공신경망이 학습용 데이터셋을 이용하여 스스로 패턴을 도출하고, 결과를 내도록 파라미터 값을 최적화하는 과정이다. 이는 마치 사람이 경험을 통해 학습하는 것과 유사하며, 컴퓨터가 주어진 데이터를 분석하여 패턴을 인식하고, 이를 바탕으로 예측 또는 결정을 내릴 수 있도록 한다.

인공지능은 학습용 데이터셋으로부터 스스로 찾아낸 패턴이나 관계를 새로운 데이터에도 일반화하여 대입하는 것이므로 입력된 학습용 데이터로부터 의미 있는 패턴이나 관계를 찾고 오류를 최소화하여야 한다.

최종 출력의 형태는 문제와 목표가 매우 다채롭기 때문에 **텍스트, 이미지, 수치, 오디오** 또는 특정 형태의 포맷 등 다양하지만 공통점은 인공신경망 내의 파라미터를 최적화한 값들로부터 도출된 수치를 인간이 이해하도록 표현한 것이다. 거대 언어 모델Large Language Model, LLM의 경우에 수천억 개 이상의 많은 파라미터를 가지고 있다고 표현하는 것은 그만큼 많은 수의 파라미터로 구성되어 모델이 정교하고, 이 값을 모두 **최적화하는 엄청난 노력을 투입**했음을 강조하는 것이다.

인공신경망의 학습과정은 인간의 학습과정과 비슷하다. 인공신경망 학습에 투입하는 데이터셋은 학습교재에 비유된다. 훌륭하고 다양한 학습교재가 교육의 질을 좌우하는 것처럼 학습용 데이터셋의 양과 질은 인공신경망 학습을 위한 선행 조건이다.

[인공신경망과 인간의 학습과정 비교]

인공신경망이 대규모 연산을 통해 수행하는 예측 및 오류 계산은 학습의 본질인 수업 및 과제시험으로 구성된 인간의 학습과 같다. 교육과정에서 시험을 보고 채점을 하듯이 인공신경망은 예측 결과를 실제 결과와 비교하여 오류를 계산하고, 이 오류를 기반으로 학습을 반복한다.

파라미터 값의 조정은 인간의 학습에서 시험 후 오답을 분석하여 다음 시험을 준비하는 과정에 비유된다. 인공신경망은 **예측 결과의 오류를 분석해 파라미터 값의 조정을 반복**한다. 이는 시험에서 불합격한 학생이 재수강하는 것과 유사하나, 인공신경망은 설정에 따라 수백 회까지도 반복[48]한다.

[인공신경망 파라미터 최적화 과정]

인공신경망 학습에 대한 설명에서 **손실함수 최소화, 파라미터 값 최적화, 성능의 최대화**라는 용어가 혼용되어 사용되고 있는데 바라보는 관점만 다를 뿐 동일한 의미이다.

수학을 기반으로 접근하는 연구자Researcher는 손실함수 최소화라는 용

---

48) 한 번 완료하는 횟수를 에포크(Epoch)라고 부르는데, 이 과정에서 엄청난 연산을 해야 하므로 GPU와 같은 초고속 병렬연산 장치가 필요하고 엄청난 전력을 소모하게 된다.

어가, 서비스 체계를 구축하는 업체의 개발자Developer는 파라미터값 최적화라는 용어가, 체계를 구축하려는 기술자Technician에게는 성능 최대화가 가장 친숙한 용어일 것 같다.

파라미터 최적화는 수학적 기반의 기술적인 과정으로, 심층신경망 모델 학습의 핵심이다. 이 과정은 모델의 성능평가 기준인 **손실함수**Loss Function, 손실 함수의 기울기를 계산하는 **역전파**Backpropagation, 그리고 최적의 파라미터를 찾아 조정하는 **경사하강법**Gradient Descent과 같은 필수적인 기술 용어들로 설명된다. 따라서, 인공신경망 학습을 깊이 있게 이해하기 위해서는 최소한 이 세 가지 용어에 대한 기술적인 이해가 수반되어야 한다.

인공신경망의 학습은 군 간부 교육과정과 비슷하다. 학습 이전의 인공신경망은 임관을 앞둔 젊은이와 같은 상태이다. 후보생은 후보생과정을 통해서 군대조직에서 필요한 소양과 태도를 익히고, 초군, 초급반 과정을 통해서 해당병과의 특성을 익히며, 고군·고급반 과정을 통해서 병과업무에 더욱 전문화된다.

군 간부가 임관 이후 지속적인 생애학습을 하는 것처럼 인공신경망 또한 개발단계에서 한 번의 학습으로 끝나는 것이 아니라, 성능을 유지하거나 높이기 위하여 지속적인 생애학습이 필요하다.

## 4.4
## 파라미터!
## 지능이 만들어지는 원천이다

> 인공지능 모델에서 파라미터는 가중치와 편향으로, 노드 연결 강도와 활성화 조건을 조절한다. 파라미터 수가 많을수록 복잡한 학습이 가능하지만, 과적합이나 자원의 소모와 같은 단점도 함께 증가한다.

어떤 상황을 통제하고 관리하는 데 수학적, 과학적 접근은 정확하고 객관적인 분석을 통해 효율적인 의사결정을 가능하게 한다. 이때 통제를 위한 파라미터Parameter를 설정하는 것은 상황을 체계적으로 관리하기 위한 핵심적인 첫걸음이다.

**파라미터**[49]는 시스템의 특성 또는 동작 방식을 지정하는 조정 가능한 값으로 시스템의 상태나 동작을 제어한다. 시스템의 설계, 구성 또는 학습 과정에서 그 값이 결정되거나 조정될 수 있지만 한 번 설정되면 시스템이 작동하는 동안에는 그 값이 변하지 않는 경우가 많다. 인공신경망의 경우, 학습 데이터를 통해 성능을 최대화하는 방향으로 파

---

49) 파라미터는 분야에 따라 매개변수, 변수, 계수, 인자 등으로 사용되지만 가장 이해하기 쉬운 한글 용어는 설정값이다. 어떤 시스템에서 장치를 통하여 온도, 습도, 유량, 회전 수, 압력, 거리, 방향, 각도, 강도 등 해당 요소를 설정하는 값이 파라미터이다.

라미터 값을 조정한다.

인공신경망에서 파라미터란 두 노드 간을 연결하는 값을 의미하며, 이는 **가중치**Weights와 **편향**Biases으로 구성되어 각각 입력의 중요도와 노드의 활성화 조건을 조절하는 역할을 한다.

파라미터 값은 노드에 저장되는데 하나의 노드 기준으로 보면 하나의 고유 편향값과 연결된 입력 노드 수만큼의 가중치가 파라미터로 저장되며 이들이 결합해 해당 노드의 출력을 결정한다.

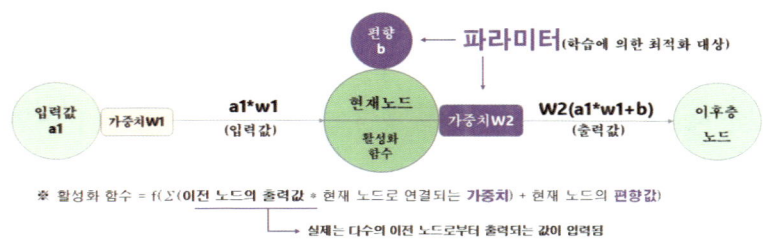

[신경망의 작동개념과 파라미터의 관계]

**가중치**는 신경망에서 노드들 사이의 연결 강도를 나타내는 값으로 입력 신호가 다음 층으로 넘어갈 때 이 가중치와 곱해져서 신호의 중요도가 결정된다. 다시 말해, 입력 데이터의 각 특성이 최종 결과에 얼마나 큰 영향을 미치는지를 숫자로 표현한 것이다. 신경망이 학습하면서 이 가중치들이 최적의 값으로 조정되어, 복잡한 패턴을 효과적으로 파악할 수 있게 된다.

**편향**은 각 노드가 활성화되는 기준점을 조절하는 값으로 입력값들의 가중치 합이 0이어도 노드가 반응할 수 있도록 해주는 역할을 한다. 인공신경망 내에서 편향이라는 단어는 부정적인 의미가 아니라 모델이 더 세밀하고 다양한 함수를 표현하여 학습 능력을 향상시키는 필수적인 구성요소이다.

일반적으로 신경망의 층이 많아지거나 각 층의 노드 수가 늘어날수록 파라미터 개수는 기하급수적으로 증가한다. **파라미터가 많을수록 인공신경망은 더 복잡한 데이터와 어려운 문제를 잘 처리**할 수 있다. 이런 이유로 이미지 인식이나 자연어 처리 같은 고차원 문제에서는 수백만 개에서 수십억 개의 파라미터를 가진 거대한 신경망을 사용한다.

하지만 **파라미터가 많아질수록 문제점이 함께 발생**한다. 복잡한 패턴을 학습할 수 있지만 과적합 위험이 커지고, 학습과 추론에 많은 계산 자원과 시간이 필요하다. 또한 학습용 데이터가 부족하면 성능이 떨어질 수 있고, 모델이 어떻게 판단하는지 해석하기 어려워지는 등 여러 한계가 있다. 따라서 파라미터 수와 성능, 연산 처리 능력 사이의 균형을 잘 맞추는 것이 중요하다.

인공신경망 학습에서 하이퍼파라미터와 달리 **파라미터 값은 사람이 직접 설정하는 것이 아니라 모델의 학습 과정에서 결정**된다. 예측, 분류, 자연어 처리, 객체 인식, 생성 등 다양한 인공지능 작업의 성능은 이 파라미터가 얼마나 잘 최적화되어 있느냐에 달려 있다. LLM은 대량의 파라미터를 이용해서 이전보다 훨씬 복잡하고 세밀한 언어 패턴까지 학습할 수 있게 되었다. 이로 인해 인공지능의 이해력과 생성 능력이 비약적으로 향상되었다.

자연어 처리의 경우에 기존의 자연어 처리 모델은 수백만 개 정도의 파라미터로 학습했지만, 2017년 Google이 발표한 Transformer 신경망이 등장하면서 상황이 완전히 바뀌었다. 파라미터 수가 급증하면서 **이전 모델보다 훨씬 많은 파라미터를 사용한다는 점을 부각하기 위해 '거대 언어 모델'이라는 새로운 용어가 등장**했다.

**보통 10억 개가 넘는 파라미터를 가진 언어 모델을 LLM으로 보는**데 최근에는 조(兆) 단위 이상의 파라미터를 가진 모델까지 나타났다. 이런 모델들은 이전 모델들보다 훨씬 뛰어난 언어 이해력과 생성 능력을 보여줄 것임을 예측할 수 있다.

인간의 뇌가 수많은 뉴런들로 이루어져 있듯이, 인공지능 모델도 수많은 파라미터들로 구성되어 있다. 이 파라미터들은 인공지능 모델이 세상을 이해하고 반응하는 방식을 결정하는 핵심요소이다. 향후에는 QPU의 상용화와 함께 초거대$_{\text{Super Large}}$ 언어 모델이나 극초거대$_{\text{Ultra Large}}$ 거대 언어 모델이 등장할 수도 있을 것이다.

## 4.5
# 하이퍼파라미터!
# 인공신경망 학습의 교과편성이다

> 하이퍼파라미터는 모델 학습 전 개발자가 설정하는 값으로, 학습 과정을 제어한다. 최적 성능을 위해 모델 종류에 따라 반복적인 미세조정이 필요하며, 자동화 도구는 편의성과 효율성을 높인다.

하이퍼파라미터Hyperparameter는 인공신경망의 학습과정을 제어하는 설정값이다. 인공신경망 내에서 가중치와 편향 값으로 구성된 수많은 파라미터는 데이터셋을 이용한 모델의 학습과정에서 산출되는 값인 반면에 하이퍼파라미터는 모델의 학습 전에 상위 수준에서 일괄적으로 설정한다.

**하이퍼파라미터는 상위수준에서 학습과정을 제어하는 변수**이므로 전반적인 방향과 세부 설정을 결정한다는 점에서 인간의 학습에 비교하면 교사가 담당하는 전체 수업시간표와 수업의 속도, 복습횟수 같은 교과편성과 유사한 역할을 한다.

학습에 사용하는 하이퍼파라미터는 다양하며 모델의 종류, 데이터의 특성, 문제의 유형 등에 따라 적용하는 하이퍼파라미터가 달라진다. 그러나, 학습률Learning Rate, 배치 크기Batch Size, 에포크 횟수Epochs, 최적화 알고리즘Optimization Algorithm, 활성화 함수Activation Function, 손실 함수Loss Function 등은 어떤 인공신경망이든지 공통적으로 적용되어야 하는 요소이다.

| 구분 | 인간 학습 요소 | 용도 |
| --- | --- | --- |
| 학습률 | 전체 수업의 속도 | • 파라미터 업데이트 크기 조절 |
| 배치 크기 | 수업시간당 학습량 | • 한 번에 학습할 데이터 양 결정 |
| 에포크 수 | 반복 학습의 횟수 | • 전체 데이터셋 반복 학습 횟수 |
| 최적화 알고리즘 | 학습방법 | • 파라미터 최적화 방법 결정 |
| 활성화 함수 | 시험 채점방식 | • 뉴런 출력 결정 함수 선택 |
| 손실 함수 | 시험문제 풀이 | • 모델의 예측과 실제 값의 차이를 측정 |
| 드롭아웃 비율 | 학습 저해요소 제거 정도 | • 과적합 방지를 위한 뉴런 생략 비율 |
| 은닉층 수 및 크기 | 학습 심화정도 | • 신경망 레이어 수와 뉴런 수 결정 |
| 규제 파라미터 | 학습 난이도 | • 과적합 방지를 위한 모델 복잡도 제한 |
| 데이터 증강 | 다양한 학습자료 | • 데이터 증강기법의 강도를 결정 |

[대표적인 인공신경망]

**학습률**은 모델이 손실함수의 기울기를 따라 최적의 파라미터로 이동하는 속도를 조절한다. 인간의 학습에서 전체 수업의 진행속도와 유사한 개념으로 너무 느리면 학습시간이 오래 걸리고, 너무 빠르면 최적값을 지나쳐 버릴 수도 있다. 일반적인 선택범위는 0.1~0.0001이다[50].

**배치크기**는 한 번에 처리하는 데이터의 개수이다. 인간의 학습에서 수업시간당 학습량과 유사한 개념으로 너무 작으면 학습시간이 오래

---

50) 가장 흔하게 사용되고 좋은 성능을 보이는 값은 0.01 또는 0.001이다.

걸리고, 너무 크면 메모리에 과부하가 발생할 수 있다. 일반적인 선택 범위는 2~512이다[51].

**에포크 수**는 전체 학습데이터를 몇 번 반복해서 학습할지를 결정하는 요소이다. 에포크는 한 번의 전체학습을 의미한다. 인간의 학습에서 해당 과목의 반복학습 횟수와 유사한 개념으로 너무 작으면 학습이 충분하지 않게 되고, 너무 많으면 모델의 융통성이 떨어지게 된다. 일반적인 선택범위는 수십 번~수천 번이다[52].

**최적화 알고리즘**은 모델의 파라미터를 최적화하는 데 사용되는 알고리즘이다. 인간의 학습에서 연상기억법이나 스터디그룹 참여 같은 학습방법과 유사한 개념으로 여러 알고리즘 중에서 선택한다. 적용 가능한 알고리즘은 초기에 등장한 경사하강법 외에도 여러 종류가 있으며 여러 알고리즘이 선택요소로 제시되는데 최근에는 다양한 딥러닝 모델에서 뛰어난 성능을 보이는 Adam<sub>Adaptive Moment Estimation</sub> 알고리즘이 많이 사용된다.

**활성화 함수**는 각 노드의 출력값을 결정하는 함수이다. 인간의 학습에서 합격과 불합격의 기준점수나 등급을 분류하는 점수구간 등 시험의 채점방식과 유사하다. 어떤 활성화 함수를 사용하느냐에 따라 학습속도와 성능에 많은 차이가 발생한다. 여러 활성화 함수가 선택요소로 제시되는데 일반적으로 신경망이 깊을수록 ReLU<sub>Rectified Linear Unit</sub> 계열의

---

51) 32, 64, 128, 256은 대부분의 환경에서 메모리 부담이 크지 않으면서 안정적인 학습을 가능케 하는 값으로 사용된다.
52) 간단한 모델은 50~200번을, 약간 복잡한 모델은 200~500번을, 매우 복잡한 모델은 500번 이상을 설정한다. 모델의 복잡도(데이터량 포함)와 횟수는 비례적이다.

활성화 함수가 좋은 성능을 보인다.

**손실함수**는 모델의 예측 값과 실제 값의 차이를 측정하는 함수이다. 인간의 학습에서 시험문제 풀이와 유사한 개념으로 틀린 문제의 원인을 학습하듯이 모델의 성능 향상을 위해 손실함수의 값을 최소화하는 방향으로 파라미터를 업데이트한다[53].

모델의 종류와 특성에 따라 따라 하이퍼파라미터는 반복적인 시도를 통해서 최적의 조합을 찾아야 한다. 모델의 성능을 최대화하는 하이퍼파라미터 조합을 찾는 과정을 **튜닝**Tuning[54]이라고 한다. 튜닝은 수동 튜닝과 자동 튜닝으로 구분할 수 있다.

**수동 튜닝**은 경험과 직관을 바탕으로 하이퍼파라미터를 수동으로 조정하는 것인데 비효율적이고 소모적 방법이다. 이에 비해 자동 튜닝은 자동화 도구를 이용하는 방법으로 사전 정의한 값, 설정한 범위 내의 무작위 값, 이전 결과를 분석한 최적값 등을 자동으로 대입하는 방식이다.

**자동 튜닝**은 과거 라디오에서 튜닝을 위해 다이얼을 돌리던 것이 채널검색 버튼 하나로 처리되고, 각 버튼에 채널을 저장하여 바로 찾아가는 것과 비슷한데, 모델 개발 자동화 도구인 MLOps나 AutoML에는 하이퍼파라미터 자동 튜닝 기능이 포함되어 있어 비교적 편리하게 튜닝이 가능하다.

---

53) 평균제곱 오차, 평균절대 오차, 교차 엔트로피 오차 등을 구하는 여러 함수가 선택요소로 제시되는데 선택한 활성화 함수와 연계성을 가진다.
54) 튜닝에서 하이퍼파라미터의 역할은 요리에서 양념과 비슷하고, 음식을 만들면서 다양한 조미료의 배합비율에 따라 맛이 달라지는 것과 비슷하기 때문에 통상적으로 튜닝을 통해 찾아낸 최적의 하이퍼파라미터 조합을 레시피(Recipe)라고 부른다.

## 4.6
# 활성화 함수!
# 인공신경망의 채점방식이다

> 활성화 함수는 노드의 출력범위 제한 및 비선형성의 추가로 복잡한 패턴에 대한 학습을 돕는다. 활성화 함수는 시그모이드, tanh, 소프트맥스, ReLU 계열 등이 있는데, 효과가 높은 ReLU 함수가 널리 사용되고 있다.

노드의 출력값은 입력 값과 파라미터 값을 활성화 함수로 처리한 결과인데 출력값의 범위가 특정 값 밖으로 벗어나는 것을 강제로 차단하거나, 특정 값만 출력되도록 하여 **연산을 위한 시스템의 부하가 과도해지지 않도록 한다.**

**활성화 함수**Activation Function는 인공신경망에서 각 노드의 출력값을 결정하는 함수이다. 활성화 함수는 인공신경망에 각 노드에서 계산된 출력값의 범위를 제한하고, 비선형성 처리능력을 추가하여 전체 신경망의 효율성을 향상시킨다.

노드 출력값의 범위를 제한하는 이유는 출력값은 모든 경우의 값을 가질 수 있는데 이를 적정하게 제한하지 않으면 깊은 층으로 갈수록 출력값이 증폭되어 $-\infty \sim +\infty$ 구간에서 무한정 커질 수 있기 때문이다.

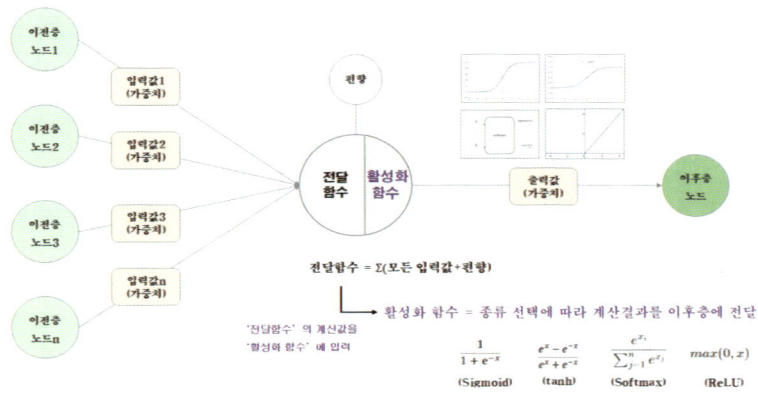

[활성화 함수의 개념]

출력값[55]이 무한정 커지면 역전파 과정에서 기울기 소실 또는 폭주 문제가 발생하여 **학습이 불안정해지고 연산자원이 낭비**될 수 있다. 기울기가 소실되면 가중치가 업데이트되지 않아 학습이 불가능하게 되고, 기울기가 기하급수적으로 커지면 가중치가 너무 크게 갱신되어 학습이 불안정해진다. 그러므로 출력값을 적정 범위를 벗어나지 않도록 강제적 통제가 필요한데 그 수단이 활성화 함수이다.

인공지능 활용과정에서 추론에 사용되는 데이터는 대부분 텍스트, 이미지, 오디오 같은 비정형 데이터이다. 활성화 함수를 사용해야 하는 또 다른 이유는 데이터의 복잡성과 다양성에 의해 발생하는 비선형적 입력에 대한 처리가 필요하기 때문이다.

---

55) 심층신경망에서 노드의 출력값은 y = f(Σ(이전 노드의 출력값 × 현 노드의 가중치) + 현 노드의 편향 값)으로 표현된다.

입력에 비례하여 출력하는 선형적 모델로는 비선형적인 패턴을 가진 비정형성 데이터의 복잡한 관계를 제대로 학습하고 표현할 수 없으므로 비선형적 특성을 가진 활성화 함수를 이용해야 한다.

활성화 함수는 문제, 데이터, 모델의 다양성으로 인해 여러 종류가 연구되었는데 대표적인 활성화 함수는 시그모이드Sigmoid, 하이퍼볼릭 탄젠트Hyperbolic Tangent, tanh, 소프트맥스Softmax, ReLURectified Linear Unit 등이 있다.

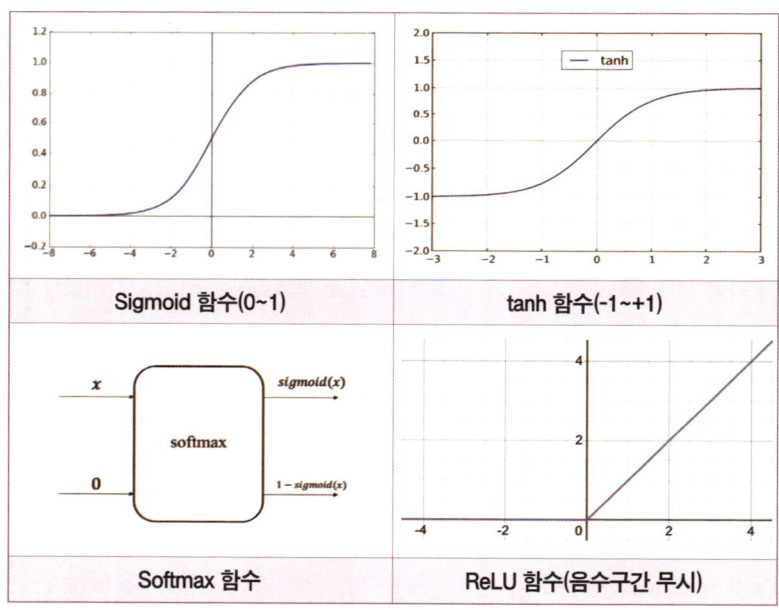

[활성화 함수의 종류별 그래프 형태]

**시그모이드 함수**는 인공신경망에서 활성화 함수로 사용되는 대표적인 비선형 함수 중 하나이다. S자 모양의 곡선 형태를 가지며, 입력값을

0~1 사이의 값으로 변환하는 특징을 가지고 있다. 과거에는 은닉층의 활성화 함수로도 많이 사용되었지만, 주로 이진분류 문제에서 출력층의 활성화 함수로 사용된다.

**하이퍼볼릭 탄젠트 함수**[56]는 쌍곡선 탄젠트 함수 또는 tanh 함수라고도 불리며, S자 모양의 곡선 형태를 가진다. 시그모이드 함수의 출력을 0~1사이의 값으로 변환하는데 비해 하이퍼볼릭 탄젠트 함수는 출력을 -1~1 사이의 값으로 변환하는 특징을 가지고 있다. 현재는 사용도가 낮은 편이다.

| 구분 | Sigmoid 함수 | tanh 함수 | Softmax 함수 | ReLU 함수 |
|---|---|---|---|---|
| 계산 식 | $\dfrac{1}{1+e^{-x}}$ | $\dfrac{e^x - e^{-x}}{e^x + e^{-x}}$ | $\dfrac{e^{x_i}}{\sum_{j=1}^{n} e^{x_j}}$ | $max(0, x)$ |
| 출력범위 | 0~+1 | -1~+1 | 0~1 | 0 또는 양수 |
| 주요용도 | 이진분류 | 이진분류 | 다중분류 | 은닉층 |
| 계산복잡도 | 다소 높음 | 다소 높음 | 높음 | 낮음 |
| 장점 | 출력을 확률로 해석 가능함 | Sigmoid보다 넓은 범위를 표현 | 출력을 확률로 해석 가능함 | 기울기 소실 문제 해소, 효율성 |
| 활용예 | 회귀분석 | RNN | 이미지 분류 | 심층 신경망 |

[활성화 함수의 특성]

**소프트맥스 함수**는 시그모이드 함수를 이진분류에 주로 사용하는 데

---

56) 하이퍼볼릭 탄젠트(tanh) 함수는 얀 르쿤(Yann LeCun)이 1989년 필기체 숫자 인식을 위한 연구에서 당시 일반적이었던 시그모이드 함수 대신 tanh 함수를 사용함으로써 그 효과성을 알렸다.

비해 다중분류 문제에서 주로 사용하는 활성화 함수이다. 여러 개의 입력값을 0과 1 사이의 값으로 변환하고, 모든 출력값의 합이 1이 되도록 확률값의 형태로 출력하여 예측결과를 직관적으로 이해할 수 있는 특징을 가지고 있다. 이미지 분류와 자연어 처리 등 다양한 분야에서 활용된다. 객체인식 모델에서 바운딩 박스 상단에 표시되는 클래스 확률이 소프트맥스 함수를 사용하는 하나의 예이다.

**ReLU 함수**[57]는 인공신경망 학습에서 가장 널리 사용되는 활성화 함수로 입력값이 0보다 작으면 0을 출력하고, 0보다 크면 입력값을 그대로 출력하는 함수이다.

ReLU 함수는 다른 활성화 함수들은 입력값이 특정 범위를 벗어나면 기울기가 0에 가까워지는 기울기 소실 현상이 발생하는데 이를 완화하고, 간단한 함수를 사용하여 연산 효율성을 높이며, 입력 값이 0 이하이면 출력 노드를 비활성화 시켜 연산과 메모리 소요 감소 및 과적합을 방지하는 효과가 동시에 발생한다.

ReLU 함수는 AlexNet에서 중요성과 우수성이 입증된 이래로 Leaky ReLU, PReLU<sub>Parametric ReLU</sub>, GELU<sub>Gaussian Error Linear Unit</sub>, ELU<sub>Exponential Linear Unit</sub> 같은 파생형 모델이 등장하면서 인공신경망 학습을 위한 활성화 함수로 널리 사용되고 있다.

---

[57] ReLU 함수는 2012년에 AlexNet에 적용한 것을 계기로 본격적으로 활용되기 시작해 현재는 주로 사용하는 활성화 함수가 되었다.

## 4.7
# 과적합!
# 언제나 과도한 것은 문제가 된다

> 과적합은 데이터셋 문제와 모델 복잡성이 원인으로 주요 품질 기준인 모델의 일반화 성능을 저해한다. 과적합 원인에 대한 다양한 대책을 통해 모델의 일반화 성능을 확보해야 한다.

인공신경망을 탑재하여 운용하는 실제환경은 매우 다양하고 복잡하며, 예상치 못한 상황이나 데이터가 발생할 수 있다. 인공신경망은 학습에 사용되지 않은 실제 환경에서 발생하는 데이터에 대해서 기능을 잘 발휘할 때 비로소 가치를 인정받는다.

학습용 데이터셋을 이용하여 개발한 인공신경망이 학습에 사용되지 않은 새로운 데이터에서 얼마나 잘 예측하고, 판단하는지를 나타내는 것을 인공지능의 **일반화 성능**이라고 한다.

인공지능 모델이 학습용 데이터셋에서는 잘 작동하지만 실제환경의 데이터에서 적절한 성능을 발휘하지 못하는 상태를 **과소적합**Underfitting 또는 **과대적합**Overfitting 된 상태라고 하는데 이러한 모델은 신뢰할 수가 없으므로 실용성 차원에서 가치가 낮아진다.

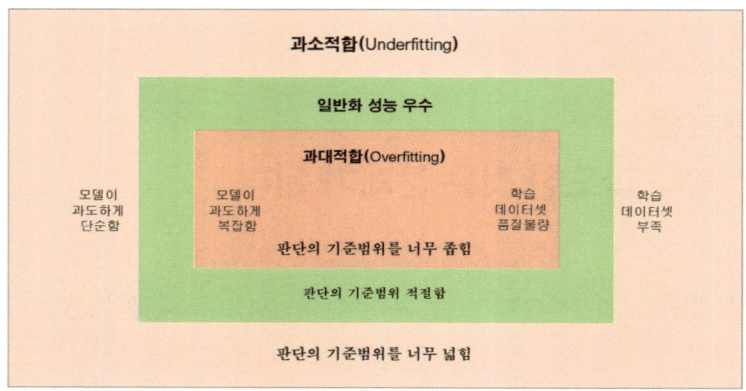

[적합수준과 판단기준의 관계]

과소적합은 주로 모델 개발 초기에 발생하며, 모델 구조를 더 정교하게 만들거나 데이터를 추가하는 방법으로 비교적 쉽게 해결할 수 있어서 큰 문제가 되지 않는다. 하지만 과대적합은 모델 설계부터 다시 시작해야 하는 심각한 상황이 발생할 수 있다. 그래서 **일반적으로 과적합이라고 하면 과대적합을 의미**하는 것으로 이해한다.

과적합은 인공신경망이 학습용 데이터셋에 지나치게 최적화되어 실제 상황에서 주어지는 데이터에 대한 예측성능이 저하되는 현상이다. 마치 학생이 시험을 준비하면서 기출문제만 외우면 기출문제를 변형시킨 응용형 문제는 풀지 못하는 상황과 같다.

예를 들어, 지능형 경계작전체계[58]에서 적의 침투를 탐지하고, 경보

---

58) 과적합된 모델 즉, 일반화 성능이 낮은 모델은 신뢰할 수 없는 모델이다. 만약, 일반화 성능이 낮은 모델을 국방이나 공공 분야에서 실용화할 경우 엄청난 경제적, 사회적 문제와 비용이 발생할 수도 있다.

하는 인공지능 모델이 과대적합된 상태라면 학습된 조건이 아닌 새로운 거동수상자에 대해서는 경보를 하지 않아 실제 적의 침투를 놓칠 수 있는 심각한 상황으로 이어질 수 있다. 반면, 과소적합된 상태라면 나뭇잎이 흔들리거나 동물이 지나가는 사소한 움직임에도 경보가 울리는 오경보_False Alarm_가 빈번하게 발생하여, 시스템에 대한 신뢰도를 떨어뜨리고 운용 인력의 피로도를 높이게 된다.

과적합은 다양한 원인에서 발생할 수 있지만 대부분의 경우에 **학습용 데이터셋 문제**와 **모델의 복잡성 문제**로 귀결된다. 학습용 데이터셋이 부족하면 모델이 일반적인 패턴을 학습하기 어렵고, 특정한 데이터 패턴에만 과도하게 적응한 결과로 과적합이 발생할 수 있다.

**학습용 데이터셋의 품질이 불량한 경우**에는 데이터셋에 포함된 비정상 값이나 오류 등 불필요한 정보까지 학습하여 과적합이 발생할 수 있다. **모델이 과도하게 복잡한 경우**에는 학습용 데이터셋의 작은 패턴이나 비정상 값을 구체적으로 학습하여 과적합이 발생할 수 있다.

인공신경망의 과적합 여부확인은 품질관리의 핵심요소로 모델의 일반화 성능은 인공신경망 품질평가 요소에 필수적으로 포함된다. 개발된 인공신경망은 서비스에 투입되기 전에 **정확성·응답속도·전력소모 등을 포함한 품질을 평가**하는데 분류 또는 예측 모델의 경우에는 전체 평균 정밀도_mean Average Precision, mAP_의 수치를 이용하여 객관적으로 확인을 할 수 있다.

과적합 방지대책은 모델 개발 전에 조치하는 **예방적 대책**과 과적합이 확인된 이후에 조치하는 **사후적 대책**으로 구분할 수 있다. 예방적

대책은 인공신경망의 개발을 위한 데이터셋 준비와 모델의 설계 간 이루어진다.

| 구분 | | 설명 |
|---|---|---|
| 예방대책 | 데이터 준비 | • 데이터 이상치, 오류 제거 등으로 데이터 품질을 향상<br>• 원본데이터를 변형하여 학습용 데이터셋의 다양성을 확보<br>• 가용한 데이터를 학습용, 검증용, 시험용으로 분할 |
| | 모델설계 | • 층의 수, 노드의 수 등을 줄여 모델의 구조를 단순화 |
| 사후대책 | | • 다양한 방식으로 변경하면서 모델의 성능을 최적화<br>• 데이터를 여러 방식으로 분할하여 모델의 성능 검증<br>• 과적합 시작 시점을 감지하여 학습을 조기에 종료<br>• 모델의 가중치를 제약시켜 모델의 복잡도 감소 |

[대표적인 인공신경망]

**예방적 대책**은 데이터와 모델로 구분하여 접근한다. 데이터는 전처리, 증강, 분할 등 학습용 데이터셋을 준비하는 과정에서 이상치나 오류 등을 제거하여 데이터의 품질을 향상하고, 학습용 데이터셋의 다양성을 최대화한다. 모델은 설계과정에서 불필요하거나, 가치가 낮은 층 또는 노드를 줄여 모델의 복잡성을 감소시킨다.

**사후적 대책**은 반복적으로 진행되는 모델학습 중에 이루어지는데 학습의 결과를 확인하여 모델의 성능을 평가하는 수치인 mAP가 과도히 낮을 경우에는 하이퍼파라미터 조정, 성능의 교차 검증, 학습 과정의 조기 종료, 모델 가중치의 정규화 등을 통해 모델에 포함된 과적합 요인을 통제한다.

CHAPTER 5

# 인공신경망 학습기법

5.1 머신러닝! 기계에 생각하는 능력을 부여한다
5.2 기본 학습! 기계의 추론능력을 깨운다
5.3 전이 학습! 완성된 모델을 직무전환 시킨다
5.4 자기지도 학습! 학습용 데이터 처리 노력을 절감한다
5.5 메타 학습! 학습하는 방법을 학습한다
5.6 앙상블 학습! 인공지능이 집단지성을 발휘하다
5.7 n-샷 학습! 데이터셋이 부족해도 학습한다
5.8 멀티모달 학습! 다양한 감각으로 학습한다

## 5.1
## 머신러닝!
## 기계에 생각하는 능력을 부여한다

> 머신러닝은 프로그래밍 없이 컴퓨터가 스스로 추론하도록 기능을 부여하는 과정로, 인공지능 발전의 핵심 토대이다. 다양한 학습기법을 통해 복잡한 데이터 패턴을 학습하며, 고도화된 인공지능의 발전을 이끌었다

컴퓨터는 CPU와 메모리 및 기타 부품들이 전기신호를 주고받으며 작동하는 복잡한 기계장치이다. 이러한 기계장치를 움직이게 하는 것은 컴퓨터가 수행해야 할 작업을 순서대로 나열한 명령어들의 집합체인 소프트웨어이다. 이전의 소프트웨어는 컴퓨터를 명령에 따라 움직이게 하는 논리적 명령체계에 불과했고, 새로운 상황에 대한 적응 능력이나 스스로 학습하고 판단하는 능력은 전혀 없었다.

이에 비해 **머신러닝**Machine Learning[59]은 명시적 명령체계가 없이 컴퓨터가 데이터로부터 스스로 학습하고 패턴을 인식하여 예측 및 결정을 내리게 하는 기술이다. 머신러닝의 출현은 컴퓨터를 인간과 유사 기계로

---

59) 1956년 다트머스 회의에서 주최자였던 존 매카시(John McCarthy 교수가 인공지능이라는 용어를 처음 사용했다면 머신러닝이라는 용어는 1959년 IBM의 아서 사무엘(Arthur Samuel)이 체커게임 프로그램을 만들면서 처음 사용했다.

탈바꿈시켰다. 머신러닝은 자율적인 학습 및 판단 능력을 부여하여 **컴퓨터를 동물의 특성인 지능이 있는 기계로 변화**시켰다.

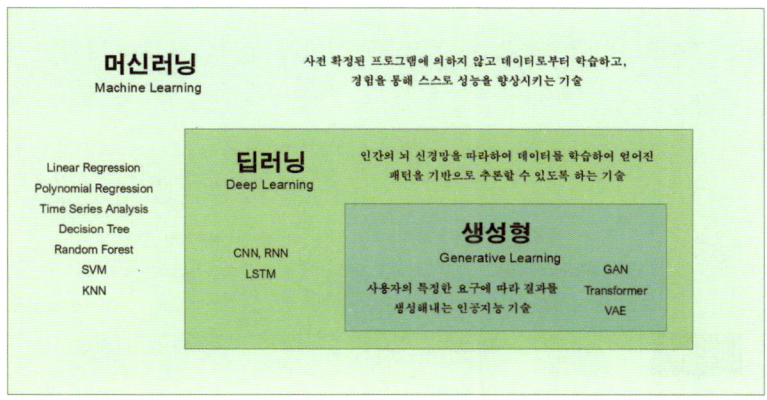

[머신러닝의 진화]

머신러닝은 1950년대에 현실에 등장하였으나, 1980년대까지는 인공신경망 기술과 계산능력의 한계로 침체기에 묻혔다. 2000년대에 와서는 정보화 과정에서 축적되는 데이터의 활용을 위해 데이터 과학을 중심으로 기술이 점점 발전하였다. 2010년대 GPU 활용기술의 가치가 확인되고 인공신경망과 개발도구가 오픈소스로 공개된 후부터는 많은 개발자들이 참여하면서 더욱 복잡하고 정교하게 발전하고 있다.

최근에 와서는 텍스트, 이미지, 음악 등 다양한 콘텐츠를 만들어내는 생성형 인공지능과 다양한 유형의 데이터를 통합하여 이해하는 멀티모달 인공지능이 꽃을 피우고 있다.

인공지능의 진화과정은 한 군인의 성장 과정과 비슷하다. 머신러닝 이전은 마치 입대 전 청년과 같았으나, 머신러닝이 시작되는 것은 군인으로서의 신분을 갖추는 기초군사훈련 단계에 진입한 것이다. 이후 딥러닝으로 발전하는 것은 전문성에 입문하는 초등군사반 과정으로 전진하는 것이고, 인공지능은 지금 고등군사반과 군사대학에 해당하는 진화과정을 거치는 중이다.

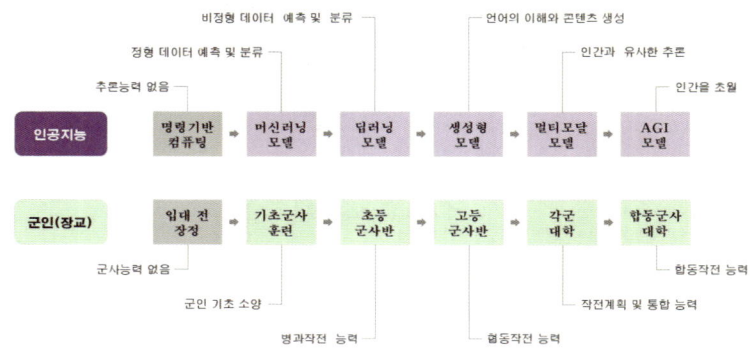

[인공지능과 군인(장교)의 성장과정 비유]

입대하는 젊은이가 기초 군사훈련을 거쳐야 비로소 군인으로 거듭나는 것처럼, **인공지능에서 머신러닝은 컴퓨터가 추론능력을 확보하기 위한 필수적인 과정**이다.

머신러닝은 컴퓨터가 데이터를 통해 스스로 학습하고 문제를 해결하도록 하는 과정으로 수학을 기반으로 한다. 컴퓨터는 숫자, 글자, 이미지 등 다양한 형태의 데이터를 벡터Vector와 행렬Matrix이라는 **수학적 형태**

**로 변환하여 학습**한다. 학습 과정에서는 컴퓨터가 예측한 결과와 실제 결과의 차이를 최소화하는 방향으로 모델의 파라미터Parameter를 조정하는데, 이때에도 고차원의 함수가 사용된다.

머신러닝은 기본적인 학습방법인 외에도 다양한 학습방법을 이용한다. 학습방법의 선택은 해결해야 할 **문제의 유형과 특성**에 따라 결정되며, 더욱 복잡한 인공지능 모델일수록 활용되는 학습방식 또한 다양하고 복합적인 양상을 띤다.

최근의 모델들은 효과적인 학습을 위해 지도 학습과 비지도 학습을 융합하여 학습을 진행하는 경향이 있다. 즉, 넓은 범위의 지식을 비지도 학습으로 먼저 습득한 후, 특정 목적에 맞춰 지도 학습으로 정교하게 다듬어지는 과정을 거치는 것이다.

모든 과학적 성과는 무에서 유를 창조하는 것이 아니라 기존 기술의 개량과 혁신을 통해 지속적으로 발전하며 인공지능 또한 마찬가지이다. 인공지능은 인간의 지성뿐만 아니라 감성까지도 닮은 형태로 계속하여 진화할 것이다.

## 5.2
## 기본 학습!
## 기계의 추론능력을 깨운다

> 기본 학습은 지도 학습, 비지도 학습, 강화 학습으로 나뉜다. 지도 학습은 명확한 정답으로 훈련하고, 비지도 학습은 숨겨진 패턴을 스스로 발견하며, 강화 학습은 반복적인 시행착오를 통해 최적의 상태를 학습한다.

인공지능은 학습 이전에 초기화 상태인 데이터를 처리하고 학습할 수 있는 기반을 제공할 뿐, 특정 작업에 대한 지식이나 능력은 전혀 없는 상태이다. **인공지능의 학습은 인공지능 모델에 지능을 부여하기 위한 과정**이다. 인공지능은 기본 학습을 기반으로 더욱 복잡한 문제를 해결할 수 있도록 발전하면서 학습방식 또한 함께 고도화된다.

초기상태의 인공지능은 태아와 같다. 대한민국에서 태어난 아이는 대한민국의 교육을 받으며 익히며 자유민주주의 체제하의 시민으로 성장한다. 그러나, 북한에서 태어난 아이는 우상숭배 교육을 받으며 전체주의 체제하의 인민으로 성장한다. 이러한 차이를 만드는 것이 학습이다. 인공지능 모델도 마찬가지이다. 어떤 학습 데이터셋을 이용하여 어떤 방식으로 교육하느냐에 따라 용도, 추론의 결과, 성능이 모두 달라진다.

| 구분 | 설명 |
|---|---|
| 지도 학습 | • 정답이 표시된 데이터(레이블 데이터)를 사용하여 모델을 학습시키는 방법<br>• 모델은 입력 데이터와 해당 정답 사이의 관계를 학습하여 새로운 입력에 대한 예측 |
| 비지도 학습 | • 정답이 표시되지 않은 데이터를 사용하여 데이터의 숨겨진 패턴이나 구조를 학습하는 방법<br>• 모델은 데이터 자체의 특성을 분석하여 그룹화, 차원 축소, 이상 감지 등을 수행 |
| 강화 학습 | • 에이전트가 환경과의 상호작용을 통해 보상을 최대화하는 방향으로 학습하는 방법<br>• 에이전트는 시행착오를 거치면서 최적의 행동 전략을 학습 |

[기본학습의 종류]

기본 학습은 컴퓨터가 인간의 지능을 모방하여 학습하고, 문제를 해결하는 능력을 갖추도록 하는 과정이다. 기본 학습은 다양한 방식으로 이루어지며, **지도 학습**, **비지도 학습**, **강화 학습**의 세 가지로 구분한다.

**지도 학습**Supervised Learning은 인공지능에서 가장 널리 사용되는 학습방법 중 하나이다. 지도 학습은 **정답이 표시된 데이터를 사용하여 인공지능 모델을 학습**시키는 방식으로 마치 유치원 선생님이 어린이에게 그림을 붙여 놓고 정답을 알려주며 가르치는 것과 같은 방식이다.

지도 학습의 핵심은 레이블링 데이터이다. 레이블은 입력 데이터에 대한 정답 또는 결과값을 의미한다. 예를 들어, 적 장비의 이미지 분류에서 레이블은 이미지에 표시된 천마호나 BMP-3 같은 적 장비명칭이 될 수 있다. 따라서, 레이블링은 비교적 단순한 작업이지만 데이터가 많을수록 데이터 레이블링에는 많은 시간과 비용이 소요된다.

인공지능 모델은 레이블링 데이터를 통해 입력 데이터와 레이블링 데이터 사이의 관계를 학습한다. 지도 학습에서 모델은 입력 데이터와 정답 레이블 사이의 관계를 학습하고, 이를 바탕으로 새로운 데이터에 대해 정답을 예측하도록 훈련하는 것이다. 마치 훈련병에게 총기분해 사진을 띄워 놓고 각각의 부품에 대한 명칭과 기능을 설명하는 것과 같은 방식이다.

**비지도 학습**Unsupervised Learning은 정답이 표시되지 않은 데이터를 사용하여 모델을 학습시키는 방식이다. 모델은 데이터 자체의 특성과 패턴을 분석하여 **숨겨진 구조나 관계를 스스로 찾아낸다.**

비지도 학습의 목표는 데이터에 숨겨진 의미 있는 패턴과 관계를 발견하는 것이다. 이 과정은 개별 데이터의 특징을 추출하고, 유사한 특징을 가진 것끼리 그룹화 하여 그룹간의 관계를 분석하는 과정을 통해 이루어진다. 비지도 학습을 이용하면 사람이 미처 인식하지 못했던 패턴이나, 대량의 데이터 속에 숨겨진 패턴을 식별할 수 있다.

그러나, 비지도 학습에서는 모델이 학습한 결과가 왜 그런 결과를 도출했는지 이유를 명확하게 해석할 수 없고, 기준이 없기 때문에 성능을 객관적으로 평가하기 어렵다. 마치 훈련병에게 총기를 지급하고, 알아서 조립분해 방법을 찾아내도록 하는 것과 같은 방식이다.

**강화 학습**Reinforcement Learning은 에이전트Agent[60]가 환경과 상호작용하며

---

[60) 강화 학습에서 모델을 에이전트(Agent)라고 부른다. 모델이 마치 자율적인 지능체처럼 환경과 상호작용하며 행동(Action)하고, 그 결과로 주어지는 보상(Reward)을 통해 학습하는

보상을 최대화하는 방향으로 학습하는 방식이다. 마치 어린아이가 시행착오를 통해 세상을 배워나가는 것처럼, 강화 학습은 에이전트가 다양한 행동을 시도하고 그 결과를 통해 최적의 추론방법을 찾아나가는 과정을 모방한다.

강화 학습은 **보상 함수**Reward Function**를 이용**한다. 보상 함수는 에이전트의 행동결과를 입력하여 행동을 평가하고, 학습방향을 제시하는 보상값을 계산한다. 계산결과는 다시 모델에 전달되어 **더 나은 보상값을 만들도록 모델을 재학습**한다. 에이전트와 행동결과 간에 보상값을 이용한 상호작용[61]은 마치, 훈련소에서 훈련병의 행동을 관찰하여 상·벌점을 부여하는 것과 같은 방식이다. 강화 학습은 시행착오를 통한 학습 특성으로 자율주행이나, 로봇분야에서 장점을 제공하므로 활용도가 높다.

인공지능 기본 학습은 단일한 데이터 유형을 이용하여 특정한 상황에 대한 추론능력을 부여하는 기초적인 학습기법이다. 인공지능 모델은 이를 기반으로 다양하고 복잡한 문제를 해결할 수 있도록 더욱 정교한 학습방법을 통해 고도화되어 인간의 지능에 점점 가까워질 것이다.

---

주체적인 역할을 하기 때문이다.
[61] 사용자로부터 부여되는 보상값에 의존성이 높아지면 사용자의 기분이나 태도, 언어적 특성에 맞추어 답변하는"챗봇이 인간에게 아부"하는 현상이 생기기도 한다.

## 5.3
# 전이 학습!
# 완성된 모델을 직무전환 시킨다

> 전이 학습은 학습된 모델을 재활용해 인공지능 모델의 활용성과 개발의 효율성을 높이는 기술이다. 파인튜닝을 학습도구로 이용하는 전이 학습은 업무 분야별 인공지능 활용을 촉진한다.

창조적인 발명은 막대한 노력과 비용을 요구하지만, 우리 주변의 혁신적인 기술과 제품들은 대개 기존의 아이디어를 변형·확장·융합하는 과정을 거쳐 탄생했다. 마치 전투기 조종사가 새로운 기종으로 전환훈련을 받으면 이전의 조종 경험 덕분에 더 빠르게 적응하는 것처럼, 전이 학습은 이미 학습된 지식과 능력을 새로운 분야의 문제해결에 활용하는 인공지능 학습전략이다.

**전이 학습**Transfer Learning[62]은 한 분야에서 이미 충분히 학습된 모델을 유사한 다른 분야에 적용하여, 새로운 학습에 필요한 시간과 비용을 절약하고 효율성을 높이는 기법이다. 이는 마치 전투기 조종사가 비행교

---

[62] 사전 학습된 모델을 이용하여 전이 학습 방식으로 개발된 새로운 모델은 다음 단계 재전이 학습(Re-transfer Learning)에 투입될 수 있다. 이러한 반복적인 전이 학습을 통해 모델을 더욱 더 해당분야에 특화시킬 수 있다. 마치,육군-정보통신병과-사이버특기-정보보호관제담당처럼 군인의 특기와 임무의 세분화 교육과 같은 개념이다.

육을 마치고 기종전환 하는 것과 유사한 원리이다.

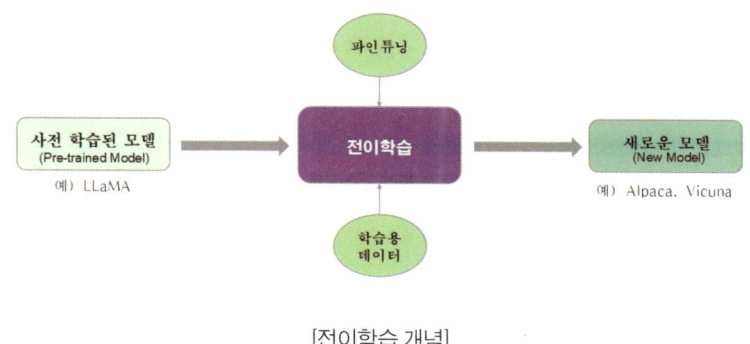

[전이학습 개념]

활발한 전이 학습이 이루어지는 예가 오픈소스 LLM이다. **LLaMA 모델**은 Meta에서 개발하여 2023년에 오픈소스로 공개한 LLM이다. LLaMA 모델이 오픈소스로 공개된 이후 연구자들은 Alpaca 모델과 Vicuna 모델 같은 최소 30종 이상의 파생형 모델[63]이 등장하였다.

활용면에서도 업무 분야별로 오픈소스 LLM의 전이 학습을 통해 공공기관과 기업에는 법률상담, 행정안내, 업무지식 등에 본격적인 LLM 서비스가 시작되었다. 국방분야에서도 이러한 방법을 통해 **GeDAI**Generative Defense AI라는 시범서비스를 진행중인데 이는 전이 학습의 효율성을 입증하는 사례이다.

---

(63) LLaMA 모델의 전이 학습 모델이 양산되던 시기에 국내에서도 한국어 특화모델로 알려진 코알파카(KoAlpaca) 모델이 개발되었다.

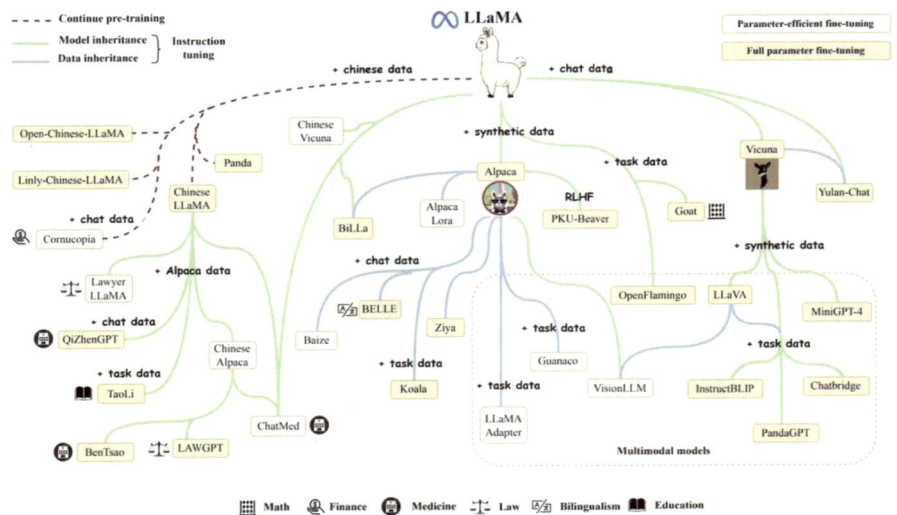

*출처 : https://namu.wiki

[LLaMA를 이용한 전이학습 결과]

전이 학습은 다양한 방법이 있지만 실제로 가장 일반적인 방법은 **학습용 데이터셋과 파인튜닝을 이용한 방식**이다.

**학습용 데이터셋**은 전이 학습에서 새로운 분야의 작업에 적합한 데이터셋을 의미하는데 파인튜닝 과정에서 모델을 학습시키는 데 사용된다. 다른 인공지능 학습에서도 마찬가지이지만 전이 학습에서도 학습용 데이터셋은 모델의 성능에 큰 영향을 미친다.

**파인튜닝**은 학습이 완료된 모델을 특정한 분야에 맞게 미세하게 조정하는 과정이다. 파인튜닝은 복잡한 모델학습에 비해 모델의 하이퍼파라미터를 변화시키면서 성능을 세밀하게 조정하는 수준에서 진행된다. 파인튜닝은 자동화된 도구를 이용하여 수행할 수 있다.

| 구분 | 기본 학습 | 전이 학습 |
| --- | --- | --- |
| 학습데이터 | 대량의 데이터 필요 | 소량의 데이터로 가능 |
| 학습시간 | 매우 긴 시간 소요 | 비교적 단기간 소요 |
| 개발비용 | 많은 비용 투입 | 낮은 비용 투입 |
| 모델성능 | 불확실함 | 검증된 모델의 성능 재활용 |

[기본 학습과 전이 학습의 특성 비교]

전이 학습은 인공지능 서비스 제공 전반에 걸쳐 폭넓게 활용되고 있다. 오픈소스 모델을 활용한 전이 학습은 IT 기업의 인공지능 서비스에 대한 진입장벽을 낮추고, 공공기관이 온프레미스 인공지능 서비스를 구현하는 데에도 크게 기여하고 있다.

전이 학습은 이미 활발히 적용되고 있으며, 앞으로도 그 활용 가능성은 다양하다. 예를 들어, 민간 콜센터에서 운영 중인 챗봇 모델을 군의 입영상담 챗봇 모델로 전환하여 활용하거나, 민간의 객체인식 모델을 군용 영상분석 모델로 전이 학습을 통해 효율적으로 구축하는 것도 가능하다.

전이 학습은 인공지능의 확산 초기에 공공 및 국방분야에서 인공지능 기술을 신속하고 편리하게 활용하는 데 효과적인 방법이다.

## 5.4
## 자기지도 학습!
## 학습용 데이터 처리 노력을 절감한다

> 자기지도 학습은 레이블링 되지 않은 대량의 데이터로 모델이 스스로 학습하는 기법이다. 지도 학습 방식에서 요구되는 레이블링 과정의 비용과 시간을 절감하고, 모델의 일반화 성능을 향상시키는 데 효과적이다.

지도 학습은 높은 정확도를 보이지만, 인공지능 모델이 추론해야 할 정답이 포함된 레이블링된 데이터를 필요로 한다. 그러나, 대규모 데이터에 일일이 레이블을 부여하는 과정은 상당한 시간과 비용을 소모한다.

**자기지도 학습**Self-Supervised Learning, SSL은 레이블링이 되지 않은 대량의 원시 데이터를 이용하여 스스로 학습하는 방법이다. 자기지도 학습은 지도 학습과 비지도 학습의 중간적인 형태로 대량의 데이터에 내재된 구조나 패턴을 스스로 학습하며 학습과정에서 데이터의 특징 벡터를 스스로 추출한다.

특히, LLM을 학습을 위해서는 방대한 양의 학습 데이터셋이 필요한데, 이는 개발과정에서 중대한 장애요소로 작용했다. 이러한 문제를 해결하기 위해 개발자들은 **레이블이 없는 데이터를 활용하면서도 지도학습의 효과를 얻을 수 있는 자기지도 학습 기법**을 개발했다.

자기지도 학습은 두 단계의 학습 과정을 거친다. 첫 번째 단계에서는 대량의 레이블이 없는 데이터를 활용하여 모델이 다양한 작업에 적용할 수 있는 일반적인 특징추출 능력을 개발한다. 두 번째 단계에서는 특정 활용 목적에 맞게 소량의 데이터만으로 모델의 성능을 향상시킨다.

**1단계인 사전학습**Pre-training**은 일반화 성능을 확보하는 단계**이다. 이 단계의 핵심은 레이블이 없는 데이터에서 모델이 스스로 학습할 수 있도록 인공적인 학습 신호를 생성하는 것이다. 일반적인 지도 학습에서는 사람이 직접 데이터에 레이블을 부여하지만, 자기지도 학습[64]에서는 데이터 자체의 고유 특성을 활용하여 학습에 필요한 자동 생성된 문제와 정답 쌍을 만들어낸다.

이러한 학습 신호 생성 과정은 다음과 같다. 인공지능 모델이 원본 음성, 이미지, 텍스트의 일부를 변형, 왜곡, 또는 삭제하면, 이렇게 수정된 데이터는 학습용 입력 데이터가 되고, 원본은 목표 출력(정답)의 역할을 수행한다. 대량의 데이터로 이 과정을 반복함으로써 모델은 데이터의 일반적인 특징과 패턴을 학습하게 되며, 결과적으로 레이블이 없는 데이터에서도 효과적으로 자기지도 학습을 수행할 수 있는 능력을 얻게 된다.

---

(64) 자기지도 학습은 1단계 사전학습에서 자기지도 학습 방식을 사용하지만 2단계 전이 학습을 반드시 포함하여 이루어진다. 따라서, 자기지도 학습 내에 자기지도 학습이 반복적으로 들어 있어 오해의 소지가 있지만 이는 정상적인 표현이다.

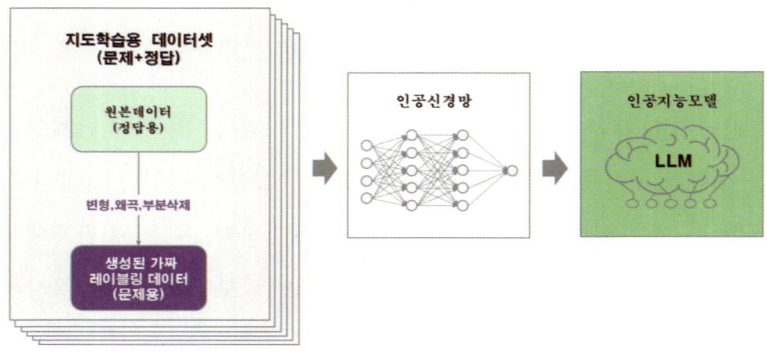

[자기지도 학습 개념]

**2단계인 전이 학습**Transfer Learning**은 성능 고도화 단계**이다. 이 단계에서는 1단계 학습을 통해 일반화 성능을 확보한 모델을 소량의 레이블된 데이터를 활용하여 특정 목적이나 작업에 맞게 미세 조정한다. 이는 사실상 지도 학습 과정으로, 전통적인 전이 학습과 동일한 접근법이다.

예를 들어, 자연어 처리 분야에서 대규모 텍스트 데이터로 사전 학습된 모델을 감성 분석, 질의응답, 문서 분류 등 특정 작업에 적용하려면, 해당 작업과 관련된 소량의 데이터셋을 사용하여 모델을 미세 조정한다.

이 과정을 통해 모델은 일반적인 언어 이해 능력뿐만 아니라 특정 작업에 특화된 성능을 발휘할 수 있게 된다. 2단계 학습의 핵심 장점은 적은 양의 레이블링 데이터로도 높은 성능을 달성할 수 있다는 점이며, 이는 1단계 학습에서 모델이 이미 견고한 일반화 능력을 확보했기 때문에 가능한 것이다.

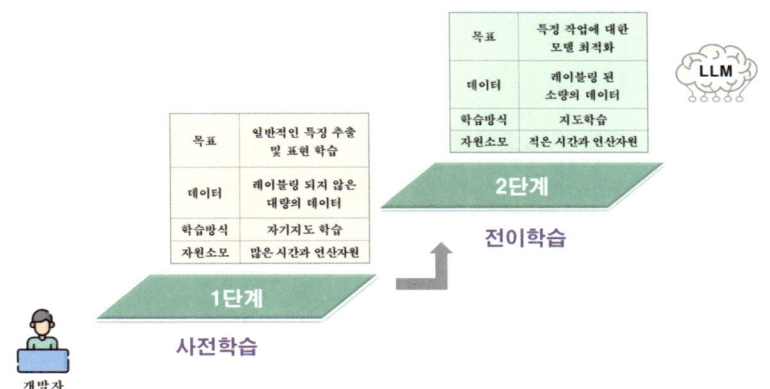

[단계별 학습의 의미]

자기지도 학습을 전투원의 훈련 과정에 비유하면, 1단계 학습은 훈련소의 기초훈련과 유사하다. 이 단계에서 전투원은 다양한 모의 전투 상황을 통해 스스로 전투의 패턴과 대응방식을 학습한다. 2단계 학습은 실제 작전 현장에 배치되어 특정 환경에 적응하는 현장적응 과정과 같다. 이때 전투원은 특정 지형이나 임무에 맞는 세부적인 전술을 추가로 습득한다.

이러한 단계적 훈련 과정을 통해 전투원은 더욱 유연하고 적응력을 갖춘 전문가로 성장하게 된다. 인공지능 모델을 특정 작업에 최적화하는 자기지도 학습 과정도 이와 동일한 원리로 작동한다.

자기지도 학습은 LLM의 개발과정에서 등장한 학습기법이다. 개발자들은 학습에 사용하는 데이터의 양이 너무 거대하여 지도학습에서 사용하는 방식으로 데이터를 처리할 수가 없었고, 기존 방식과 달리 레이블링 되지 않은 텍스트 데이터로부터 텍스트 데이터에 내재된 언어의 패턴과 구조를 스스로 학습하는 자기지도 학습 기법이 불가피하였다.

LLM 개발과정에서 등장한 자기지도 학습의 효용성은 LLM 이후의 발전과정인 이미지, 오디오 등의 생성형 인공지능 모델 개발에서도 광범위하게 사용되고 있다.

자기지도 학습은 레이블링에 필요한 인력과 비용을 획기적으로 줄이면서, 대규모 데이터로부터 모델이 스스로 학습할 수 있는 혁신적인 패러다임을 제시했다는 점에서 의미가 크다.

# 5.5
# 메타 학습!
# 학습하는 방법을 학습한다

> 메타 학습은 인공지능이 학습 방법을 스스로 학습하는 기술로 모델 구조, 데이터 선택, 하이퍼파라미터 최적화 방법을 학습한다. 학습 간 이전의 경험을 바탕으로 최선의 학습방법을 스스로 찾아서 AGI 구현에 기여한다.

아직은 개념적이지만 범용 인공지능Artificial General Intelligence, AGI은 특정 분야에 국한되지 않고 다양한 영역에서 인간과 유사한 수준의 능력을 발휘할 수 있는 지능 형태이다. AGI는 인간처럼 경험을 통해 학습하고, 스스로 지식을 확장하며, 새로운 환경에 적응할 수 있는 특성을 가진다.

AGI 수준에 도달하기 위해서는 개발자가 인공지능을 직접 학습시키는 방식에서 벗어나, 인공지능이 자율적으로 학습하는 단계로 발전해야 한다.

인간 교육에 비유하자면, 이는 암기식·주입식 학습에서 창의적·자율적 학습으로 발전하는 과정과 유사하다. 메타 학습Meta-learning[65]은 범용

---

[65] 메타 학습(Meta-learning)에서 메타(Meta)는 그리스어에서 유래된 접두사로, ~에 대한, ~너머의, ~상위의 등의 의미를 지닌다. 메타 학습은 기본 학습의 상위에서 이루어지는 학습이다.

인공지능을 구현하기 위한 필수기술이며, 핵심적인 역할을 한다.

**메타 학습**은 인공지능 모델이 학습하는 방법 자체를 학습하는 과정이다. 이 학습은 ▲모델의 구조, ▲학습 데이터 선택, ▲최적의 하이퍼파라미터 설정 방법에 초점을 맞춘다.

메타 학습은 **이전 학습 경험을 통해 얻은 모델 구조, 하이퍼파라미터, 데이터 선택에 관한 지식을 효과적으로 재활용**한다. 즉, 이전 학습 과정에서 축적된 이러한 지식이 메타 학습을 위한 데이터로 활용되는 것이다.

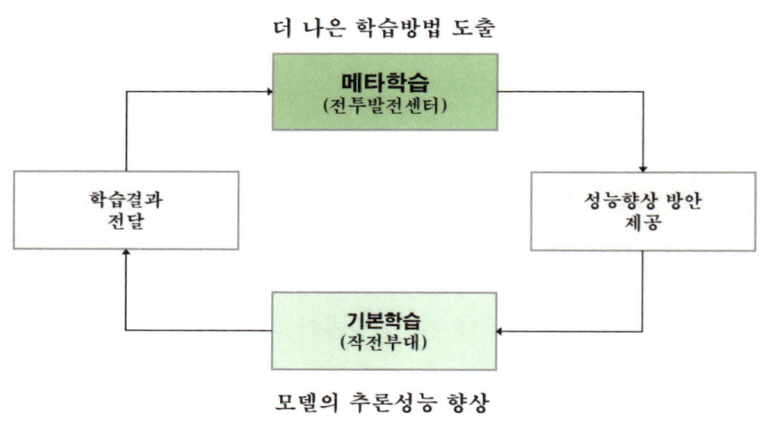

[메타 학습과 기본 학습의 관계]

1970년대 인지심리학에서 시작하여 1980년대 이후에는 교육학의 핵심 개념으로 자리 잡은 **메타인지**Metacognition는 자신의 인지 과정을 인식하고, 모니터링하며, 조절하는 능력을 의미한다. 즉, 자신이 무엇을 알고 있는지, 어떻게 학습하고 있는지, 문제를 어떻게 해결하고 있는지를 스스로 인식하고 관리하는 것이다.

교육학에서 메타인지는 단순한 학습 기술이 아니라, 평생에 걸쳐 지속적인 성장과 발전을 가능하게 하는 핵심 역량으로 평가받고 있다. **메타 학습은 이러한 교육학적 관점의 메타인지 개념을 인공지능 학습에 적용**한 것이다.

메타 학습은 기존의 인공지능 모델들이 특정 작업 수행을 위해 데이터를 직접 학습하는 방식과 달리, 다양한 학습 경험을 통해 모델 스스로 학습 알고리즘을 개선하고 새로운 환경에 신속하게 적응하도록 하는 접근법이다.

**메타 학습과 기본 학습은 상호 보완적인 관계**로 기본 학습은 메타 학습에 학습 결과를 제공하며, 동시에 메타 학습으로부터 개선된 학습방법을 제공받는다.

한편, 메타 학습은 기본 학습의 결과를 분석하여 학습의 개선 방안을 도출하고, 이를 통해 기본 학습의 성능을 향상시키는 전략을 제시한다. 이러한 관계는 군의 작전부대와 전투발전센터 간의 상호작용과 유사한 구조에 비유할 수 있다.

메타 학습은 적용되는 범위와 목표에 따라 4가지 수준에서 학습이 이루어지며 각 수준은 인공지능의 학습 능력을 다각도로 향상시키는 데 기여한다.

**특정업무 수준의 메타 학습**은 특정업무에서의 경험을 통해 얻은 지식을 일반화하여 새로운 작업에 적용하는 것을 목표로 한다. 객체인식 분야에서 여러 이미지 인식 작업을 통해 학습한 지식을 바탕으로 새로운 이미지를 빠르게 인식할 수 있다.

**모델 수준의 메타 학습**은 모델의 구조나 매개변수를 자동으로 조정하고 최적화하는 것을 목표로 한다. 학습 데이터가 희소한 상황에서 사용하는 퓨샷 학습Few-shot Learning간 데이터 부족 상황에서도 효율적으로 학습하고 일반화 능력을 향상시키는 것과 AutoML에서 신경망의 레이어와 뉴런 수, 활성화 함수 등을 자동으로 조정하여 최적의 모델 구조를 찾을 수 있다.

**메타인지 수준의 메타 학습**은 인공지능이 자신의 학습 과정을 스스로 평가하고 개선하는 능력을 갖추도록 하는 것을 목표로 한다. 모델이 자신의 학습 결과를 분석하여 어떤 부분이 부족한지 파악하고, 필요한 추가 학습을 수행하는 효과가 발생한다.

**알고리즘 수준의 메타 학습**은 학습 알고리즘 자체를 학습하고 최적화하는 것을 목표로 하며 이는 메타 학습의 최종 상태이다. 기술적으로는 깊은 수학적 이해, 고급 프로그래밍 능력, 새로운 인공지능 이론이 적용되어야 한다. 적용효과는 인공지능이 추론을 넘어 인간의 개입 없이 스스로 생각하는 수준이 될 것이다.

| 구분 | 난이도 | 설명 |
|---|---|---|
| 특정업무 수준 | 보통 | • 작업 경험을 통해 얻은 지식을 일반화하고 새로운 작업에 적용 |
| 모델 수준 | 다소 높음 | • 모델의 구조나 매개변수를 자동으로 조정하고 최적화 |
| 메타인지 수준 | 높음 | • 자신의 학습 과정을 스스로 평가하고 개선 |
| 알고리즘 수준 | 매우 높음 | • 학습 알고리즘 자체를 설계, 개발, 최적화 |

[메타 학습의 수준]

메타 학습의 가치는 스스로 학습전략을 수립하고 지식을 확장하는 자율 학습 능력으로 이어져 AGI 구현이 가능하다는 것이다. 메타 학습의 발전과정은 AGI를 탄생시키는 걸음이 될 것이다.

## 5.6
# 앙상블 학습!
# 인공지능이 집단지성을 발휘하다

> 앙상블 학습은 인공지능 모델을 결합하여 단일 모델보다 더욱 정확한 예측을 얻는 기법으로 인간의 집단지성과 유사하다. 보팅, 배깅, 부스팅, 스태킹 등의 방법으로 편향과 오류를 줄이고 성능을 향상시킨다.

인공지능은 기본 학습을 통해서 추론할 수 있으나, 일정한 수준의 편향과 오류를 가지고 있다. 전문가라 하더라도 완전무결할 수는 없고, 오류를 최소화하는 좋은 방법은 집단지성의 활용하는 것이다.

**집단지성**은 다수의 개인이 협력하거나 경쟁하여 얻는 집단적인 지적 능력이다. 즉, 개개인의 지식과 경험이 모여 더 큰 지혜를 창출하는 것을 의미한다. 앙상블 학습은 인간이 집단지성을 발휘하는 것처럼 다수의 인공지능 모델을 협력적으로 구성하여 추론성능을 향상하는 기술이다.

**앙상블 학습**Ensemble Learning은 인공지능 모델이나 학습방법을 결합하여 단일모델보다 더 나은 예측 성능을 얻는다. **앙상블**Ensemble은 함께, 동시에, 협력하여 등을 뜻하는 프랑스어로 음악에서도 두 명 이상의 연주자가 함께 연주할 때 사용한다. 앙상블 학습은 인간의 집단지성과 본질적으로 유사하다.

앙상블 학습의 기본개념은 통계학에서 출발했다. 여러 예측을 결합하여 신뢰도를 높이려는 아이디어는 1970년대 말에 모집단으로부터 반복적으로 무작위 복원추출[66]을 수행하는 **부트스트랩**bootstrap 기법이 등장하면서 본격적으로 활용되기 시작했다.

앙상블 학습은 일반적으로 ▲도출한 답변 중 최적의 답변을 투표로 결정하는 **보팅**Voting 기법, ▲반복적인 시도를 통해서 결과를 확인하는 **배깅**bagging 기법, ▲단순한 문제해결로부터 점점 복잡한 문제를 해결해 나가는 **부스팅**boosting 기법, ▲개별모델의 해답을 전문가가 최종정리하는 **스태킹**Stacking 기법이 사용된다.

| 구분 | 모델 다양성 | 학습데이터 | 모델학습 | 결합방식 |
|---|---|---|---|---|
| 보팅 | 다양한 알고리즘 | 동일한 데이터셋 | 병렬학습 | 다수결, 평균 |
| 배깅 | 동일한 알고리즘 | 부트스트랩 이용 | 병렬학습 | 다수결, 평균 |
| 부스팅 | 동일한 알고리즘 | 가중치부여 데이터셋 | 순차학습 | 가중치 부여 결합 |
| 스태킹 | 다양한 알고리즘 | 동일한 데이터셋 | 단계학습 | 메타 모델 이용 결합 |

[앙상블 학습 기법의 비교]

**보팅**Voting은 여러 개의 상이한 모델에 동일한 데이터 샘플을 제공하고 예측한 결과를 종합하여, 투표를 통해 최적의 결과를 도출하는 기법이

---

[66] 복원추출은 추출된 데이터를 다시 모집단에 포함시킨 후 다음 데이터셋을 추출하는 방법이고, 비복원추출은 추출된 데이터를 다시 모집단에 포함시키지 않고 다음 데이터셋을 추출하는 방법이다.

다. 마치 여러 전문가의 의견을 종합하여 투표를 통해 최종 결정을 내리는 것과 유사하다. 다양한 모델을 활용하고 적절한 투표 방식을 선택함으로써 예측 성능을 향상시킬 수 있다.

보팅은 예측의 다양성을 확보하기 위해서 동일한 데이터에 대해 여러 모델을 사용하여 예측을 수행한다. 보팅이 결정하는 방식은 가장 많은 모델이 선택한 결과를 최종 예측으로 결정하는 하드 보팅 Hard Voting과 확률의 평균이 가장 높은 결과를 최종 예측으로 결정하는 소프트 보팅 Soft Voting이 있다. 하드 보팅은 다수결에 의한 결정이고, 소프트 보팅은 최대값에 의한 결정이다.

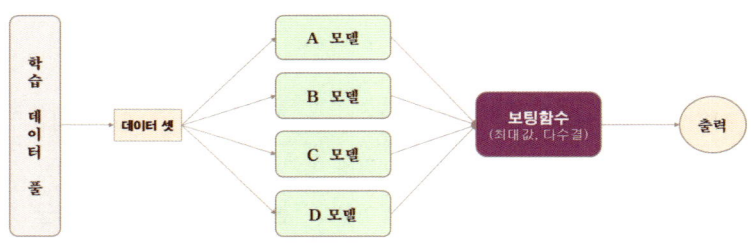

[보팅 기법 개념]

**배깅** Bagging은 Bootstrap Aggregating의 줄임말로 여러 개의 동일한 모델에 상이한 데이터 샘플을 제공하고, 예측한 결과를 종합하여, 투표를 통해 최적의 결과를 도출하는 기법이다. 여론조사에서 수차례 표본을 뽑아 여론조사 결과의 신뢰성을 확인하는 것과 유사하다.

배깅의 핵심은 데이터 모집단에서 상이한 데이터 샘플을 뽑아내는 기법인데 이를 **부트스트랩**Bootstrap[67]이라고 한다. 부트스트랩 기법은 불충분한 데이터 샘플에서 복원 추출을 통해 수십, 수백 개의 새로운 샘플을 반복적으로 생성하는 샘플추출 기법으로 이 새로 생성된 샘플들을 부트스트랩 샘플이라고 하는데, 다수의 부트스트랩 샘플을 이용하면 데이터 분석 결과의 신뢰도를 높일 수 있다.

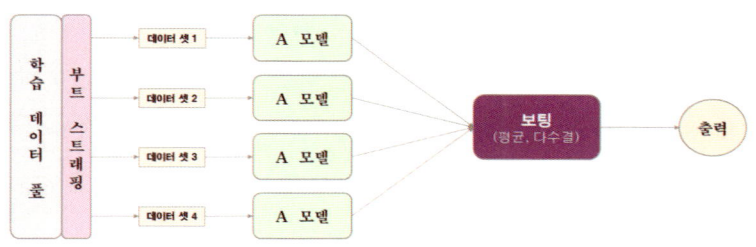

[배깅 기법 개념]

**부스팅**Boosting[68]은 여러 개의 동일한 모델을 이용하여 초기에는 간단한 문제 해결을 학습(약한 학습)을 시키고, 틀린 문제에 집중하여 상위 수준 학습을 진행하면서 점진적으로 복잡한 문제에 대한 학습능력을 발전키는 진화적 기법이다. 마치 인간이 오답노트를 반복적으로 학습하여 취약점을 보완하고 실력을 향상시키는 것과 유사하다.

---

[67] 부트스트랩(Bootstrap) 기법은 데이터 분석에서는 주어진 데이터 샘플에서 복원 추출을 통해 수십, 수백 개의 새로운 샘플을 반복적으로 생성하는 샘플추출 기법이다.

[68] 부스팅(Boosting)의 일반적인 의미는 초기 단계에서 부족한 힘이나 성능을 보충하여 최종적인 목표 달성을 돕는 역할을 의미한다.

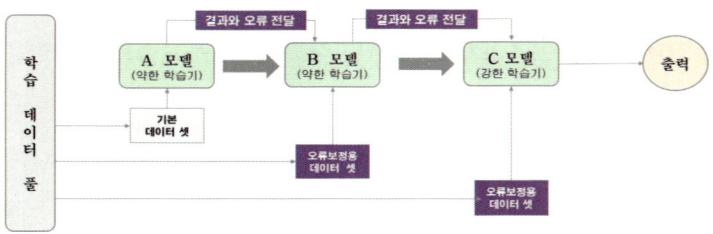

[부스팅 기법 개념]

**스태킹**Stacking은 여러 개의 서로 다른 모델에 동일한 데이터 샘플을 제공하고, 각 모델의 예측 결과를 새로운 학습 데이터로 사용하여 최종 모델을 학습시키는 기법이다. 마치 여러 전문가의 의견을 종합하여 새로운 전문가를 양성하고, 이 전문가를 통해 최종 결정을 내리는 것과 유사하다. 전문가의 상위에 위치한 새로운 전문가에 해당하는 것을 메타 모델Meta Model[69]이라고 한다.

메타 모델은 스태킹에서 여러 개의 기본모델이 예측한 결과를 입력으로 받아 최종적인 예측을 수행하는 모델이다. 메타 모델은 기본모델들의 예측한 결과를 기반으로 새로운 학습을 수행하여 최종 예측값을 계산한다. 메타 모델은 기본 모델에서 사용한 알고리즘을 재사용할 수도 있지만, 다양성 감소를 고려하여 신중하게 결정해야 한다.

---

69) 메타(Meta)는 어떤 개념이나 대상을 넘어서는 더 높은 수준 또는 차원 즉, 초월적인 수준을 의미한다. 메타인지는 자신의 인지 과정을 인지하는 능력, 메타데이터는 데이터에 대한 데이터, 메타버스(Metaverse)는 현실세계를 초월한 가상세계의 의미이다.

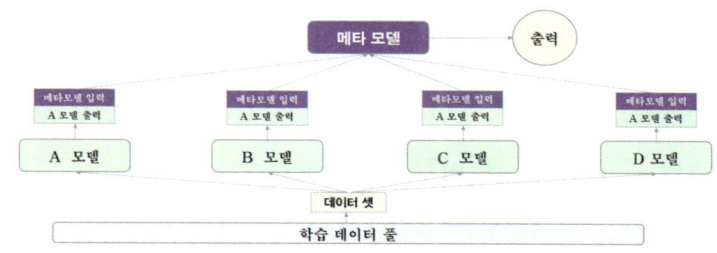

[스태킹 기법 개념]

**앙상블 학습의 본질은 학습방식의 다양성과 결합을 통한 성능 향상**에 있다. 앙상블 학습은 단일한 학습 방식만을 사용하는 것보다 모델의 성능을 효과적으로 향상시키는 접근법이다.

문화, 생물 종의 번식, 그리고 인공지능에 이르기까지, 다양성은 각 분야에서 더 우수한 결과를 가져온다. 이처럼 다양성을 존중하고 포용하는 것은 우리 사회와 미래를 풍요롭게 만들고 혁신을 촉진하는 핵심적인 요소임을 인공지능 학습에서도 확인할 수 있다.

## 5.7
# n-샷 학습!
# 데이터셋이 부족해도 학습한다

> n-샷 학습은 학습용 데이터셋 부족 문제에 대응하는 기법으로 데이터셋의 양에 따라 퓨샷, 원샷, 제로샷으로 나눈다. 특히 제로샷 학습은 학습 데이터가 전혀 없이 추론을 학습하는 고난도 기술이다.

인공지능은 데이터셋을 이용하여 학습하기 때문에 충분한 양의 데이터셋이 필수적이다. 그러나, 인공지능 개발의 현실적인 환경에서는 대부분의 인공지능 개발에서 데이터의 부족이라는 문제에 직면하게 된다.

데이터 부족 문제의 원인은 ▲특정 분야에서의 데이터 자체가 희소하거나, ▲데이터의 수집과 정제 과정에 비용이 많이 소요되며, ▲개인정보에 대한 규제가 강화되고 있기 때문이다.

**n-샷**n-shot **학습**은 데이터 부족 상황에서 학습을 위해서 데이터의 양을 인위적으로 늘이는 데이터 증강Data Augmentation 기법과 함께 소량의 데이터만으로 학습이 가능하도록 하는 학습방식이다.

n-샷 학습은 데이터가 부족하거나 레이블링에 소요되는 비용이 높은 상황에서 유용한데 학습에 투입되는 데이터셋의 양에 따라 **퓨샷**Few-shot

학습, 원샷One-shot 학습, 제로샷Zero-shot 학습으로 구분된다.

| 구분 | 설명 |
|---|---|
| 퓨샷 학습 | • 각 클래스당 몇 개의 샘플로 학습하는 경우<br>* 희귀 동물을 몇 장의 사진만으로 인식 |
| 원샷 학습 | • 각 클래스당 하나의 샘플만으로 학습하는 경우<br>* 얼굴 사진 한 장으로 얼굴을 인식 |
| 제로샷 학습 | • 학습데이터가 전혀 없는 상태에서 학습하는 경우<br>* 목이 긴 네발 동물이라는 텍스트 설명만으로 기린을 인식 |

[n-샷 학습의 유형]

**퓨샷 학습**은 모델이 각 클래스(특정개체 또는 그룹)당 몇 개의 데이터만으로 학습하는 기법이다. 퓨샷 학습[70]은 학습 데이터가 적지만 레이블링된 학습데이터를 사용한다는 점에서 기본 학습 중 지도 학습의 한 형태이다.

퓨샷 학습을 위한 **혁신적인 알고리즘이나 기술이 존재하는 것은 아니다.** 대량의 학습데이터를 이용한 지도 학습 수준으로 성능을 높이기 위해서 퓨샷 학습은 인위적으로 학습 데이터의 양을 늘이는 데이터 증강을 이용하거나, 메타 학습 또는 전이 학습을 적절히 사용해야 한다.

**원샷 학습**은 머신러닝에서 각 클래스당 단 하나의 데이터셋 샘플만으로 새로운 개념을 학습하는 기법이다. 원샷 학습은 극도로 제한된 데이터 환경에서 반드시 모델을 학습시켜야 하는 경우에 사용된다.

---

70) 퓨샷 학습에서 퓨샷의 수준은 일반적으로 가용한 학습 데이터셋이 종류당 5개 이하의 매우 적은 경우에 해당한다.

원샷 학습은 **퓨샷 학습의 극단적인 형태**이다. 원샷 학습은 주변 환경이 단순하여 특징의 추출이 비교적 쉽고, 데이터셋의 변형이 제한적인 경우에 적용이 용이하다. 증명사진을 이용한 얼굴 인식, 인감 또는 서명의 검증 등 특정 분야에서는 원샷 학습이 성공적으로 적용되고 있다.

**제로샷 학습**은 학습용 데이터셋이 전혀 없는 상태에서 LLM의 도움을 받아 새로운 개념을 학습하는 기법이다. 즉, 모델이 학습 중에 한 번도 본 적 없는 클래스나 개념을 이해하고 분류할 수 있도록 하는 것이다.

제로샷 학습은 **LLM과 대규모의 이미지 데이터셋으로 사전 학습된 모델을 결합하여 구현**하는 것이 일반적이다. 인간으로 비유하면 해박한 전문가가 새로운 것에 대해 직관적으로 판단 가능한 것과 유사하다.

원리적으로 인공지능은 학습용 데이터셋에서 분석된 패턴에서 추론 능력을 얻게 되므로 학습용 데이터셋이 최소로 투입되는 **n-샷 학습은 LLM과의 결합을 통해 LLM이 제공하는 데이터의 활용이 필수적**이다.

객체인식 모델에서는 사용자가 LLM의 명령어 창에 자연어 형태로 원하는 내용을 입력하면 LLM은 모델 자체에 보유한 벡터 데이터 공간에서 입력된 속성정보와 의미적 유사성을 찾아 객체인식 모델로 명령을 전달한다. 객체인식 모델은 LLM의 명령에 따라 객체를 인식하여 사용자에게 결과를 제공한다.

LLM과 객체인식 모델의 결합은 자연어 처리기반 객체 인식(Natural Language based Object Detection) 또는 개방 어휘 객체 인식(Open-Vocabulary Object Detection) 등의 명칭으로 연구된다. 두 용어는 사실상 동의어이다.

**제로샷 학습은 독립된 학습기법이라기 보다는 기존 모델의 복합적 활용기법이 더 적절한 표현**이지만, 그 결과가 추론이기 때문에 관례적으로 학습이라는 표현을 사용한다.

제로샷 학습은 실제적으로는 n-샷 학습기법 중에서 기술적인 완성도가 확립되었을 때 구현 가능한 **난이도 높은 학습기법**으로 일반화 성능 확보를 위해서 복잡한 인공신경망 구조, 고도의 학습전략, 오랜 학습기간이 소요된다.

## 5.8
# 멀티모달 학습!
# 다양한 감각으로 학습한다

> 멀티모달 학습은 다양한 형태의 데이터를 융합하여 인공지능의 이해력과 추론 능력을 향상시키는 기술이다. 인간의 오감 활용처럼 여러 형태의 데이터를 복합적으로 학습하여 상황인지의 정확도를 높인다.

인공지능은 주로 단일한 형태의 학습 데이터를 사용하여 유사한 입력에 기반한 특정 결과를 예측하지만, 텍스트, 이미지, 오디오 등 데이터를 복합적으로 활용하면 상황을 더 명확히 이해할 수 있다.

**멀티모달**Multimodal[71] **학습**은 멀티모달 추론 서비스를 목표로 텍스트, 이미지, 오디오 등 다양한 형태Modal의 데이터셋을 통합적으로 학습하여 더욱 정확한 추론을 가능하게 하는 학습방식이다.

화재 상황에서는 연기만 관찰하는 것보다 연기와 타는 냄새를 함께 감지하면 더 명확히 인지할 수 있다. 마찬가지로, 박물관에서 문화재를 관람하며 오디오 설명을 들으면 이해가 더 쉬워지고 기억에 오래 남는

---

71) 모달(Modal)은 모달리티(Modality)의 줄임말로 정보가 표현되거나 전달되는 형태 또는 방식 즉 데이터의 종류를 의미한다.

다. 이러한 예는 인간이 여러 감각을 복합적으로 활용했을 때의 효능을 보여준다.

멀티모달 학습은 이러한 인간의 복합감각 활용의 효능을 인공지능 모델에도 적용하여 상황의 맥락적 이해력을 향상시키고, 더욱 정확한 추론결과를 도출하는 기술이다.

| 구분 | 기본 학습 | 멀티모달 학습 |
|---|---|---|
| 학습목표 | 특정작업 수행 | 종합적 상황이해 |
| 모델구조 | 특화모델 | 융합모델 |
| 학습데이터 | 단일한 데이터 유형 | 복수의 데이터 유형 |
| 일반적 활용분야 | • 인식 AI (Perception AI)<br>• 생성 AI (Generative AI) | • 에이전틱 AI (Agentic AI)<br>• 피지컬 AI (Physical AI) |

[기본 학습과 멀티모달 학습의 비교]

멀티모달 학습은 다양한 종류의 데이터를 동시에 사용하는데 학습에 사용되는 기본적인 데이터 형태인 텍스트, 이미지, 오디오 외에도 수치 데이터(예 : 위치, 가속도, 온도, 압력) 형태까지 포함할 수 있다.

LLM에 멀티모달 기술이 적용되면서, 최근에는 이미지와 텍스트를 동시에 이해하여 서비스하는 방식이 일반화되었다. 프롬프트$_{Prompt}$에 텍스트와 이미지를 동시에 입력하여 질문을 할 수 있고, 이미지를 입력하면 해당 이미지에 대한 설명을 텍스트로 제공받을 수도 있다.

생성형 인공지능 서비스는 자연어 처리기반의 이미지 생성 모델과 자연어 처리기반의 오디오 생성 모델은 멀티모달 기술이 적용된 대표적인 형태이다. 명령 프롬프트와 함께 이미지 또는 오디오를 입력하면, 프롬프트에 기술된 대로 원하는 이미지 스타일이나 음악을 생성하는 기능을 제공한다.

멀티모달의 또 다른 형태로는 **다양한 센서 데이터를 결합하는 방식**이 있다. 예를 들어, 카메라 영상, 레이더RADAR 센서, 라이다LiDAR 센서를 통합하면 자율주행의 안전성을 높이고 더욱 정밀한 판단을 내릴 수 있다.

멀티모달은 학습 이전에 모델의 설계부터 고려해야 하는데 모델의 설계 방식은 **통합방식**과 **조합방식**의 두 가지로 구분한다. 통합방식은 모델 크기를 줄이는 데 유리하지만, 설계가 복잡해질 수 있다. 반면, 조합방식은 각 구성요소 모델의 장점을 살릴 수 있으나, 모델의 크기와 복잡성이 증가하여 반응속도가 느려지고 전력 소모가 높아질 수 있다.

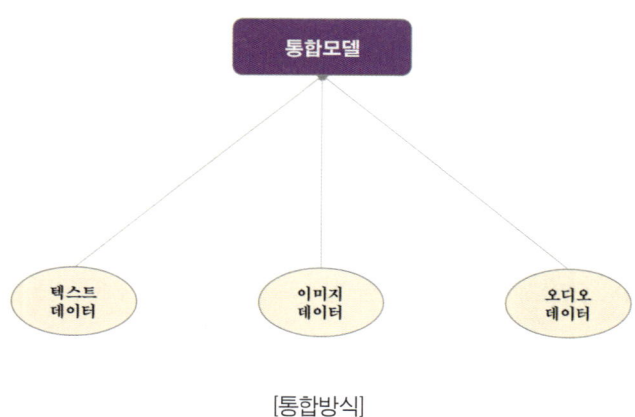

[통합방식]

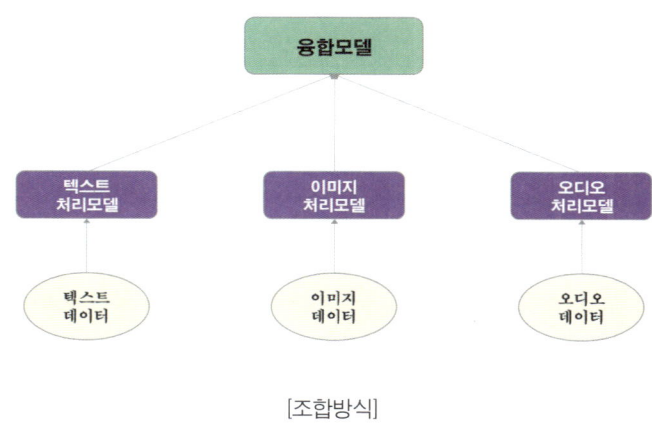

[조합방식]

학습이 완료된 멀티모달 모델은 상호작용 서비스로 온라인에서 구현되어 인간에게 서비스를 제공할 수도 있고, 기계장치에 탑재되어 자율시스템을 작동할 수도 있다.

| 구분 | 에이전틱 AI | 피지컬 AI |
|---|---|---|
| 목표 | 인간과의 자연스러운 소통 및 협업 | 인간개입 없이 자율적인 의사결정 및 행동 |
| 플랫폼 | 온라인 서비스, 휴머노이드 등 | 자율주행차량, 자율비행체 휴머노이드 등 |
| 활용 분야 | 교육, 의료, 고객응대, 개인비서 등 | 자율주행, 재난, 국방 등 |
| 상호작용 | 언어, 표정, 제스처 이용 | 다양한 센서데이터 이용 |

[멀티모달 인공지능의 구현형태]

인간은 표정과 제스처 등 비언어적 수단과 은유법이나 반어법 같은 다양한 문법을 사용하면서 소통하는데 상호작용하는 서비스의 경우, 인간의 소통 방식을 종합적으로 이해하는 능력이 필요하다.

휴머노이드는 전투현장이나, 재난구조와 같은 복잡하고 위험한 환경에 투입할 수 있도록 발전하고 있다. 멀티모달 학습은 인간의 개입 없이 스스로 작동하고 의사결정을 내리는 자율 시스템, 특히 휴머노이드가 주변 맥락을 정확히 파악하고 더욱 정밀한 의사결정을 내리기 위한 필수적인 기술로 발전할 것이다.

밀리터리 인공지능
리터러시

# PART 3
# 활용을 위한 접근

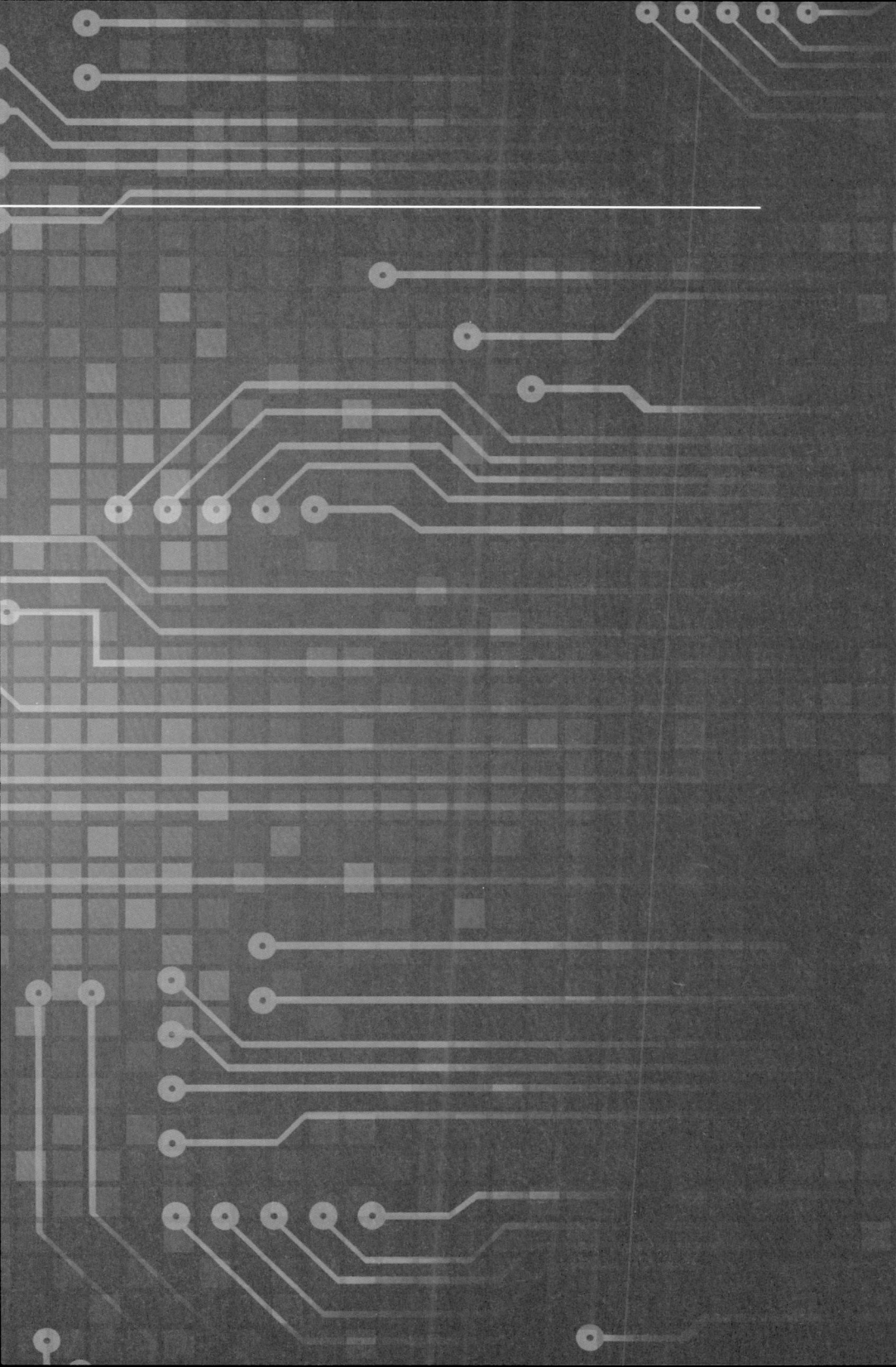

CHAPTER 6

# 객체탐지 모델

6.1 객체탐지를 위한 노력
6.2 객체탐지 모델의 진화과정
6.3 객체탐지 모델이 제공하는 정보!
6.4 객체탐지 모델의 성능평가!

## 6.1
# 객체탐지를 위한 노력

> 1980년대부터 시작된 객체탐지는 경진대회를 통해 기술혁신이 이루어졌다. 2012년 제프리 힌튼 교수팀이 개발한 AlexNet은 객체인식 뿐만 아니라 인공지능 전반에 전환적 모멘텀을 제공하였다.

객체탐지Object Detection 기술은 다양한 분야에서 필수적인 역할을 담당하며, 그 성능과 효과성은 지속적으로 향상되고 있다. 과거에는 인간의 고유 영역으로 여겨졌던 시각적 인지능력을 컴퓨터가 대신 수행함으로써, 우리는 더욱 효율적이고 안전하며 편리한 삶을 누릴 수 있게 되었다.

이미지와 영상은 일상 속 다양한 분야에서 생산된다. 부대의 TOD·CCTV·드론에서 촬영한 영상, 차량의 라이다 영상, 의료 분야의 X-Ray나 CT와 MRI 영상은 물론, 유튜브와 같은 플랫폼에서의 개인제작 영상 등 매일 엄청난 양의 영상이 생산된다.

이러한 방대한 양의 이미지와 영상을 인간이 직접 모든 영상을 분석하는 것은 시간과 비용 측면에서 비효율적일 뿐만 아니라, 연속적인 모니터링이 필요한 보안 감시나 실시간 의사결정이 요구되는 자율주행 시스템에서는 거의 불가능하므로 영상의 의미를 빠르게 이해하기 위해서는 객체탐지 기술이 필수적이다.

**객체인식**Object Recognition과 **객체탐지**Object Detection는 컴퓨터 비전 분야에서 자주 혼용되지만, 그 목적과 처리방식에서 명확한 차이가 있다. 객체인식은 이미지나 비디오에서 특정 객체가 무엇인지를 식별하고 분류하는 기술이고, 객체탐지는 이미지나 비디오에서 객체가 어디에 있는지와 무엇인지를 동시에 파악하는 기술로 객체인식는 1980년대부터 이미 연구가 시작되었으나, 객체탐지는 2000년대 초반에 와서야 연구가 시작되었다.

| 구분 | 객체인식 | 객체탐지 |
| --- | --- | --- |
| 질문 | "이것이 무엇인가?" | "어디에 무엇이 있는가?" |
| 출력 | 이미지 내의 주요객체 하나 | 이미지 내의 다수 객체 |
| 위치정보 | 제공하지 않음 | 경계상자로 제공 |
| 모델종류 | CNN, ResNet, VGG 등 | Faster R-CNN, YOLO, SSD 등 |
| 활용분야 | 번호판 인식, 얼굴 인식 등 | CCTV, 자율주행 등 |

[객체인식과 객체탐지의 비교]

객체탐지에서 **객체**는 영상 내에서 식별하고자 하는 특정한 사물, 사람 또는 개념을 의미하며, 물리적인 물체(예 : 차량, 무기, 동물, 표지판)뿐만 아니라 추상적인 상태(예 : 화재, 붕괴)도 포함될 수 있다. **탐지**는 영상 속에서 객체를 식별하고 분류하고, 위치를 특정하는 과정을 의미한다.

객체인식에 대한 초기의 연구과정에서는 주로 사람이 직접 설계한 특징추출 기법을 활용했다. 이러한 방법들은 성능에 한계가 있었고, 복잡하고 다양한 환경에서의 객체탐지에 어려움이 많았다.

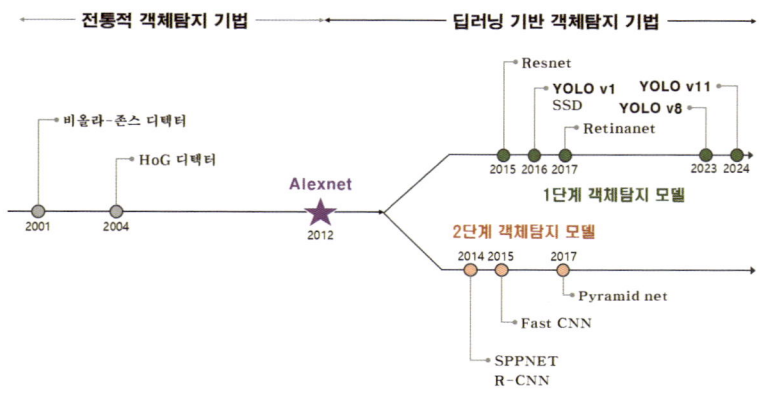

[주요 객체탐지 모델의 등장]

한편, 이미지 분류 분야에서 기술 발전 및 혁신을 촉진하기 위한 경진대회는 객체탐지 기술의 발전에 크게 기여했다. 대표적인 경진대회는 **ILSVRC**ImageNet Large Scale Visual Recognition Challenge, **PASCAL VOC**Visual Object Classes Challenge, **COCO**Common Objects in Context Challenge 등이다. 이 경진대회[72]는 참가자들에게 표준 데이터셋을 제공하여 객관적인 성능을 비교 평가하도록 했다.

객체탐지 기술은 2012년에 개최된 ILSVRC에서 심층 학습 기반의 AlexNet

---

72) 딥러닝의 발전으로 해당 챌린지의 목표를 상당 부분 달성했다고 여겨졌기 때문에 PASCAL VOC는 2012년, ILSVRC는 2017년을 마지막으로 대회로 공식적으로 개최하지 않는다.

이 압도적인 성능으로 우승하면서 큰 변화가 일어났다. **AlexNet**은 토론토 대학에 재직중인 제프리 힌튼Geoffrey Hinton 교수가 제자인 우크라이나계 캐나다인 알렉스 크리제프스키Alex Krizhevsky와 이스라엘계 캐나다인 일리야 수츠케버Ilya Sutskever와 공동으로 개발한 이미지 분류용 인공신경망이다.

\* 출처 : https://comentropy.org.cn/2023/post/8423/

[제프리 힌튼(좌), 일리야 수츠케버(중), 알렉스 크리제프스키(우)]

ILSVRC는 ImageNet에서 제공하는 100만 개의 이미지를 인식하여 그 정확도를 평가하는데 2011년까지 이미지 인식율은 75%를 넘지 못하는 기술적 답보상태였다. 그러나, 제프리 힌튼 교수와 연구진이 개발한 AlexNet 모델은 **2012년 대회에서 84.7%의 인식률을 달성**함으로써 기술적 한계를 돌파했다. 이러한 성과는 인공지능 전반에서 현재의 발전을 견인하는 획기적인 모멘텀이 되었다.

AlexNet은 ▲기존 모델에 비해 훨씬 깊고 복잡한 **CNN 구조사용**, ▲

활성화 함수로 sigmoid나 tanh 대신 **ReLU 함수 사용**, ▲회전, 크롭, 반전 등 **데이터 증강기법 사용**, ▲모델학습에 CPU 대신 **GPU 사용** 등의 혁신적 방식으로 기존의 방법들보다 훨씬 높은 인식 정확도를 달성했다.

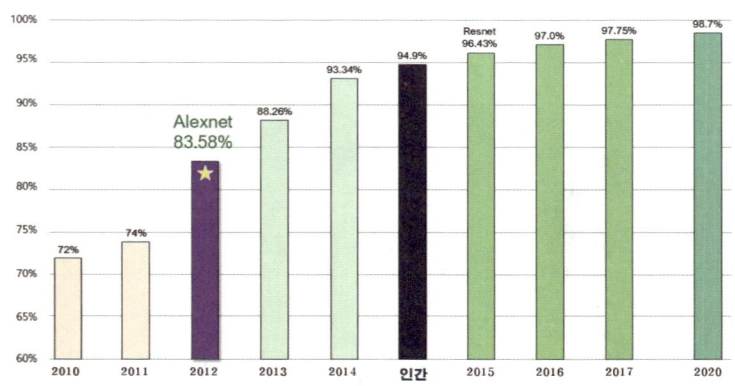

*출처 : 최근 인공지능 개발 트랜드와 미래의 진화방향(LG경제 연구원)
[객체탐지율의 진화과정]

각 국가별 객체탐지 모델의 효용성으로 군사 분야에서 사용이 활발한 가운데 2017년 시작한 美 국방부의 **메이븐 프로젝트**Maven Project는 군사 분야에서 객체탐지 모델을 활용하는 대표적인 사례이다. 초기에 참여한 Google[73]은 내부직원들의 인공지능 군사활용 지원 참여에 대한 항의와 기업 이미지 등의 이슈로 프로젝트에서 철수하고 프로젝트를 이어받은 Palantir는 최근 군사 분야 인공지능을 주도하고 있다.

---

73) Google은 2019년 Maven 프로젝트 철수 이후 인공지능의 군사 이용에 대한 가이드 라인을 강화했으며, 무기개발 금지와 감시기술 제한 등 군사분야 인공지능 프로젝트 참여를 제한하는 정책을 시행하고 있다.

프로젝트 결과물인 **메이븐 스마트 시스템**Maven Smart System은 인공지능 기반 데이터 분석 시스템으로 주요 기능은 객체인식 모델을 이용하여 위성, 정찰기, 드론 등이 수집한 방대한 영상을 분석하는 것이다.

우크라이나 전쟁에서 독일 주둔 미군은 Maven Smart System으로 분석한 러시아군 주요장비 위치정보를 우크라이나군에 제공하여 미사일 공격을 지원했고, 미군이 직접 수행중인 중동 지역의 대테러 및 군사작전에서 표적에 대한 활동 분석에도 활용된 것으로 알려져 있다.

美 국방부는 메이븐 스마트 시스템Maven Smart System, MSS의 사용범위를 미군 전체로 확장하여 2024년 말 수천 명의 사용자가 작전에 활용하고 있다.

객체탐지 기술은 일상생활에서도 스마트폰 카메라의 장면 인식, 쇼핑몰의 상품 검색 등에 다양하게 활용된다. 안전 및 보안 분야에서는 주요 시설의 경계감시와 자율주행 자동차의 실시간 환경 분석을 통해 위험 요소를 감지하고 사고 예방 및 신속한 대응을 가능하게 한다. 객체탐지 기술은 다양한 분야에서 우리 삶의 편리성을 높이고 있다.

## 6.2
# 객체탐지 모델의
# 진화과정

> 객체탐지는 2단계 탐지모델(R-CNN 계열)에서 1단계 탐지모델(YOLO 계열)로 발전하며 속도가 향상되었고, 최근에는 자연어 처리기반 탐지모델이 등장해 사전 정의되지 않은 객체도 유연하게 식별할 수 있게 되었다

 

딥러닝 기반의 객체탐지 모델은 ▲이미지 내에서 객체탐지의 **정확도**, ▲고해상도의 동영상 환경에서 실시간 인식을 위한 **처리속도**, ▲다양한 환경과 상황에서 객체를 인식하는 **일반화 능력**의 향상을 위해 연구가 진행되어 왔다.

2014년에 등장한 **2단계 2단계 객체탐지 모델** 인 R-CNN은 딥러닝 기반 객체탐지의 시초를 열었다는 점에서 의미를 가진다. 2016년에는 **1단계 객체탐지 모델** 인 YOLO 모델이 등장하면서 객체탐지 모델은 속도가 크게 향상되는 한편, 동영상에서의 객체탐지을 위한 주류 모델이 되었다.

최근에는 **자연어 처리기반의 탐지 모델**이 등장하면서 유연한 객체탐지가 가능해지고 있다. 자연어 처리기반 탐지 모델은 사전에 정의되

지 않은 객체 클래스에 대해서도 식별이 가능하도록 연구되고 있다.

| 구분 | 2단계 객체탐지 모델 | 1단계 객체탐지 모델 | 자연어 처리기반 객체 탐지 모델 |
|---|---|---|---|
| 종류 | R-CNN 계열 | YOLO 계열 | CLIP 계열 |
| 특징 | 탐지과 분류를 분리 | 탐지과 분류를 통합 | LLM과 탐지모델을 통합 |
| 장점 | 높은 정확도 | 빠른 탐지속도 | 학습되지 않은 객체를 탐지 |
| 단점 | 비교적 느린 탐지속도 | 비교적 낮은 정확도 | 기술적 성숙도 |

[객체탐지 모델의 구분]

재래형 객체탐지 모델이라 할 수 있는 **2단계 객체탐지 모델은 객체인식과정에 두 번의 처리과정**을 거친다. 1단계에서 먼저 이미지에서 객체가 있을 만한 후보 위치를 찾는 선택적 검색을 수행하고, 2단계에서 그 위치에서 어떤 객체인지 분류하고 위치를 세밀하게 조정하는 방식으로 작동한다.

2단계 객체탐지 모델을 군사활동에 비유하면 적 부대에 대한 정보를 획득하기 위해서 1단계로 지휘소가 있을 만한 장소에 대해 항공정찰을 실시하고, 2단계로 수색팀을 투입하여 부대의 세부 구성과 배치를 직접 확인하는 베트남 전쟁 이전의 정보활동과 유사한 개념이다.

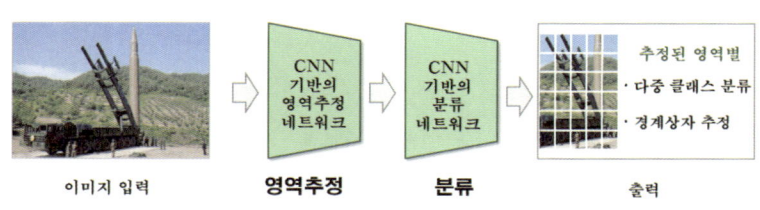

[2단계 객체탐지 모델의 작동방식]

**2단계 객체탐지 모델은 높은 정확도로 객체를 인식할 수 있지만, 두 단계를 거쳐야 하므로 처리 속도가 느리다**는 단점이 있다. 2단계 객체탐지 모델은 객체탐지에 심층 학습을 도입한 최초의 모델인 R-CNN과 이에 대한 성능개선 모델인 Fast R-CNN, Faster R-CNN, SPPNet 등이 있다.

| 구분 | 발표시기 | 개발주관 | 주요 특징 |
| --- | --- | --- | --- |
| R-CNN | 2014년 | 버클리대 | 딥러닝 객체 탐지의 시초 |
| SPPNet | 2014년 | MS 리서치 아시아 | 다양한 크기 객체 처리 |
| Fast R-CNN | 2015년 | 버클리대 | 속도 향상, 단일 학습 |
| Faster R-CNN | 2015년 | MS 리서치 아시아 | 객체 후보 추출속도 향상 |

[2단계 객체탐지 모델의 종류]

최근에 주로 사용하는 객체탐지 모델인 1단계 객체탐지 모델은 객체 인식과정을 한 번의 처리과정으로 끝낸다. 1단계 객체탐지 모델은 이미지 전체를 격자로 나누고, 각 격자 셀에서 객체의 존재 여부, 객체의 종류, 객체의 위치 정보를 예측하여 객체의 분류와 위치확인이 동시에 이루어지는 방식으로 작동한다.

1단계 객체탐지 모델을 군사활동에 비유하면 적 부대에 대한 정보를 획득하기 위해서 카메라가 달린 UAV를 투입하여 전송된 영상을 이용해서 위치와 세부 구성 및 배치를 한 번에 확인하는 최근의 정보활동과 유사한 개념이다.

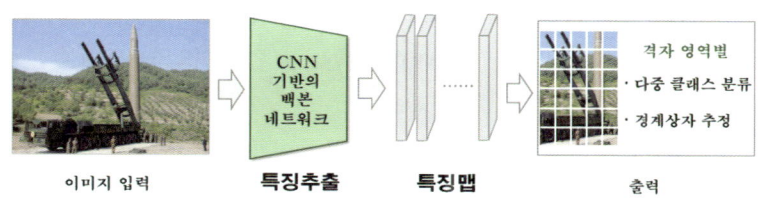

[1단계 객체탐지 모델의 작동방식]

**1단계 객체탐지 모델은 2단계 객체탐지 모델에 비해 정확도는 다소 낮지만 분류와 위치확인을 동시에 수행하기 때문에 컴퓨터의 연산량을 크게 줄이고, 동영상의 실시간 처리가 필요한 환경에서 유리하다.** 1단계 객체탐지 모델 인 YOLO 계열 모델은 2016년에 워싱턴대의 조셉 레드몬Joseph Redmon[74]이 최초로 발표한 이후 지속적으로 개선되면서 2024년 말까지 YOLOv11까지 발표되었다. 최근에는 중국 내 연구자들의 활발한 연구활동이 공개되고 있는데 이는 사회통제형 중국의 국가체제와 관련이 있어 보인다.

---

74) 조셉 레드몬은 YOLO의 초기 버전(YOLOv1, YOLOv2, YOLOv3)을 개발했다. 그러나, 2020년에 인공지능 기술의 윤리적 문제에 대한 우려를 표명하며 컴퓨터 비전 연구를 중단했다.

| 구분 | 발표시기 | 개발주관 | 주요 특징 |
|---|---|---|---|
| YOLOv1 | 2016년 | Joseph Redmon | 최초의 1단계 탐지모델 |
| YOLOv2 | 2017년 | Joseph Redmon | 앵커 박스 도입 |
| YOLOv3 | 2018년 | Joseph Redmon | 정확도 향상 |
| YOLOv4 | 2020년 | Alexei Bochkovsky | 정확도와 속도 향상 |
| YOLOv5 | 2020년 | Ultralytics | 다양한 크기의 모델 제공 |
| YOLOv6 | 2022년 | 메이투안(美団)사 | 산업용으로 최적화 |
| YOLOv7 | 2022년 | Chien-Yao Wang | 정확도와 속도 향상 |
| YOLOv8 | 2023년 | Ultralytics | 다양한 컴퓨터 비전 작업 지원 |
| YOLOv9 | 2024년 | Chien-Yao Wang | 정확도와 속도 향상 |
| YOLOv10 | 2024년 | Ultralytics | 정확도와 속도 향상 |
| YOLOv11 | 2024년 | Ultralytics | 다양한 컴퓨터 비전 작업 지원 |

[2단계 탐지모델의 종류]

한편, 미래의 딥러닝 기반 객체탐지 모델이라 할 수 있는 자연어 처리 기반 탐지 모델은 사전에 정의된 객체의 클래스를 인식하는 2단계 객체 탐지 모델이나 1단계 객체탐지 모델과 다른 방식인 사용자의 자연어 설명을 기반으로 객체를 탐지한다.

자연어 처리기반 객체탐지 모델은 언어 처리를 위해 **LLM과 이전에 존재한 1단계 객체탐지 모델을 결합**하여 유사도를 검증하는 멀티 모달 임베딩 모델이 결합된 형태로 구현된다.

LLM은 입력된 자연어 설명을 분석하고, 문맥을 이해하여 객체의 종류, 속성, 위치정보 등을 추출한다. 1단계 객체탐지 모델은 이미지에서 객체가 있을 만한 후보 영역을 실시간으로 빠르게 예측하고 분류한다.

마지막으로 CLIP과 같은 멀티 모달 임베딩 모델은 LLM에서 추출된 텍스트 정보와 1단계 객체탐지 모델에서 예측한 이미지 정보를 동일한 공간에 임베딩하여 유사도를 비교하고 객체를 검증 및 식별한다.

더 복잡한 모델 구조와 더 많은 학습과정이 필요하지만, 예를 들어 "방열된 적 포병부대를 찾아줘"나 "사격 준비 중인 TEL을 찾아라"와 같은 명령을 하면 이미지에서 해당 객체를 탐지하는 방식이다.

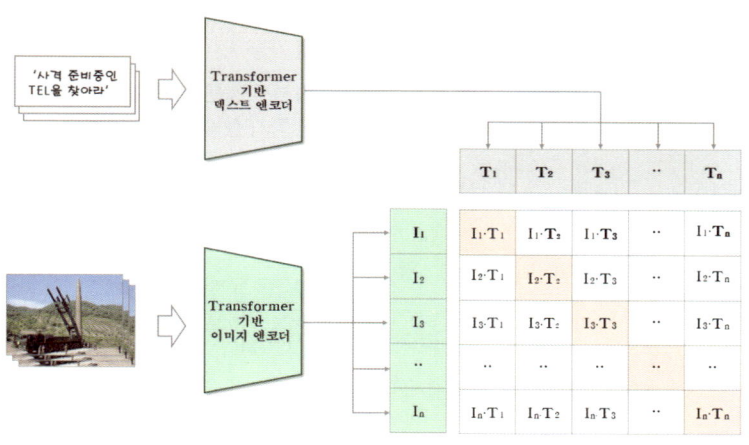

[자연어 처리기반 탐지 모델의 작동방식]

자연어 처리기반 객체탐지 모델은 다양한 자연어 설명을 통해 사용자가 원하는 객체를 자유롭게 탐지할 수 있기 때문에 높은 유연성을 가지고, **학습 데이터에 없는 객체도 자연어 설명을 통해 탐지할 수 있는 제로샷(zero-shot) 학습으로 구현**한다.

학습 방법의 측면에서는 이미지와 텍스트 정보를 동시에 활용하여 객체를 인식하기 때문에 멀티모달 학습이 이루어져야 한다. 자연어 처리기반 탐지 모델에 사용하는 텍스트-이미지 임베딩 방식의 멀티모달 임베딩을 사용하는 모델은 CLIP~Contrastive Language-Image Pre-training~ 모델 외에도 GLIP~Grounded Language-Image Pre-training~, MDETR~Modulated DEtection TRansformer~, YOLO-World 등이 있다.

| 구분 | 개발 | 최초모델 발표 | 특징 |
|---|---|---|---|
| CLIP | OpenAI | 2021년 1월 | • 자연어 설명만으로 이미지 분류 및 검색 가능 |
| GLIP | Microsoft | 2021년 12월 | • 학습하지 않은 객체에 대해서도 뛰어난 탐지 성능 |
| MDETR | FAIR | 2021년 4월 | • 모델의 초기 단계에서 모달리티를 융합하여 공동으로 추론 |
| YOLO-WORLD | AILab-CVC | 2024년 1월 | • YOLO 시리즈의 강점인 빠른 속도와 정확성을 유지(칭화대 주도) |

[자연어 처리 기반 객체탐지 모델]

**개방형 어휘 객체탐지 모델**Open-Vocabulary Object Detection Model이라는 용어도 사용되고 있는데 이는 자연어 처리기반 탐지 모델과 사실상 같은 모델을 지칭하는 용어이다.

## 6.3 객체탐지 모델이 제공하는 정보!

> 객체탐지 기술은 보안, 군사, 자율주행, 의료 분야 등에서 활용되며, CNN을 기반으로 인간의 시각과 유사하게 작동한다. 모델은 처리 결과로 객체의 위치, 객체의 종류, 예측의 신뢰도를 제공한다.

인간은 안구에서 수집된 전기신호를 뇌의 시각 피질에서 분석하고, 축적된 기억 및 경험과 연결하여 사물의 정보를 파악한다. 연구자들은 오랜 연구를 통하여 인간 시각 기능을 수행하는 인공지능 모델을 개발했다. 객체인식 모델은 이미지나 비디오에서 특정 객체를 식별하고 분류하기 위해 인간의 시각과 유사하게 작동한다.

| 구분 | 인간의 시각 | 객체탐지 모델 |
| --- | --- | --- |
| 입력 | 안구의 망막 | 카메라, 비디오 데이터 |
| 전처리 | 망막 신경세포 | 합성곱 신경망 |
| 특징추출 | 뇌의 시각피질 | 분류 레이어 |
| 객체분류 | 뇌의 기억 및 경험 기반 | 학습된 클래스 기반 |
| 객체 위치파악 | 뇌의 공간인식 능력 | 바운딩 박스 검출 |
| 결과출력 | 종류, 위치, 의미, 맥락 | 바운딩박스, 클래스, 확률 |

[인간의 시각과 객체탐지 모델의 비교]

객체탐지 모델은 인공신경망 중에서 이미지의 특징을 효과적으로 추출하는 데 특화된 합성곱 신경망Convolutional Neural Network, CNN을 주로 이용한다. CNN은 이미지의 공간적 구조를 유지하면서 특징을 추출하므로, 객체의 위치정보와 형태정보를 동시에 예측할 수 있다.

객체탐지 모델은 이미지나 비디오에서 객체를 식별하고 분류한 결과를 객체탐지 모델의 종류와 목적에 따라 출력하는데, 일반적으로 **바운딩 박스**Bounding Box, **객체 클래스**Object Class, **신뢰도**Confidence Score가 표시된다.

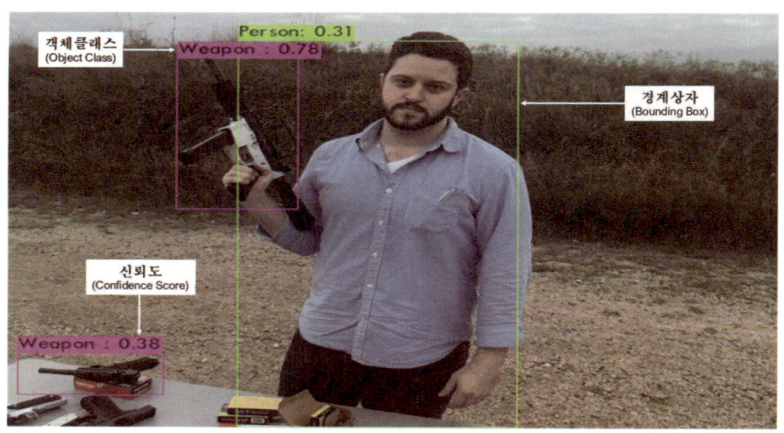

\* 출처 : https://github.com/iambankaratharva/Weapon-Detection
[객체탐지 결과의 표현]

**바운딩 박스**는 객체의 크기와 위치를 시각적으로 나타내기 위해서 이미지 또는 비디오 프레임에서 객체의 위치를 사각형 형태로 표시한다. 경계상자의 정보는 경계상자의 좌표(좌상단, 우하단) 또는 중심 좌표와 너비, 높이 정보를 제공한다.

**객체 클래스**는 모델이 인식한 객체의 종류를 명확히 나타내기 위해, 인식된 객체의 종류 정보를 경계상자 주변에 표시한다. 예를 들어, 전차, 장갑차, 자주포 등이 객체 클래스에 해당한다. 객체탐지 모델은 학습된 데이터에 기반하여 객체를 인식하고 분류하기 때문에, 학습되지 않은 객체는 인식하지 못하거나 잘못된 클래스로 분류할 가능성이 높다.

**신뢰도**는 객체탐지 모델이 스스로 특정한 객체의 클래스를 정확하게 인식했다고 판단하는 정도를 나타내는 확률값으로 객체탐지 결과의 신뢰성을 판단하는 데 사용한다. 0과 1 사이의 숫자값으로 표현되는데 1에 가까울수록 객체탐지 모델이 판단한 신뢰도가 높다. 모델 개발 간 활용도를 고려하여 신뢰도를 소숫점 이하 몇 자리까지 표시할지, 일정한 신뢰도 이하는 객체탐지 결과에서 배제할지를 지정할 수도 있다.

딥러닝 기반의 객체탐지 모델은 객체탐지의 정확도를 향상하고, 고해상도의 동영상을 실시간 인식하도록 처리 속도를 향상하며, 다양한 환경과 상황에서 객체를 인식하는 일반화 능력을 향상하도록 발전해 왔다. 최근에는 사용자의 자연어 설명을 이해하여 원하는 객체를 정확하게 찾아낼 수 있는 자연어 처리기반의 객체탐지 모델에 대한 연구가 활발하게 진행되고 있다.

## 6.4
# 객체탐지 모델의 성능평가!

> 객체탐지 모델은 품질평가가 필수적이며, 분류와 위치파악 성능을 종합적으로 평가하는 평균정밀도(mAP)를 주요 지표로 사용한다. 평가용 데이터셋을 통해 객관적 성능을 측정한다.

인공지능 모델은 복잡한 알고리즘과 방대한 데이터를 기반으로 작동할 뿐 아니라, 개발과정에서 많은 비용과 노력이 투입되기 때문에 성과측정의 차원에서 그 품질을 객관적으로 평가하고 검증하는 것은 매우 중요하다.

이러한 품질평가는 모델의 성능을 수치화하여 객관적으로 비교하고 평가함으로써 모델의 신뢰성을 확보하고, 실용적인 가치를 판단할 뿐만 아니라, 평가 결과를 바탕으로 모델의 강점과 약점을 파악하여 개선 방향을 설정할 수 있다.

객체인식 모델은 객체의 종류에 대한 분류할 뿐만 아니라 위치와 크기까지 정확하게 예측해야 하므로 성능평가가 까다롭다. 실제 환경에서는 객체의 크기와 모양이 다양하고 불균형하게 분포되어 있어, 단순히 분류 정확도만으로는 모델 성능을 평가하기 어렵다. 따라서, **분류 성능과 위치파악 성능을 종합적으로 평가하는 평균 정밀도**mean Average Precision, **mAP를 성능 지표로 사용**한다.

ILSVRC, PASCAL VOC Challenge, COCO Challenge와 같은 이미지 분류 경진대회가 권위 있었던 이유는 모델 개발에 필요한 표준 데이터셋을 충분히 제공하고, 이를 통해 객관적인 성능평가를 위한 기준을 제시했기 때문이다.

인공지능 학습용 데이터는 초기 단계에서 훈련용, 검증용, 평가용으로 할당하여 준비하는데 성능 평가의 객관성을 위해서 전처리를 통해 해당 데이터의 객체 클래스가 라벨링된 **평가용 데이터셋**을 이용해야 한다.

| 구분 | 구축기관 | 클래스 수 | 이미지 수 |
| --- | --- | --- | --- |
| ILSVRC 데이터셋 | 스탠퍼드대 | 1,000종 | 120만 장 |
| PASCAL VOC 데이터셋 | 에든버러대 | 20종 | 1만 1천 장 |
| COCO 데이터셋 | Microsoft | 80종 | 33만 장 |

[성능평가용 데이터셋 구축현황]

위치파악 성능은 이미지 속 객체의 위치를 나타내기 위해 객체를 둘러싸는 최소 크기의 사각형인 경계상자Bounding Box 형태로 표시하는 것이다. 이는 모델이 예측한 객체의 경계상자와 실제 객체의 경계상자의 일치도를 평가해야 하는데, 평가지표로는 **IoU**Intersection over Union가 사용된다. IoU는 모델이 예측한 경계상자와 실제의 경계상자가 일치하는 정도(교차 영역을 합집합 영역으로 나눈 값)로 0과 1사이의 값을 가지는데 1에 가까울수록 성능이 우수함을 의미한다.

[바운딩 박스와 IoU의 관계]

분류성능은 이미지 속 객체의 클래스를 적군, 아군, 장갑차, 전차, 자주포와 같이 분류하는 것이다. 전장에서 무작위로 촬영된 적군사진과 아군사진에서 적군을 찾는 모델을 가정하면 분류는 실제 투입되는 **객체 클래스**를 적군사진$_{Positive}$, 아군사진$_{Negative}$으로 **모델이 예측한 결과**를 적군분류$_{True}$, 아군분류$_{False}$으로 설정한다.

| 구분 | | 모델의 분류값 | |
|---|---|---|---|
| | | 적군분류(True) | 아군분류(False) |
| 입력값 | 적군사진(Positive) | True Positive (참예측) | False Positive (오탐) |
| | 아군사진(Negative) | False Negative (미탐) | True Negative (거짓예측) |

[혼동행렬(Confusion Matrix)]

분류결과는 ▲적군사진Positive을 적군분류True로 정확하게 예측한 경우(TP, 참예측), ▲아군사진Negative를 아군분류False로 정확하게 예측한 경우(TN, 거짓예측), ▲아군사진Negative를 적군분류True로 틀리게 예측한 경우(FP, 오탐), ▲적군사진Positive을 아군분류False로 틀리게 예측한 경우(FN, 미탐)의 네 가지로 나누어 각 각의 예측결과를 위의 표와 같은 **혼동행렬**Confusion Matrix로 집계한다. 이 값들을 이용하여 계산하면 정확도, 정밀도, 재현율, F1 점수와 같은 성능지표가 산출된다.

| 구분 | 설명 | 산출공식 |
|---|---|---|
| 정확도<br>(Accuracy) | 전체 분류 결과 중<br>올바르게 예측한 비율 | $\dfrac{TP + TN}{TP + TN + FP + FN}$ |
| 정밀도<br>(Precision) | 적군분류(참) 결과 중<br>실제 적군사진(진실)인 비율 | $\dfrac{TP}{TP + FP}$ |
| 재현율<br>(Recall) | 실제 적군사진(진실) 중<br>적군분류(참)로 예측한 비율 | $\dfrac{TP}{TP + FN}$ |
| F1 점수<br>(F1 Score) | 정밀도와 재현율의 조화 평균<br>(두 값의 균형수준) | $\dfrac{2 * (정밀도 * 재현율)}{(정밀도 + 재현율)}$ |

[분류성능 지표의 의미]

mAP를 계산하는 방법은 다음과 같다. 먼저, 특정 클래스에 대해 정밀도Precision와 재현율Recall을 계산하여 그래프로 함께 나타내는 **정밀도-재현율 곡선**Precision-Recall Curve, PRC을 그리는데 일반적으로 정밀도와 재현율은 반비례 관계이다.

다음은 정밀도-재현율 곡선 아래 영역의 넓이를 이용하여 특정 클래스에 대한 모델의 성능 나타내는 **클래스별 평균 정밀도**Average Precision, AP를 계산한다.

모든 클래스에 대해 앞서 설명한 두 개의 과정을 반복하여 각 클래스별 평균 정밀도를 산출한 후 이에 대한 평균값 다시 말해서, 모델의 전반적인 성능을 나타내는 **전체 평균 정밀도**mean Average Precision, mAP가 산출된다.

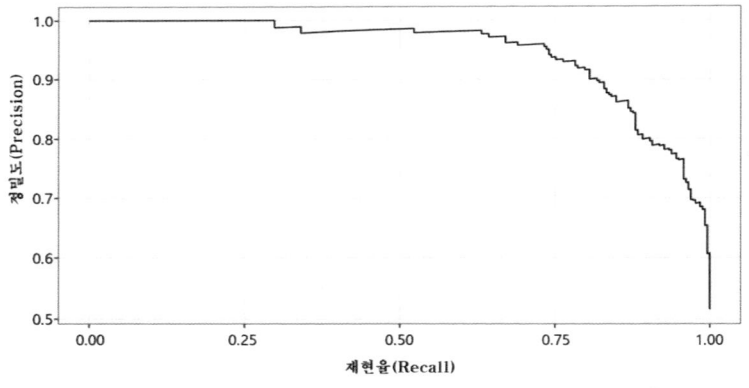

[우수한 모델의 정밀도-재현율 곡선(예)]

mAP 값은 0과 1 사이의 값을 가지는데 **1에 가까운 mAP 값은 모델이 높은 정밀도와 재현율을 동시에 달성**했음을 의미하며, 이는 모델의 전반적인 성능이 우수하다는 것을 나타낸다. 이러한 모든 성능평가 과정은 자동화 도구를 이용한다.

CHAPTER 7

# 거대 언어 모델과 생성형 인공지능

7.1 LLM의 등장! 인간과 인공지능의 협업시대를 열다
7.2 워드 임베딩! LLM이 지식을 쌓는 방법이다
7.3 환각과 편향! 대단한 LLM의 치명적 약점이다
7.4 파인튜닝과 RAG! LLM에 전문성과 최신성을 부여한다
7.5 sLLM! 가볍고 빠른 LLM이 필요하다
7.6 생성형 인공지능! 인간의 창의성에 도전하다

## 7.1
## LLM의 등장!
## 인간과 인공지능의 협업시대를 열다

> LLM은 Transformer 인공신경망을 기반으로 한 모델로 기존의 자연어 처리에 비하여 긴 문장의 처리와 문장생성 능력이 획기적으로 향상되었으며, 질의응답, 생성, 번역, 요약 등으로 업무혁신을 이끌고 있다.

ChatGPT, Gemini, Claude와 같은 생성형 인공지능 서비스의 등장은 이미 우리 일상에 큰 변화를 가져왔다. 거대 언어 모델(Large Language Model, LLM)을 기반으로 하는 생성형 인공지능 서비스는 생성, 번역, 요약, 질의응답 등 다양한 텍스트 기반의 작업을 수행할 뿐만 아니라 자연어 기반의 생성과 객체탐지에도 활용되고 있다.

NLP는 LLM 등장 이전에도 컴퓨터 과학의 중요 분야로 1980년대 이전에는 규칙기반으로 복잡한 문법 처리가 불가능했다. 이후 긴 문장을 통계적 기법으로 처리하기 시작했고, 2000년대부터는 기계학습을 적용하였으며 2010년 이후부터는 워드 임베딩과 순환 신경망을 활용한 딥러닝을 통해 성능이 빠르게 향상되었다.

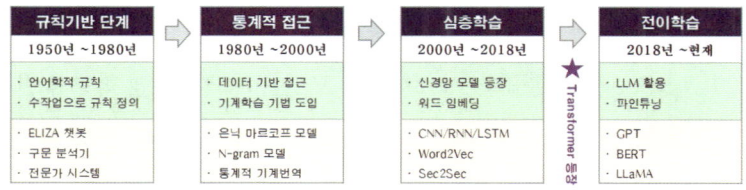

[자연어 처리의 기술적 발전과정]

자연어 처리Natural Language Processing, NLP 기술은 컴퓨터와 인간 언어 간의 상호작용을 연구하는 광범위한 분야로 텍스트 분류, 요약, 감정분석, 기계번역, 질의응답 등 다양한 작업을 포함한다. NLP에서 진화한 **LLM은 훨씬 더 자연스러운 언어 이해와 함께 생성능력이 창발**되어 생성형 인공지능 시대를 만들고 있다.

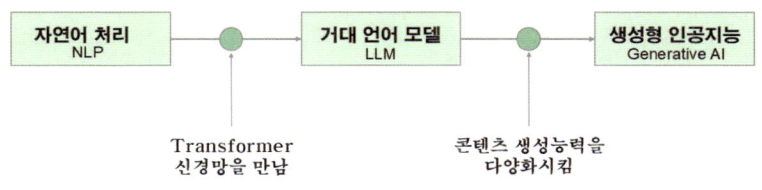

[LLM 중심의 인공지능 모델 간 관계]

인공지능을 이용한 성능의 향상에도 불구하고 자연어 처리는 순환 신경망이 가진 장거리 의존성 문제[75]와 순차적 처리의 비효율성[76]이라

---

75) 장거리 의존성 문제는 CNN이 순차적으로 데이터를 처리할 때 문장 길이가 길어질수록 앞쪽 단어의 정보를 뒤쪽 단어까지 전달하기 어려워 전체 맥락 파악 능력이 제한되는 것이다.
76) 순차적 처리의 비효율성은 순환 신경망이 순차적으로 데이터를 처리해야 하므로 긴 문장처리 시 계산시간이 크게 증가하고, 데이터셋의 규모가 클수록 학습의 한계점에 근접하게 되는 것이다.

는 본질적 한계를 극복하지 못했다.

2017년 Google이 발표한 **Transformer 모델은 NLP 분야에 혁명적 변화를 가져왔고, 마침내 LLM 시대의 문을 열었다.** 이전의 순환 신경망은 순차적 데이터 처리로 긴 문장의 맥락 파악에 한계가 있었지만, Transformer 모델의 특징인 어텐션 메커니즘Attention Mechanism은 이 문제를 해결했다.

어텐션 메커니즘은 문장 내 단어 간 관계분석과 단어 중요도를 파악하여 단어만의 의미가 아닌 문맥 전체의 의미를 이해하는 데 도움을 준다. 책 한 권 전체 분량의 문서에 대해서도 전체 문장과 단어 간 관계를 막힘없이 분석할 수 있어 LLM이 문서 요약에 뛰어난 능력을 발휘하게 한다.

이에 더해 Transformer 모델은 병렬처리를 통해 데이터를 처리하는데, 이는 계산 속도를 크게 향상시켜 대규모 데이터셋을 빠르게 학습할 수 있게 하여 거대규모의 LLM을 구축하는 데 필수 요소가 되었다.

Transformer 모델 등장 후 이를 기반으로 개발된 LLM 모델인 OpenAI의 GPTGenerative Pre-trained Transformer와 Google의 BERTBidirectional Encoder Representations from Transformers는 LLM의 기반을 다지고, 이후 등장한 많은 모델들의 설계와 능력에 큰 영향을 미쳤다.

최초의 LLM으로 널리 인정받는 모델 중 하나는 샘 알트만Sam Altman이 공동 설립한 OpenAI가 발표한 **GPT-1**이다. GPT의 개발에는 2012년 AlexNet으로 인공지능의 봄을 깨웠던 일리야 수츠케버Ilya Sutskever 도 참여했다.

GPT는 Transformer를 기반으로 대규모 데이터를 빠르게 학습하고 기존 NLP에서는 볼 수 없었던 자연어 생성 능력을 보여준다는 점에서 혁신적이었는데 기존의 NLP 모델들과 달리 GPT는 앞에서 생성된 텍스트를 바탕으로 다음 단어를 순서대로 예측하고 만들어내는 능력이 뛰어났다.

OpenAI는 이런 단어 생성 능력에 주목해서 모델의 성능이 향상되도록 파라미터 수를 계속 늘려나가면서 마침내 GPT-3까지 도달하여 가치를 확신하였다.

| 구분 | 발표시기 | 매개변수 | 특징 |
| --- | --- | --- | --- |
| GPT-1 | 2018년 6월 | 1.17억 | LLM의 가능성 확인 |
| GPT-2 | 2019년 2월 | 15억 | 텍스트 생성 능력 향상 |
| GPT-3 | 2020년 5월 | 1,750억 | 다양한 자연어 처리 가능 |
| GPT-3.5 | 2022년 3월 | 1,750억 | 대화 및 코드생성 능력 강화 |
| GPT-4 | 2023년 3월 | (추정 1조~1.8조) | 멀티모달 기능 추가 |
| GPT-4o | 2024년 5월 | 비공개 | 이미지 분석 기능 강화 |

[GPT 계열 모델의 발전과정]

OpenAI는 2022년에 드디어 **GPT-3를 기반으로 한 ChatGPT 서비스를 출시**하였다. ChatGPT는 이전까지 경험할 수 없었던 자연스러운 대화 능력과 다양한 텍스트 생성 능력을 서비스하며 일반 대중에게 LLM의 존재를 명확하게 인식시켰다.

한편, Google은 Transformer 신경망을 개발해서 공개했지만, 이를 활용한 LLM 모델인 BERT는 OpenAI의 GPT보다 1년 늦은 2018년에 발표했다. 기존의 NLP 모델들은 주로 한 방향으로만 텍스트의 문맥을 파악[77]는데, BERT는 **양방향 텍스트 이해 능력을 보여 준다는 점**에서 또 다른 혁신이었다.

BERT는 마스크 언어 모델링Masked Language Modeling, MLM과 다음 문장 예측Next Sentence Prediction, NSP이라는 새로운 학습 방식을 사용한다. 이 방법들을 통해 문장 안의 모든 단어를 이해할 때 앞뒤 문맥을 동시에 고려[78] 할 수 있게 되었다. 이 구조 덕분에 BERT는 텍스트를 훨씬 더 정교하게 이해할 수 있게 되었다.

Google은 2022년에 여러 작업을 동시에 처리할 수 있는 멀티태스킹 모델인 PaLM을 발표하면서 지속적으로 모델의 성능을 향상시키고 있다.

| 구분 | 발표시기 | 매개변수 | 특징 |
| --- | --- | --- | --- |
| BERT | 2018년 10월 | 1.1억 | 양방향 컨텍스트 이해 |
| RoBERTa | 2019년 7월 | 1.25억 | 사전 학습방식 개선 |
| ALBERT | 2019년 9월 | 1,800만 | 파라미터 수 감소 |
| DistilBERT | 2019년 10월 | 6,600만 | 성능을 유지하면서 크기 축소 |
| MobileBERT | 2020년 4월 | 2,800만 | 온디바이스용 |

[BERT 계열 모델의 발전과정]

77) 예를 들어 "나는 학교에 간다"라는 문장에서 "학교"라는 단어를 이해할 때 앞의 "나는"만 참고하거나 뒤의 "간다"만 참고하는 식이었다.
78) 예를 들어 "학교"라는 단어를 이해할 때 앞의 "나는"과 뒤의 "간다"를 모두 함께 참고해서 더 정확하고 깊이 있게 의미를 파악하는 것이다.

NLP는 이해능력과 생성능력으로 구성되는데 GPT와 BERT는 각각 다른 분야에서 뛰어난 능력을 보인다. **GPT는 사람과 대화를 나누거나 글을 작성하는 작업인 생성능력**에 강하고, **BERT는 주로 글의 문맥을 파악하거나 정보를 검색하는 작업인 이해능력**에서 더욱 좋은 성능을 발휘한다.

GPT와 BERT의 가치가 입증되면서 LLM 분야가 폭발적으로 성장하기 시작했다. 특히, ChatGPT가 보여준 놀라운 능력은 LLM의 상업적 가능성을 확실하게 증명했고, 이를 본 글로벌 테크기업들은 인공지능 분야에서 뒤처질 수 없다는 위기감을 느끼며 자체적인 LLM 개발에 뛰어들기 시작했다. 수많은 기업과 연구소에서 자국의 언어와 문화에 특화된 LLM을 만들기 시작했다.

한편, Meta와 EleutherAI 같은 회사들은 자신들이 개발한 LLM을 오픈소스로 공개했다. 이는 누구나 무료로 사용하고 수정할 수 있게 한 것으로, 이런 개방적인 접근 덕분에 다양한 파생형 LLM들이 개발되는 계기가 되었다.

| 구분 | 발표시기 | 개발 | 매개변수 |
| --- | --- | --- | --- |
| Falcon | 2023년 5월 | TII(UAE) | 40억~1,800억 |
| Mistral | 2023년 9월 | Mistral AI(프랑스) | 70억 |
| BLOOM | 2022년 7월 | BigScience | 1,760억 |
| MPT | 2023년 5월 | MosaicML | 70억~300억 |
| Llama 3.1 | 2024년 7월 | Meta | 80억~4,050억 |
| DeepSeek V3 | 2024년 12월 | DeepSeek(중국) | 6,170억 |

[주요 오픈소스 LLM 모델]

LLM의 규모와 능력을 나타내는 핵심 지표 두 가지는 **매개변수의 갯수와 학습한 데이터셋의 양**[79]이다.

매개변수 수가 많을수록 모델은 더 복잡한 패턴을 학습할 수 있고, 더 많은 정보를 저장할 수 있는 잠재력을 갖는다. 학습한 데이터셋의 양이 많을수록 모델의 지식 기반이 넓어지고, 더 긴 문장의 맥락을 이해하고 생성하는 능력이 향상된다.

GPT가 등장한 이후 LLM은 놀라운 속도로 발전하고 있다. 학습 토큰 수만 봐도 그 발전 속도를 알 수 있다. 2018년 GPT-1은 도서 4,500만 권 규모에 해당하는 약 8억 개의 토큰으로 학습했다. 하지만 2024년 GPT-3.5는 563만 권에 해당하는 1조 개 이상의 토큰을 학습했다. **6년 만에 학습 데이터셋의 양이 약 천 배 이상 증가**한 것이다.

최근의 LLM은 텍스트뿐만 아니라 이미지도 동시에 이해할 수 있는 멀티모달 인공지능 모델로 발전[80]했다. 인간의 언어를 이해하고 생성하는 능력을 획기적으로 향상하면서 **LLM은 멀티모달 이해와 다양한 분야의 컨텐츠 생성뿐만 아니라 객체인식이나 지능형 로봇의 동작제어 같은 분야에도 접목**되어 인공지능의 활용 지평을 넓히고 있다.

---

79) LLM에서 학습 데이터를 "토큰"으로 표현하는데 토큰 수는 모델이 실제로 학습하고 처리하는 데이터의 양을 가장 정확하게 나타내는 지표이기 때문이다.
80) LLM 서비스인 OpenAI의 GPT-4o, Google의 Gemini, Anthropic의 Claude 등은 입력된 텍스트와 이미지, 오디오를 동시에 이해하는 멀티모달 이해 서비스이다. 최근에는 텍스트, 이미지, 오디오를 동시에 생성하는 멀티모달 생성 모델이 등장하고 있다. 즉, 해당국가의 언어로 자막이 표현되는 글로벌 콘텐츠를 생성할 수 있다는 의미이다.

## 7.2
## 워드 임베딩! LLM이 지식을 쌓는 방법이다

> LLM은 워드 임베딩을 통해 단어를 벡터로 변환하여 의미와 문맥을 이해한다. 워드 임베딩은 말뭉치를 토큰화하여 LLM의 지식 저장소 역할을 하며, 질의응답과 문서 생성 등에 활용된다.

LLM은 워드 임베딩Word Embedding을 통해 단어의 의미와 문맥을 이해하고, 단어 간의 관계와 지식을 습득하며 문맥에 맞는 단어를 선택하고, 단어 간의 관계를 고려하여 문장을 생성한다. LLM이 인간의 언어를 이해하고 내포된 지식을 학습하는 능력은 임베딩Embedding[81]으로부터 비롯된 것이다.

**워드 임베딩은 컴퓨터가 단어의 의미를 이해하도록 단어를 숫자 벡터로 변환하는 기술**이다. 과거 자연어 처리에서는 단어의 빈도나 통계 정보에 의존하여 수치화했지만, 이는 단어 자체의 의미만 반영하고 문맥이나 함축적 의미를 제대로 나타내지 못했다.

---

[81] 임베딩은 문자, 숫자, 이미지, 오디오와 같은 복잡한 데이터를 데이터의 의미는 보존하면서 컴퓨터가 이해하기 쉬운 숫자(벡터)로 바꾸는 기술이다.

2013년, Google의 토마스 미코로프Tomas Mikolov의 연구팀이 **Word2Vec**을 발표하며 주변 단어와의 관계 학습을 통해 단어 의미를 벡터 공간에 효과적으로 표현하는 혁신적인 방법론을 제시했다.

스탠퍼드 대학교에서 Word2Vec의 장점을 강화하여 2014년에 공개한 **GloVe**Global Vectors for Word Representation의 약어는 말뭉치 전체의 단어 동시 발생 통계를 활용하여 더욱 풍부한 의미 정보를 담은 워드 임베딩을 학습하는 방식을 제안했다.

이 두 연구는 단어의 의미를 컴퓨터가 이해할 수 있는 형태로 표현하는 워드 임베딩 기술의 가능성을 열었으며, 이후 자연어 처리 분야의 급격한 발전과 함께 임베딩 기술이 다양한 영역으로 본격적으로 확산되는 계기가 되었고, Meta의 FastText, Google의 BERT Embedding, Microsoft의 WordRank 등과 같은 다양한 워드 임베딩 모델이 등장하였다.

*출처 : (좌)https://therecursive.com/ , (우)https://medium.com/
[토마스 미코로프(좌)와 임베딩의 공간가시화(우)]

워드 임베딩의 대상은 대규모 텍스트 데이터셋인 **말뭉치**Corpus[82]이다. LLM은 대량의 말뭉치를 학습에 이용하는데 이 말뭉치 처리에서 Word2Vec이나 GloVe 같은 워드 임베딩 모델이 활용된다. 워드 임베딩 과정에서 말뭉치는 토큰Token으로 분할되는데 토큰 수는 LLM의 지식 능력과 비례한다.

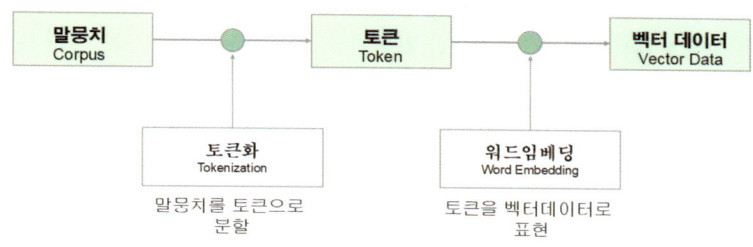

[말뭉치-토큰-벡터 데이터의 관계]

**토큰**은 한글, 일어, 영어 같은 문자의 종류에 따라 공백이나 구두점을 기준으로 분리된 단어, 단위 문자, 형태소 등이 될 수 있으며. 토큰의 길이는 토큰화 알고리즘, 언어적 특성, 모델의 요구사항, 데이터 특성 등 다양한 요인에 따라 **최적 성능을 위해 개발자가 결정**한다.

토큰화된 말뭉치는 워드 임베딩을 거쳐 **벡터 데이터**Vector Data[83]로 변

---

82) 말뭉치는 특정 목적을 가지고 체계적으로 수집되고, 구성된 대규모의 텍스트 데이터의 집합을 의미하는 순우리말이다. 쉽게 말해, 디지털화된 텍스트 데이터베이스이다.
83) 벡터 데이터를 표현한 공간인 벡터공간은 우리가 일상적으로 경험하는 3차원 물리적 공간과는 달리, 이론적으로 수백 차원 이상의 고차원을 제한없이 표현할 수 있는 수학적인 공간이다.

환된 후 LLM의 학습에 투입되고, LLM은 단어 간의 의미적 관계를 파악한다.

초기의 성공적인 워드 임베딩 모델로 후속연구의 기반이 된 Word2Vec은 명확하고 이해하기 쉬운 두 가지 학습 방식을 가지고 있어 워드 임베딩의 핵심 아이디어를 설명하기에 쉽다. Word2Vec의 학습 방식은 **CBOW**Continuous Bag-of-Words와 **Skip-gram** 두 가지로 목적과 데이터 특성에 따라 선택적으로 사용하였다.

| 구분 | CBOW | Skip-gram |
|---|---|---|
| 목표 | 주변단어들을 기반으로 중심단어 예측 | 중심단어를 기반으로 주변단어 예측 |
| 학습 속도 | 빠름 | 느림 |
| 활용 시기 | 일반적인 문맥 학습 | 문맥의 세밀한 부분 학습 |
| 장점 | 대규모 데이터셋 처리 | 희귀단어에 대한 임베딩 |
| 예시 | 훈련 중에 응급환자가 발생하여, 의료헬기가 (**환자를**) 후송했다. | 훈련 중에 응급환자가 발생하여, (**의료헬기가**) 환자를 (**후송했다**). |

[CBOW와 Skip-gram 방식의 비교]

워드 임베딩 과정은 마치 태초의 빅뱅 직후 무작위로 흩어진 입자들이 인력에 의해 점차 은하계와 행성계로 구조화되는 과정과 유사하다. **워드 임베딩이 완료되면 의미적 관계가 높은 토큰들은 고차원 벡터 공간에서 서로 가까이 위치하는 벡터 데이터로 저장**된다.

예를 들어 설명하면, ▲전차, 자주포, 잠수함과 같은 무기 관련 토큰들은 서로 근접하게 배치되고, ▲고양이, 강아지, 독수리와 같은 동물 관련 토큰들도 마찬가지이다. 하지만, ▲무기 관련 토큰과 동물 관련 토큰은 상대적으로 먼 거리에 위치한다. 또한, ▲그룹 내에서는 전차와 자주포가 전차와 잠수함보다 더 가까이 위치한다.

LLM은 학습 과정에서 언어의 복잡한 패턴과 의미를 벡터 형태로 압축하여 LLM의 임베딩 레이어에 저장하며, LLM의 학습과 실제 추론을 위한 데이터로 활용된다.

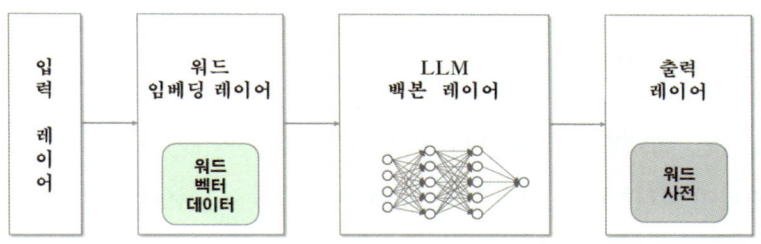

[LLM의 레이어 구조에서 벡터 데이터의 위치]

LLM에 내장된 벡터 데이터는 질의응답, 번역, 문장 생성, 문장 요약 등의 자연어 처리 서비스에 활용된다. 예를 들어, "K-2 소총의 유효 사거리는 얼마인가?"라는 질문에 대한 답변은 ▲1단계 : 질문 이해 및 벡터화, ▲2단계 : 내장 지식 기반 검색, ▲3단계 : 답변 추론 및 생성, ▲4단계 : 답변 형식화 및 제공의 과정을 거쳐 질문자에게 제공된다.

이 과정에서 가장 중요한 역할을 하는 것이 바로 2단계의 내장 지식 기반 검색이다. 여기서 **벡터 데이터는 LLM이 정확한 답변을 만들어내기 위한 지식 저장소 역할**을 한다. 즉, 벡터 형태로 저장된 방대한 정보들이 답변 생성의 기반이 되는 것이다.

학습에 사용된 벡터 데이터는 모델에 내장되지만, 예를 들어 검색 증강 생성<sub>Retrieval-Augmented Generation, RAG</sub>처럼 추가적인 정보를 활용하기 위해서는 추가적인 정보를 벡터 데이터로 변환하여 별도의 외부 저장소에 저장해야 한다.

이 경우에는 시스템 구현면에서 관계형 데이터베이스와 전혀 다른 데이터 특성에 따라 **벡터 데이터를 지원하는 데이터베이스 솔루션**이 필요하다.

한편, LLM의 벡터 데이터 처리특성은 다양한 형태의 데이터를 벡터화하여 처리하는 데 강점을 보이는데 이러한 특성 덕분에 이미지나 음성 데이터도 벡터로 변환하여 LLM과 함께 활용하도록 Image2Vec과 Wave2Vec도 분야별로 발전하고 있다. 인간 세상의 만국 공통어가 영어라면 **생성형 인공지능 세상의 공통어는 임베딩된 벡터 데이터**이다.

# 7.3
## 환각과 편향!
## 대단한 LLM의 치명적 약점이다

> LLM은 뛰어난 언어 능력에도 불구하고 환각과 편향 문제를 안고 있다. 개발자들의 기술적 해결책과 함께 사용자 또한 비판적 사고와 교차검증과 같은 책임감 있는 사용 태도가 필요하다.

LLM은 인공지능 기술의 혁신적인 성과 중 하나로, 방대한 데이터를 학습하여 인간의 언어를 놀라울 정도로 정교하게 이해하고 생성할 수 있는 능력을 갖추고 있다. 그러나 LLM은 기술의 우월성과 동시에 **환각** Hallucination과 **편향** Bias이라는 심각한 도전에 직면해 있다.

**환각**은 LLM이 실제로 존재하지 않는 정보를 마치 사실인 것처럼 생성하는 복잡한 현상을 의미한다. 언론이나 강연 등에서 2023년 초에 ChatGPT가 답변한 세종대왕 맥북프로 던짐 사건[84]은 챗GPT의 환각 현상과 그 위험성을 보여 주는 대표적인 사례로 회자되고 있다.

---

84) 세종대왕이 신하들과 훈민정음 작성에 대해 토론하다가 화를 참지 못하고 맥북을 집어 던졌다는 황당한 이야기를 마치 실제 역사적 사실인 것처럼 답변한 사례로 LLM 초기에 LLM의 환각의 의미와 문제점을 알려 준 대표적인 사례라고 할 수 있다.

| 구분 | 설명 |
|---|---|
| 학습 데이터 부족 | • 특정 분야에 대한 학습 데이터 부족의 결과 |
| 맥락 이해 부족 | • 복잡한 문장이나 질문의 맥락을 파악하지 못한 결과 |
| 과도한 일반화 | • 특정 사례를 보편적 사실인 것처럼 일반화한 결과 |
| 외부지식 통합 실패 | • 최신 정보를 학습하지 못해 과거의 잘못된 정보를 제공 |
| 프롬프트 엔지니어링 오류 | • 질문 자체의 오류에 의한 결과로 잘못된 답변 생성 |

[환각의 주요원인]

환각은 모델이 방대한 텍스트 데이터의 통계적 패턴을 기반으로 텍스트를 생성하는 과정에서 발생하는데, 때로는 매우 그럴듯하면서도 전혀 사실이 아닌 정보를 만들어낼 수 있다.

이러한 환각현상은 LLM의 신뢰성을 크게 저하시키며, 특히 국방, 의료, 법률과 같이 정보의 신뢰성이 절대적으로 중요한 영역에서는 심각한 문제를 초래할 수 있다. 환각이 발생하는 원인은 불충분한 학습 데이터, 모델의 과도한 일반화 등이 복합적으로 작용한다.

**편향**은 모델이 학습 데이터셋에 내재된 사회적 편견과 차별을 그대로 흡수하여 편향된 결과를 생성하는 현상을 의미한다. 중국사람은 뚱뚱하고, 일본사람은 키가 작다와 같은 편향적 답변을 할 수 있는데, 이 편향 문제는 LLM이 직면한 중대한 윤리적 도전이다.

편향은 단순한 기술적 문제를 넘어 심각한 사회적 갈등과 불평등을 확대 재생산할 잠재력을 가지고 있어, LLM의 공정성과 윤리성에 대한 근본적인 우려를 불러일으킨다. 편향의 주요 원인은 학습 데이터의 편향, 맥락 이해 부족, 평가 기준의 편향, 사용자의 편향 유도 등이 지목되고 있다.

| 구분 | 설명 |
|---|---|
| 학습 데이터의 불균형 | • 학습 데이터에서 특정 집단이나 관점에 대한 데이터가 과소하거나 과도한 결과 |
| 맥락이해 부족 | • 맥락에 따라 의미가 달라지는 단어나 문장을 잘못 해석한 결과 |
| 평가기준의 편향 | • LLM의 성능을 평가하는 기준이 특정 집단이나 관점에 유리하게 설계된 결과 |
| 사용자의 편향유도 | • 사용자가 편향된 질문이나 답변을 유도한 결과 |

[편향의 주요원인]

편향 해소를 위한 복잡한 문제들에 대해 연구개발자들은 다각도로 접근하고 있다. ▲데이터 품질 개선을 통해 학습 데이터의 다양성을 확보하고 편향된 요소를 제거하거나 균형을 맞추는 노력, ▲모델의 학습 알고리즘과 구조를 혁신적으로 개선하여 환각과 편향을 줄이는 기술적 접근, ▲모델의 출력을 인간이 지속적으로 검증하고 수정하는 협업적 방식, ▲LLM 개발과 활용에 대한 엄격한 윤리적 가이드라인을 수립하는 규범적 접근 등이 종합적으로 이루어지고 있다. 최근 논의되고 있는 인공지능 윤리는 이러한 편향에 대한 규범과 책임에 대한 것이다.

한편, **사용자의 입장에서도 환각과 편향 문제에 휘말리지 않는 노력이 필요**하다. 서비스 사용자는 질문의 의도를 포함하여 가능한 구체적으로 질문하고, LLM이 제공하는 정보를 맹신하지 않고 비판적으로 사고해야 한다. 또한, 다양한 정보 출처를 활용하여 교차 검증해야 한다. LLM의 답변 중 검증이 필요한 부분은 추가 질문을 통해 정보를 명확히

하거나 틀린 답에 대해서 바로 지적하는 것도 적절한 방법이다. 사용자는 LLM의 한계와 위험성을 인지하고, 책임감 있는 자세로 LLM을 사용[85]하는 것이 중요하다.

궁극적으로 LLM은 인간의 지성을 보완하고 확장할 수 있는 강력한 도구로 발전할 잠재력을 가지고 있으며, 우리의 끊임없는 노력과 성찰을 통해 더욱 신뢰할 수 있고 윤리적인 기술로 진화할 수 있을 것이다.

---

85) 사용자가 답변의 환각이나 편향 여부를 확인하기 위해서 두 가지 이상의 LLM 서비스에 대해 동일한 질문을 해서 키워드나 숫자가 일치하는지 교차 검증하는 것도 하나의 방법이다.

# 7.4
# 파인튜닝과 RAG!
# LLM에 전문성과 최신성을 부여한다

> 오픈소스 LLM은 비용 절감 및 맞춤형 모델 구축을 가능하게 하지만, 전문성과 최신성 부족 문제를 가지고 있다. 파인튜닝은 전문성을, RAG는 최신성을 부여하여 LLM의 활용 범위를 넓힌다.

2023년 초 Meta의 LLaMA 모델 오픈소스 공개는 폐쇄적인 인공지능 개발 방식에서 벗어나 개발자들의 LLM 접근성을 높이고, LLM 생태계 확장에 기여한 혁신적 사건이다.

LLM의 오픈소스화는 개인과 조직에게 맞춤형 활용의 기회를 제공하였다. 특히, 국방처럼 데이터 보안이 핵심인 분야에서는 온프레미스 방식으로 LLM 서비스를 구축하여 안전하게 인공지능 서비스를 활용할 수 있게 되었다.

그러나, LLM은 방대한 공개 데이터를 학습했음에도 특정 분야의 전문지식이나 최신 정보를 정확히 이해하는 데 한계가 있다. 예를 들어, 국방분야에서는 군사용어, 교리, 교범, 무기체계 매뉴얼, 최신정책 같은 국방 전문지식을 숙지해야 올바른 답변을 제공할 수 있다.

**파인튜닝**Fine-tuning과 **검색 증강 생성**Retrieval-Augmented Generation, RAG 기술은 특정 분야의 질문에 대해 해당분야의 전문적인 용어로 소통하면서도, 정확하고 최신 정보를 기반으로 신뢰할 수 있는 답변을 제공할 수 있게 LLM을 최적화 한다.

**파인튜닝**은 사전 학습된 LLM을 특정 업무 분야에 맞춰 정교하게 발전시키는 전이 학습 기법이다. 일반적인 튜닝이 모델 개발 과정에서 전반적 성능을 높이는 것과 달리, 파인튜닝은 학습이 완료된 모델을 특정 작업이나 데이터셋에 맞춰 미세 조정한다. 이 방식은 기존 모델의 광범위한 언어 이해 능력을 유지하면서 특정 도메인의 전문성을 크게 향상시킬 수 있다.

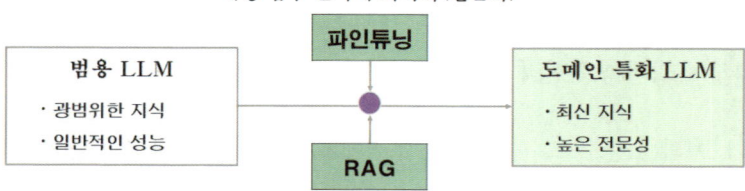

[LLM모델에서 파인튜닝 및 RAG의 역할]

파인튜닝은 군에서의 병과학교 교육과정에 비유할 수 있다. 대학에서 광범위한 기초 지식을 습득한 후, 병과학교에서 특정 군 임무에 필요한 전문 기술과 지식을 집중적으로 학습하는 것과 같다.

예를 들어, 터미널Terminal이라는 용어가 군수 분야에서는 상·하역 장소로, 정보통신 분야에서는 단말장치로 이해되도록 분야별 맥락을 학습하는 것이다.

**RAG**는 LLM의 응답 정확성과 신뢰성을 높이기 위해 외부의 지식 데이터를 연동하여 검색[86]하는 기술이다. **검색**Retrieval은 LLM이 답변 과정에서 외부 벡터 데이터베이스에서 필요한 정보를 찾는 과정이고, **증강**Augmentation은 이 정보를 답변 생성에 통합하는 과정이다. RAG의 장점은 고정된 학습 데이터 의존성을 탈피하여 모델 재학습 없이도 지속적으로 최신화되는 정보를 활용할 수 있다는 점이다.

| 구분 | 파인튜닝 | RAG |
| --- | --- | --- |
| 목 적 | 특정 업무 분야에 특화 | 응답 최신성을 향상 |
| 구현형태 | 모델 재학습 필요 | 외부 데이터베이스를 이용 |
| 작동방식 | 모델의 가중치를 변경하고 레이어를 조정 | 정보를 검색하여 응답 생성 |
| 효 과 | 업무 분야에 특화된 성능 | 답변에 최신 정보를 포함 |
| 활용도구 | MLOps | Langchain |

[파인튜닝과 RAG의 비교]

파인튜닝과 RAG는 모두 학습용 데이터셋이 뒷받침되어야 하는데 국방분야에서는 교리·교범, 정기 간행물, 군별 연구지와 저널, 국방 연구기관의 보고서, 국방일보와 역사 아카이브 등 정제된 지식정보가 데이

---

86) 최근에는 한글문서(.hwp) 포맷도 데이터로 사용할 수 있도록 국내기술이 발전되어 더욱 편리한 RAG 작업이 가능하게 되었다.

터베이스로 구축[87]되어 있어 활용할 수 있다.

**파인튜닝과 RAG의 효율적 구현과 관리를 위해 다양한 자동화 도구가 개발**되었다. 대표적으로 MLOps와 LangChain을 함께 사용하는 방식이 있다. MLOps는 파인튜닝에 주로 활용되어 모델의 학습부터 배포까지 전 과정을 관리하며, LangChain은 RAG를 위한 도구로 벡터 데이터 구축과 LLM 연결 기능을 제공한다.

또 다른 방안은 LLMOps 도구를 활용하는 것이다. LLMOps는 LLM 개발과 운영의 전 과정을 효율적으로 관리하는 통합 자동화 도구로, 파인튜닝과 RAG 뿐만 아니라 프롬프트 엔지니어링, 모델 관리 등 다양한 작업을 지원하여 개발 효율성을 높인다.

범용 LLM이 가진 지식과 정보의 한계를 극복하기 위해 파인튜닝은 전문성을, RAG은 최신성을 부여하는 기술로 자리매김하고 있다. 오픈소스 LLM과 이러한 기술의 결합은 인공지능의 활용을 촉진하고, 다양한 분야에서 업무 혁신을 가속화 할 것이다.

---

[87] 특히 국방출판지원단은 전군에서 발행되는 텍스트 문서가 집중되어 있어 검색 증강을 위한 고품질의 데이터셋으로 활용할 수 있다.

# 7.5

## sLLM!
## 가볍고 빠른 LLM이 필요하다

> 고성능이지만 연산자원 소모가 큰 LLM을 온디바이스에 적합하도록 경량형인 sLLM으로 구현하 다양한 기술을 이용한다. LLM은 고성능 작업에, sLLM은 효율성과 온디바이스 AI 구현에 특화되어 발전하고 있다.

LLM은 뛰어난 성능을 보이지만, 이름처럼 거대한 매개변수로 인해 학습과 추론 모두에서 거대한 연산능력이 필요하다. 대형 연산장치가 설치 가능한 데이터센터와 달리 **모바일 기기 같은 제한된 환경에서는 연산의 효율성과 경량화가 필수적**이므로 sLLM<sub>Small Large Language Model</sub>[88] 기술이 등장했다.

LLM은 콘텐츠 생성과 같이 고성능이 요구되는 복잡한 작업에 적합하도록 발전하면서 이를 경량화한 sLLM은 연산의 효율성과 온디바이스<sub>On-Device</sub> 인공지능 구현을 위한 모델로 발전하고 있다.

---

[88] 명칭이 유사한 SLM(Small Language Model)은 LLM이나 sLLM과는 다른 특성을 가진 독립적인 모델로 일반적으로 파라미터가 10억개 미만인 언어모델이다. SLM(소형 언어 모델)〈 LLM(거대 언어 모델)〈 VLLM(초거대 언어 모델)의 개념이다.

| 구분 | LLM | sLLM |
|---|---|---|
| 성능 | 다양한 업무에서 높은 정확도 | 특정 기능에서 높은 효율성 |
| 크기 | 매우 큰 모델 크기<br>(수십억~수천억 파라미터) | 상대적으로 작은 크기<br>(수억~수십억 파라미터) |
| 학습방식 | 방대한 양의 데이터 학습 | LLM 기반의 재학습<br>(지식증류, 양자화, 가지치기 등) |
| 연산소요 | 매우 높은 연산능력 필요 | 상대적으로 낮은 연산능력 필요 |
| 활용 분야 | GPU 기반환경에서<br>광범위한 자연어 처리 작업 | NPU 기반환경에서<br>특정한 기능에 한정 |

[LLM과 sLLM의 특성 비교]

sLLM은 별도로 개발된 모델이 아니라 기존의 LLM을 작고 가볍게 만든 모델이다. 기존 LLM은 수천억 개에서 수조 개에 달하는 엄청난 수의 매개변수를 가지지만 sLLM은 이를 수십억 개에서 수백억 개 수준으로 대폭 줄여서 모델의 크기를 최소화했다.

| 기본모델(LLM) | | 축소모델(sLLM) | | 축소비율 |
|---|---|---|---|---|
| 모델명 | 파라미터 크기 | 모델명 | 파라미터 크기 | |
| BERT | 3.4억 | TinyBERT | 1,450만 | 4.26% |
| GPT-3 | 1,750억 | DistilGPT-2 | 8,200만 | 0.05% |
| PaLM 2 | 5,400억 | PaLM 2-S | 80억 | 1.48% |
| RoBERTa | 3.55억 | TinyRoBERTa | 8,200만 | 23.10% |
| T5 | 110억 | Small-T5 | 6,000만 | 0.55% |

[LLM의 sLLM 전환사례]

sLLM은 크기가 줄어든 덕분에 고성능 GPU 서버가 아닌 CPU나 NPU 환경에서도 실행할 수 있다. 노트북이나 스마트폰 같은 개인 기기에서도 충분히 작동하는 것이다.

sLLM의 가장 큰 장점은 **온디바이스 인공지능 구현에 적합하다**는 점이다. 인터넷 연결 없이도 기기 자체에서 LLM이 제공하는 기능을 사용할 수 있게 된다. 성능 면에서 줄어든 크기에도 불구하고 sLLM은 특정 업무에 맞춘 파인튜닝을 거치면 소형화하기 이전의 LLM과 비슷한 수준의 성능을 낼 수 있다.

한편, LLM을 sLLM으로 경량화하는 과정은 성능 유지와 연산 부하 최소화라는 상충하는 목표를 동시에 달성해야 하는 어려운 과제이다. 이를 위해 파인튜닝과 모델 구조 최적화 등 기존의 모델 개발 기법뿐 아니라, **지식증류**Knowledge Distillation, **양자화**Quantization, **가지치기**Pruning와 같은 전문적인 경량화 기술이 활용된다.

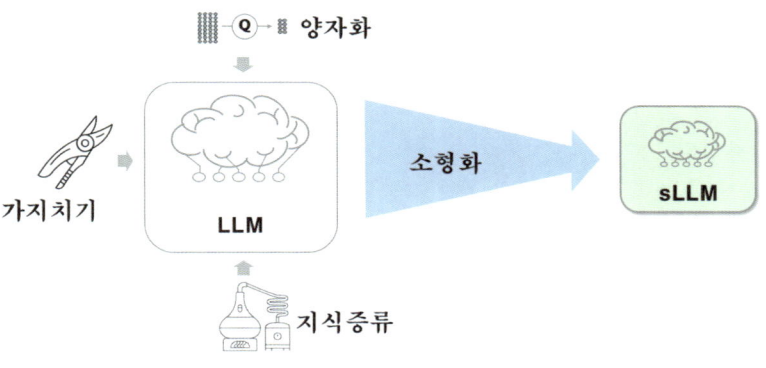

[sLLM 구현에 사용되는 주요기법]

**지식증류**는 우수한 성능의 LLM의 지식을 sLLM에 전달하여 성능을 유지하는 기술이다. 개발자는 LLM의 예측 결과를 활용하여 sLLM을 학습시키고, 사고방식을 모방하도록 유도한다.

지식증류는 마치 전문지식을 가진 간부가 임무와 관련하여 복잡한 절차를 쉽게 이해할 수 있는 개인 임무카드를 만들어 신병이 효율적으로 전투임무에 적응할 수 있게 돕는 과정에 비유할 수 있다.

**양자화**는 모델의 매개변수를 낮은 정밀도로 표현하여 메모리 사용량과 연산량을 줄이는 기술이다. 16비트나 32비트로 표현된 매개변수를 8비트 또는 4비트 등으로 변환해 탑재 플랫폼의 연산 속도를 높이고 전력 소비를 줄인다.

양자화는 완전무장 상태에서 필요한 물품만 간추려 전투배낭에 담는 것과 유사하다. 물품 경량화로 일부 편의 기능은 손실될 수 있지만, 주요 전투 능력은 유지하면서 기동 효율성은 크게 높아진다.

**가지치기**는 모델에서 중요도가 낮은 연결을 제거해 모델 크기를 줄이는 기술이다. 성능에 미치는 영향이 적은 부분을 삭제하여 모델을 압축하며, 일반적으로 노드 연결 파라미터의 가중치를 중요도 기준으로 활용한다.

가지치기는 전쟁상황을 앞두고 핵심 부대의 기동성과 전략적 대응 능력은 강화하고, 불필요한 행정 및 군수 지원 부담은 줄이는 전시편성 전환과 유사하다.

sLLM은 LLM의 성능과 온디바이스 환경의 제약 조건 사이에서 최적의 균형점을 찾기 위한 기술이다. sLLM은 네트워크 연결 없이도 저전력으로 LLM의 가치를 제공하여 온디바이스 인공지능 시대 발전에 중요한 역할을 할 것이다.

## 7.6 생성형 인공지능! 인간의 창의성에 도전하다

> LLM은 방대한 텍스트 학습으로 인간 언어의 이해를 통해 텍스트 생성이 가능한 인공지능 모델로 이미지와 오디오 생성형 인공지능 모델도 LLM을 기반으로 고품질 콘텐츠를 제작할 수 있게 되었다.

최근에는 텍스트뿐만 아니라 이미지와 오디오를 생성하는 인공지능 모델이 개발되면서 **창작활동에서 인간과 인공지능의 협업 시대**가 본격적으로 열리고 있다.

생성형 인공지능을 두 가지 유형으로 나누어 설명하는 방식은 기술 발전의 흐름과 핵심적인 패러다임 변화를 이해하는 데 유용하다. 첫 번째 유형은 LLM이 등장하기 전 특정 모달리티 내에서 데이터를 생성하는 초기의 생성형 인공지능이고, 두 번째 유형은 LLM의 강력한 언어 이해 및 생성 능력을 중심으로 자연어를 통해 콘텐츠를 직관적으로 생성하는 현재의 생성형 인공지능이다.

생성형 AI에서 LLM의 중요성은 점점 더 커지고 있다. 텍스트나 이미지, 음성과 같은 다양한 콘텐츠를 만들어내는 과정에서 LLM은 핵심적인 기능을 담당한다. LLM은 사용자가 입력한 자연어 명령어를 정확히 이해하고 분석한 후, 이를 바탕으로 생성 모델이 어떻게 작동해야 할지를 통제하는 역할을 한다.

　이러한 이유로 **NLP 기반 생성형 모델들은 결국 LLM 기술의 지속적인 발전과 응용 영역 확장의 산물**이라고 할 수 있다. LLM의 성능이 향상될수록 생성형 인공지능의 품질과 활용 범위도 함께 넓어지고 있는 것이다.

　생성형 인공지능 서비스는 인공신경망의 발전과정에서 등장한 생성형 인공신경망의 산물이다. 2013년에 공개된 **VAE 신경망**은 입력 데이터의 잠재 변수 분포를 학습하여 새로운 데이터를 생성한다. 이후 이미지 생성과 오디오 생성에 활용되는 확산 모델의 발전 기반이 되었다.

| 구분 | VAE 신경망 | GAN 신경망 | Transformer 신경망 |
|---|---|---|---|
| 개발자 | Kingma 등 | Ian Goodfellow 등 | Google 연구팀 |
| 발표시기 | 2013년 | 2014년 | 2017년 |
| 학습방식 | 변분 추론과<br>재구성 손실 최소화 | 생성자와 판별자 간<br>적대학습 | Self-Attention을 통한<br>병렬 학습 |
| 활용분야 | • 이미지 생성<br>• 이상 탐지<br>• 잠재 표현 학습 | • 이미지 생성<br>• 이미지 변환<br>• 데이터 증강 | • 자연어 처리<br>• 기계 번역<br>• 텍스트 생성 |

[생성형 인공신경망 비교]

　2017년 Google이 발표한 **Transformer 신경망**은 어텐션 메커니즘

Attention Mechanism의 뛰어난 성능으로 개발의 목표였던 자연어 처리뿐만 아니라 생성형 인공지능 분야에도 혁명이라고 할 만한 변화를 가져왔다.

OpenAI가 2021년에 발표한 **CLIP**Contrastive Language-Image Pre-training **모델**은 이미지 이해와 생성 분야에서 중요한 의미를 가진다. **CLIP은 LLM을 활용하여 자연어 처리 기반의 이미지 처리 기술의 실용화를 촉진**했다. 기존 객체탐지 모델이 레이블링된 데이터셋에 의존한 것과 달리, CLIP은 텍스트와 이미지 간의 관계를 학습하여 자연어를 기반으로 이미지를 인식하고 생성한다.

CLIP은 텍스트와 이미지의 의미적 관계를 학습하는 대조학습 방식을 사용하며, 학습 데이터 없이도 텍스트 설명만으로 이미지를 인식할 수 있는 제로샷 학습이 가능하다. 이는 기존 모델에 비해 뛰어난 일반화 능력을 의미한다.

이미지와 오디오 생성 분야에서는 **확산모델**Diffusion Model이 혁신적인 변화를 가져왔다. 확산모델은 원본 데이터에 점진적으로 노이즈를 추가해 무작위 노이즈 데이터로 변환하는 **정방향 확산**Forward Diffusion 과정과, 무작위 노이즈 데이터에서 점진적으로 노이즈를 제거해 원본 데이터와 유사한 데이터를 복원하는 **역방향 잡음제거**Reverse Denoising 과정을 학습한다. 확산모델의 역방향 잡음제거 학습과정은 새로운 데이터를 생성하는 방식으로 이미지와 오디오를 생성하는 원리에 공통적으로 적용된다.

순방향 확산과정(Forward Diffusion Process)

깨끗한 이미지에 점진적으로 노이즈를 추가하여 원본 신호를 파괴

확산
모델
학습

단계적으로 노이즈를 제거하며 원본에 가까운 이미지를 복원

역방향 잡음 제거 과정(Reverse Denoising Process)

[이미지 생성에서 확산모델의 학습과정]

생성형 인공지능은 생성하는 콘텐츠에 따라 구분한다. 이미지 생성 모델은 동영상과 3차원 영상까지 생성할 수 있는 수준에 도달했고, 오디오 생성형 인공지능은 전문 작곡가처럼 음악을 창작하거나 즉흥적인 연주를 작곡하는 수준까지 실용화되었다.

생성형 인공지능은 시나리오를 생성하고, 고화질 동영상을 만들며, 등장인물의 대화와 배경음악까지 생성하여 인간의 개입 없이도 완성도 높은 영화를 제작하는 것이 가능해졌다.

| 구분 | 텍스트 생성모델 | 이미지 생성모델 | 오디오 생성모델 |
|---|---|---|---|
| 주요기술 | 트랜스포머 | 트랜스포머, 확산모델 | 트랜스포머, 확산모델 |
| 출력형태 | 질의응답, 번역, 요약 | 이미지, 동영상, 3차원 | 음악, 음성, 음향 |
| 서비스 예시 | • ChatGPT<br>• Claude<br>• Gemini | • DALL-E<br>• Stable Diffusion<br>• Midjourney | • VALL-E<br>• Jukebox<br>• Suno |

[생성형 인공신경망 비교]

NLP에서 출발한 LLM은 창발적 특성[89]인 생성능력에 의해 텍스트뿐만 아니라 음성과 이미지까지 입력 가능한 멀티모달 입력 기능을 갖추고, 전문적인 창작과 원하는 형식의 텍스트 콘텐츠 제공은 물론, **이미지 생성과 오디오 생성 기능까지 통합한 멀티모달 범용 생성형 인공지능 서비스로 발전**하고 있다.

**자연어 처리 기반 이미지 생성 모델**은 인공지능 기술을 활용해 텍스트나 다른 이미지를 기반으로 새로운 이미지를 만들어내는 모델로 핵심 기술은 텍스트-이미지 임베딩Text-Image Embedding과 확산모델Diffusion Model이다.

| 구분 | 최신모델 발표 | 동영상 생성 | 특징 |
| --- | --- | --- | --- |
| DALL-E3 | 2023년 10월 | 불가 | • 높은 수준의 프롬프트 이해력 |
| Imagen2 | 2024년 2월 | 가능 | • 실사사진 수준의 고해상도 |
| Midjourney v6 | 2024년 3월 | 불가 | • 높은 수준의 예술적 품질 |
| Stable Diffusion3 | 2024년 2월 | 가능 | • 오픈소스로 모델을 공개 |
| Emu | 2024년 2월 | 가능 | • SNS와 통합 |
| Sora | 2024년 2월 | 가능 | • 고품질의 동영상 생성 |

[자연어 처리기반 이미지 생성형 인공지능 서비스]

**텍스트-이미지 임베딩**은 텍스트와 이미지를 동일한 벡터 공간에 배치해 두 요소 사이의 의미적 관계를 학습하여 모델은 텍스트 프롬프트의 의미를 이해하고, 그에 맞는 이미지를 생성할 수 있다.

---

[89] '창발적 특성'은 설계자나 개발자의 의도와 관계없이 시스템의 구성 요소들이 상호작용하면서 발생하는 복잡한 패턴이나 능력이다. 인공지능의 생성능력은 인간이 의도하지 않은 창발적 특성으로 알려져 있다.

또한 NeRF와 같은 생성 모델은 카메라로 촬영한 정지 영상을 이용해 3차원 영상을 생성할 수 있다. 이를 통해 작전지역이나 전투장비의 디지털 트윈, 교육훈련을 위한 가상현실 환경도 쉽게 구현할 수 있다.

**자연어 처리 기반 오디오 생성형 모델**은 인공지능 기술을 활용해 텍스트나 기존 오디오를 기반으로 새로운 오디오를 만들어내는 모델이다. 오디오 생성 모델의 핵심 기술은 이미지 생성 모델과 유사하게 텍스트-오디오 임베딩Text-Audio Embedding과 확산모델Diffusion Model이다.

텍스트-오디오 임베딩은 텍스트 프롬프트의 내용을 이해하고, 이를 오디오 생성 모델이 해석할 수 있는 형태의 정보로 변환하는 기술이다. 자연어 처리 기술과 오디오 처리 기술을 결합해 텍스트와 오디오 간의 의미적 관계를 학습한다.

LLM의 발전과 함께 텍스트-오디오 임베딩 기술도 크게 향상되어, 더욱 복잡하고 상세한 프롬프트에 대한 이해도가 높아졌다. 이를 통해 모델은 텍스트 프롬프트의 의미를 정확히 파악하고, 그에 맞는 오디오를 생성할 수 있다.

| 구분 | 개발사 | 최신모델 발표 | 특징 |
| --- | --- | --- | --- |
| Jukebox | OpenAI | 2022년 10월 | • 가사, 아티스트 스타일, 장르를 지정하여 생성 |
| MusicLM | Google | 2023년 11월 | • 텍스트 프롬프트를 기반으로 다양한 장르와 분위기 음악생성 |
| VALL-E | Microsoft | 2023년 10월 | • 3초 정도의 음성 샘플만으로 화자 목소리 생성 |

| | | | |
|---|---|---|---|
| AudioGen | Meta | 2024년 2월 | • 텍스트 프롬프트로 환경음, 음악, 음성 등 다양한 오디오 생성 |
| Suno | Suno | 2024년 6월 | • 텍스트 프롬프트를 기반으로 전문적 수준의 완성된 노래 생성 |

[자연어 처리기반 오디오 생성형 인공지능 서비스]

예를 들어, Suno는 보컬이 포함된 완성도 높은 노래를 생성할 수 있고, VALL-E는 3초 정도의 짧은 샘플만으로 화자의 음성을 복제할 수 있다. 인터넷 서비스를 이용하면 프롬프트에 주제 단어만 입력해도 몇 분 만에 웅장한 오케스트라 연주와 합창이 어우러진 군가를 생성할 수 있다. 또한, 텔레비전에 등장하는 인공지능 아나운서처럼 인공지능이 교관의 목소리를 그대로 모방해 연설이나 강의를 하는 멀티미디어 강의 콘텐츠도 제작할 수 있다.

한편, 아무리 유용한 기술이라도 **남용할 경우 법적, 사회적 책임**이 따른다. 실제 인물의 얼굴이나 음성을 동의 없이 합성하거나, 가짜 영상이나 음성 콘텐츠를 제작할 경우 명예훼손, 사기, 개인정보 보호법 위반, 가짜뉴스 유포 등 딥페이크 범죄가 될 수 있으므로 도덕적이고 신중한 활용이 필요하다.

CHAPTER 8

# 오픈소스 인공지능 모델의 국방활용

8.1 예측 모델의 국방업무 활용
8.2 분류 모델의 국방업무 활용
8.3 3차원 렌더링 모델의 국방업무 활용
8.4 이미지 생성 모델의 국방업무 활용
8.5 오디오 생성 모델의 국방업무 활용

## 8.1
# 예측 모델의 국방업무 활용

> 국방분야에서 예측 모델은 문제의 예방과 자원 최적화 등에 활용할 수 있으며, 작전 성공률과 운영 효율성을 높인다. scikit-learn, Prophet, ARIMA 같은 오픈소스 모델은 다양한 국방업무 예측에 활용할 수 있다.

예측 모델은 과거 데이터 패턴을 학습하여 미래의 사건이나 결과를 추론하고 예측하는 인공지능 모델이다. 국방분야에서 예측은 각 분야의 효율적 운영 및 관리를 지원하고, 잠재적 문제를 사전에 방지하며, 자원 배분을 최적화하는 데 활용될 수 있다.

예측 모델은 시계열 데이터를 분석하여 인간 직관으로 파악하기 어려운 장기 추세나 주기성을 예측함으로써 군사작전의 OODA 주기를 가속화하고 국방 운영의 효율성을 향상시킬 수 있다. 예측 모델은 인공지능 이전부터 통계학에서 연구되어 왔으며 여기에서는 통계적 모델 중심의 연속형 데이터 예측으로 범위를 한정한다.

예측은 인식형 모델의 주요 분야이자 데이터 과학의 핵심 목표로, 분석, 감지, 인식 등 다양한 기법을 통해 이루어진다. 예측 모델을 활용하여 국방분야에서 구현 가능한 인공지능 체계의 예는 다음과 같다.

---

① 적군의 병력 이동 및 활동을 예측한 지능형 적 의도 예측체계
② 병력 및 장비 소요를 예측하는 지능형 전투력 수요 예측체계
③ 군수품 소요를 예측하는 지능형 군수품 수요 예측체계
④ 장비의 고장 및 유지보수 시점 예측하는 지능형 정비 예측체계
⑤ 적응하는 시간을 예측하는 지능형 신병적응 예측체계
⑥ 에너지 소모량을 예측하는 지능형 에너지 수요 예측체계

---

[예측 모델의 국방활용 예시]

오픈소스 플랫폼에는 **scikit-learn, Prophet, ARIMA** 등 용도별 활용 가능한 다양한 예측용 모델이 공개되어 있다.

| 구분 | scikit-learn | Prophet | ARIMA |
| --- | --- | --- | --- |
| 공개 시기 | 2007년 | 2017년 | 1970년 |
| 주 용도 | 다용도 머신러닝 | 시계열 예측 | 통계적 모델링 |
| 분석 데이터 | 보통~대량 | 보통~대량 | 소규모~보통 |
| 장 점 | 다양한 알고리즘 | 사용 편리성 | 높은 예측 정확도 |
| 활용 분야 | 비선형, 다변량 예측 | 빠른 구현 필요 시 | 명확한 패턴 존재 시 |

[오픈소스 예측 모델의 예시]

**scikit-learn**은 데이터 과학의 대표적 도구이자 오픈소스 라이브러리이다. 예측, 분류, 군집화 등에 필요한 수많은 머신러닝용 모델과 도구를 포함하고 있고, 일반 사용자도 쉽게 활용할 수 있도록 설계되어 정

형 데이터를 이용한 다양한 문제의 해결에 사용된다. **scikit-learn은 데이터 과학자들의 필수 도구로, 컴퓨터에 사무자동화 도구를 기본 설치하듯 Python, NumPy, SciPy 등과 함께 기본적으로 설치하는 도구**이다.

**Prophet**은 Meta가 개발한 시계열 예측 모델로 2017년에 오픈소스로 공개되었다. Prophet은 시계열 모델링의 어려움을 극복하고 비전문가도 쉽게 사용할 수 있도록 설계되었으며, 계절과 휴일이 미치는 영향을 반영하여 모델링한다.

Prophet은 실제 업무의 시계열 데이터를 학습하여 트렌드 예측, 계절성 분석, 휴일 효과 반영 등 여러 작업을 단일 모델로 수행할 수 있다. 또한, 사용자 친화적 인터페이스와 자동화된 파라미터 튜닝 기능을 제공하여 복잡한 설정 없이도 다양한 시계열 데이터에서 우수한 예측 성능을 발휘한다.

Prophet의 주요 장점은 명시적인 트렌드와 계절성 분리 모델링을 지원하며, 결측치 및 이상치에 대한 강건성을 갖추고 있다는 점이다. 예측 결과에 대한 직관적 시각화 기능을 제공하여 모델의 동작 방식과 예측 결과를 쉽게 이해할 수 있다. 특히 주기적 패턴과 불규칙한 이벤트를 동시에 고려하여 현실 세계의 시계열 데이터를 효과적으로 예측한다.

**ARIMA**는 과거 데이터의 규칙성을 찾아 미래를 예측하는 전통적 통계 모델로 1970년대부터 발전해 온 방법론에 기반한다. 과거 유류 소모량 변화를 보고 내일의 유류 소모량을 예측하는 것과 유사하다. 이 모델은 데이터가 급변하거나 비정상 변화를 가지지 않는 안정적 상태임을 가정하며, 그렇지 않은 데이터는 먼저 급격한 변동성이나 비정상적

변동성을 줄이는 안정화 과정을 거쳐야 한다.

ARIMA는 세 가지 요소를 활용하여 예측하는데 ▲바로 직전의 데이터 값(자기 회귀), ▲데이터가 얼마나 변화했는지 그 변화량(차분), ▲이전의 예측이 얼마나 틀렸는지 그 오차(이동평균)이다. 이 세 가지 요소를 적절히 조합하여 미래 값을 예측하는 것이 ARIMA의 기본 원리이다.

ARIMA의 장점은 복잡한 외부 요인 없이 데이터 자체의 패턴을 분석해 예측한다는 점, 그리고 모델 구조가 비교적 단순해서 예측 결과를 이해하기 쉽다는 점이다.

## 8.2
# 분류 모델의
# 국방업무 활용

> 국방분야에서 분류 모델은 데이터의 범주를 판별하여 효과적인 대응전략을 수립할 수 있다. scikit-learn, XGBoost, LightGBM 같은 오픈소스 프레임워크는 국방분야의 데이터 분류 업무에 활용할 수 있다.

    분류 모델은 과거 데이터를 학습해 새로운 데이터의 범주를 판별하는 모델로 국방분야에서는 상황 및 대상을 정확히 식별하여 효과적인 대응 전략을 수립하는 데 유용하다. 실시간 방대한 정보 분석을 통해 위협 식별, 상태 진단, 우선순위 결정 등 의사결정을 지원하여 급변하는 전장 환경에 대한 대응 능력을 향상시키고, 제한된 자원을 효율적으로 배분할 수 있다.

    분류는 선형 모델, 트리기반 모델, 거리기반 모델, 서포트 벡터 머신, 신경망 모델, 앙상블 기법 등 다양한 알고리즘을 통해 이루어진다. 어떤 기법이 가장 적합한지는 분류하려는 대상의 특성, 가용한 데이터의 종류와 양, 그리고 분류 목표에 따라 결정된다. 분류 모델을 이용하여 국방분야에서 구현을 고려할 수 있는 인공지능 체계는 다음과 같다.

① 적 부대 유형 및 전력을 분류하는 지능형 전투서열 분류체계
② 항적의 위협성과 종류를 분류하는 지능형 항적 분류체계
③ 타격우선 순위를 분류하는 지능형 타격표적 분류체계
④ 입대장병의 군 적합성을 분류하는 지능형 군적합성 분류체계
⑤ 장비의 고장 원인을 분류하는 지능형 장애 원인 분류체계
⑥ 사이버 위협의 형태를 분류하는 지능형 사이버 위협 분류체계

[예측 모델의 국방활용 예시]

오픈소스 플랫폼에는 **scikit-learn**, **XGBoost**eXtreme Gradient Boosting, **LightGBM**Light Gradient Boosting Machine 등 용도별 활용 가능한 다양한 분류용 프레임워크가 공개되어 있다.

| 구분 | scikit-learn | XGBoost | LightGBM |
|---|---|---|---|
| 공개 시기 | 2007년 | 2014년 | 2017년 |
| 주 용도 | 분류, 회귀, 군집화 차원축소 | 분류, 회귀 | 분류, 회귀 |
| 분석 데이터 | 정형 데이터 | 정형 데이터 | 정형 데이터 |
| 장점 | 사용이 쉽고 다양한 알고리즘 | 과적합 방지 기능 | 빠른 속도와 높은 정확도 |

[오픈소스 분류 모델의 예시]

**scikit-learn**은 예측뿐만 아니라 회귀, 분류, 군집화 등 광범위한 머신러닝 작업을 위한 다양한 분류 모델과 도구를 포함하는 포괄적인 오픈소스 모델이다. scikit-learn은 복잡한 머신러닝 알고리즘을 일반 사용자도 쉽게 적용할 수 있도록 설계되었으며, 이진 분류, 다중 클래스 분

류 등 다양한 분류 문제해결에 활용된다.

scikit-learn은 다양한 분류 알고리즘을 제공하며 몇 줄의 코드로도 복잡한 분류 모델을 학습하고 예측할 수 있을 정도로 사용이 편리하다. 풍부한 사용설명서와 커뮤니티가 형성되어 배우기가 쉽다. 특히 정형 데이터 기반의 다양한 분류 문제에 유연하게 적용될 수 있다.

**XGBoost**는 2014년에 공개된 기존의 Gradient Boosting 알고리즘을 개선한 모델로 높은 예측성능을 제공하며, CPU와 GPU 환경 모두에서 유연하게 작동한다.

XGBoost는 분산 시스템을 지원하고 병렬처리 기능으로 대용량 데이터도 빠르게 학습한다. 정규화와 가지치기 같은 기능으로 과적합을 효과적으로 방지하며, 데이터의 공백값을 자체적으로 처리하여 전처리 작업을 줄인다. XGBoost는 분류뿐만 아니라 회귀 분석에서도 우수한 성능을 보인다.

XGBoost의 강점은 높은 예측 정확도, 빠른 학습 속도, 그리고 효과적인 과적합 방지 능력이다. 예를 들어 IoT에서 수집된 데이터와 같은 테이블 형태의 정형 데이터를 다루는 문제에서 주로 활용된다. 따라서 전투장비 및 주요시설의 비정상 여부와 같은 계측 수치를 이용한 상태 분류에 활용할 수 있다.

**LightGBM**은 Microsoft에서 개발한 Gradient Boosting 모델로, 2017년에 공개되었다. LightGBM은 XGBoost와 마찬가지로 뛰어난 예측 성능을 제공하면서도, 메모리 사용량을 줄이고 학습속도를 더욱 높였다.

LightGBM은 대규모 데이터셋에서 특히 강력한 성능을 보이며, 병렬 학습을 지원하여 GPU 환경에서 빠른 속도로 모델을 학습할 수 있다. 또한 범주형 특성을 효율적으로 처리하는 기능을 내장하고 있으며, 과적합을 방지하고 모델의 일반화 성능을 향상시킨다.

LightGBM은 scikit-learn처럼 분류뿐만 아니라 예측 문제에서도 높은 성능을 나타낸다. LightGBM의 강점은 높은 학습 속도와 낮은 메모리 사용량, 그리고 대규모 데이터 처리에 대한 효율성이다. 또한 정확도 면에서도 높은 성능을 보이며, 특히 대규모의 정형 데이터를 처리하는 용도로 주로 활용된다.

## 8.3
## 3차원 렌더링 모델의 국방업무 활용

> 국방분야에서 3차원 렌더링은 정밀 계획, 빠른 의사결정, 무기체계 평가, 환경의 이해를 지원한다. Nerfstudio, Instant NGP 등 오픈소스는 맞춤형 3차원 콘텐츠 제작을 지원하며 국방업무에 다양하게 활용할 수 있다.

국방분야에서 3차원 렌더링 모델은 복잡한 지형과 환경 데이터를 시각적으로 표현하여 정밀한 작전계획 수립과 빠른 의사결정을 지원할 수 있다. 3차원 렌더링 모델은 무기체계의 디자인 및 성능평가를 위한 시뮬레이션 환경 구축에 활용될 뿐만 아니라, 주변 환경을 3차원적으로 이해하고 이를 바탕으로 적절히 대응할 수 있게 한다.

또한, 무기체계의 디자인과 성능평가를 위한 시뮬레이션 환경 구축과 주변 환경의 3차원적 이해 및 대응에 활용할 수 있다. 3차원 렌더링 모델은 디지털 트윈과 가상현실 구현의 핵심 기술로 국방분야에 다양하게 활용할 수 있다.

3차원 렌더링 모델을 이용하여 국방분야에서 구현을 고려할 수 있는 인공지능 체계는 다음과 같은 예를 들 수 있으며 온프레미스 렌더링 플랫폼 구축이 아닌 3D 컨텐츠 산출물은 시뮬레이터나 분석용 플랫폼에 탑재되어 활용중이다.

① 환경 변화를 3차원 시각화로 분석하는 지역 변화 감지 체계
② 3차원으로 표현하는 실시간 위협 상황 시각화 체계
③ 3차원으로 기동계획을 수립하는 지형분석 및 경로계획 체계
④ 빠른 진단을 위한 3차원 장비 및 시설 손상 부위 시각화 체계
⑤ 몰입도를 높이는 3차원 전투훈련 시뮬레이션 체계
⑥ 배치를 3차원으로 시뮬레이션하는 공간배치 최적화 체계

[3차원 렌더링 모델의 국방활용 예시]

오픈소스 플랫폼에는 **Nerfstudio, Instant NGP** 같은 용도별 활용 가능한 다양한 객체인식 모델이 공개되어 있다. 국방분야에서 이를 활용하면 필요한 시기에 필요한 공간, 시설, 장비를 맞춤형으로 3차원 렌더링하여 목적에 따라 사용할 수 있으며 작전과 교육훈련 외에도 시설 및 지형 업무에서 활용가치가 높다.

| 구분 | Nerfstudio | Instant NGP |
|---|---|---|
| 개발사 | 버클리대 인공지능연구소 | NVIDIA |
| 주용도 | 영상을 3차원으로 변환 | 영상을 3차원으로 변환 |
| 공개시기 | 2022년 | 2022년 |
| 사용 편리성 | 상대적으로 쉬움 | NVIDIA GPU에 특화되고 설정이 복잡함 |
| 장점 | 확장성이 매우 높음 | 수분 내에 3차원 처리 가능 |

[오픈소스 3차원 렌더링 모델의 예시]

**NeRF**Neural Radiance Fields는 여러 장의 2차원 사진과 카메라 위치 정보를 입력받아 3차원 공간을 표현하는 인공신경망이다. 이 모델은 심층 신경망을 사용해 공간 속 각 지점의 색상과 밀도를 계산한다.

NeRF는 2차원 사진으로 우리가 본 적 없는 새로운 각도에서도 실제와 같이 느껴지는 고품질의 3차원 이미지를 만들어 3차원 콘텐츠 제작 방식에 큰 변화를 일으키고 있다.

\* 출처 : https://mvje.tistory.com/158

[NeRF를 이용한 3차원 렌더링 구현]

**Nerfstudio**는 버클리대에서 주도적으로 개발한 NeRF 기반 오픈소스 3D 렌더링 도구로, 2022년 10월에 공개되었다. 이 플랫폼은 NeRF 기술을 간소화하고 모듈화하여 사용자가 3차원 장면을 생성, 학습, 테스트할 수 있게 설계되었다.

Nerfstudio는 NeRF 모델의 생성, 학습, 테스트 및 확장을 위한 통합 환경을 제공하며, 활발한 커뮤니티를 통해 지속적인 기능 개발과 모델 개선이 이루어진다. 특히 다양한 NeRF 변형 모델을 쉽게 적용하고 사용자 정의 모듈을 추가할 수 있는 유연성을 갖추어 고품질 3차원 장면 렌더링 및 새로운 시점 합성 연구에 많이 활용된다.

**Instant NGP**는 NVIDIA에서 개발한 오픈소스 3차원 렌더링 모델로, 2022년에 공개되었다. 이 모델은 여러 장의 사진 속 다양한 위치와 방향에 대한 정보를 아주 작고 효율적인 조각들로 나눠서 저장해 놓는 방식인 다중 해상도 해시 부호화Multi-resolution hash encoding 방식과 MLP를 결합하여 여러 장의 이미지로부터 NeRF를 매우 빠른 속도로 학습하고 렌더링하는 데 특화되어 있다.

Instant NGP는 기존 NeRF와 같은 뛰어난 화질을 유지하면서도 처리 속도를 크게 높여 실시간으로 3차원 장면을 보여준다. 넓고 복잡한 장면도 효과적으로 처리하는 능력이 있다. 특히 GPU를 활용할 때 성능이 뛰어나며, 적은 수의 사진만으로도 좋은 품질의 결과물을 만들어 실시간 3차원 시각화 작업에 매우 유용하다.

Nerfstudio와 Instant NGP의 활용은 디지털 트윈으로 연결되어 현장에 대한 가시성을 크게 높일 수 있을 것이다. 빠른 처리 속도와 적은 데이터만으로도 고품질 3D 구현이 가능한 NeRF 기술은 상황 인식과 의사결정 능력을 향상시킬 수 있는 좋은 수단이 될 것이다.

## 8.4 이미지 생성 모델의 국방업무 활용

> 국방분야에서 이미지 생성 모델은 시각 데이터를 기반으로 상황인식 능력을 향상시킬 수 있다. Real-ESRGAN, DeOldify, Stable Diffusion 등 오픈소스 모델은 국방분야에서 이미지 생성에 활용할 수 있다.

국방분야에서 이미지 생성 모델은 복잡한 시각 정보를 바탕으로 뛰어난 품질의 가상 이미지와 시뮬레이션을 만들어 상황 파악 능력을 높인다. 이를 통해 가상 훈련 환경을 구축하고 신속한 의사결정이 가능해지며, 많은 양의 정보를 처리하는 인력의 부담을 줄인다.

특히 이 기술은 사람의 눈으로 발견하기 어려운 작은 변화나 위험 신호를 시각적으로 표현해 작전 수행과 위기 대응 능력을 강화한다. 또한, 디지털 트윈, 모의훈련, 전술 시뮬레이션 등 여러 군사 분야에 활용할 수 있다. 이미지 생성 모델을 이용하여 국방분야에서 구현할 수 있는 인공지능 체계는 다음과 같은 예를 들 수 있다.

① 정찰 영상을 고해상도로 변환하는 이미지 해상도 개선 체계
② 군사기록 영상의 화질을 개선하는 이미지 보정 및 복원 체계
③ 부분 이미지로 적 장비의 전체를 재현하는 이미지 생성 체계
④ 주의 및 위험지역을 도시하는 예상영역 시각화 체계
⑤ 이미지로 제작하는 교육자료 제작체계

[이미지 생성 모델의 국방활용 예시]

Stable Diffusion, DeOldify, Real-ESRGAN과 같은 다양한 이미지 생성 모델이 누구나 사용할 수 있는 오픈소스로 제공된다. 국방분야에서 이러한 도구들을 활용하면 작전 환경, 군사 장비, 전투 상황을 시각적으로 빠르게 만들어서 상황판단을 도울 수 있다.

| 구분 | Real-ESRGAN | DeOldify | Stable Diffusion |
|---|---|---|---|
| 개발사 | Xintao Wang 팀 | Jason Antic | Stability AI |
| 공개시기 | 2021년 8월 | 2018년 | 2022년 8월 |
| 활용분야 | 이미지 고해상화 | 이미지 컬러복원 | 텍스트 기반 이미지 생성 |

[오픈소스 이미지 생성 모델의 예시]

Real-ESRGAN은 ARC Lab이 2021년 7월에 공개한 이미지 복원 및 화질 개선 모델이다. 이 모델은 이전 버전인 ESRGAN보다 향상된 네트워크 구조와 훈련 방식을 적용해 화질이 떨어진 이미지를 뛰어나게 복원하며, 성능 평가에서 당시 최고 수준의 결과를 보였다.

Real-ESRGAN의 가장 큰 특징은 인공적으로 만든 훈련 데이터만으로도 실제 세계의 다양한 화질 저하 문제를 해결할 수 있다는 점이다. 거의 실시간에 가까운 처리 속도로 많은 양의 이미지나 영상을 빠르게 개선할 수 있고 다양한 확대 비율과 모델 옵션을 제공하므로, 군사 분야에서 감시 카메라 영상 선명화, 위성 사진 해상도 향상 같은 다양한 용도로 활용할 수 있다.

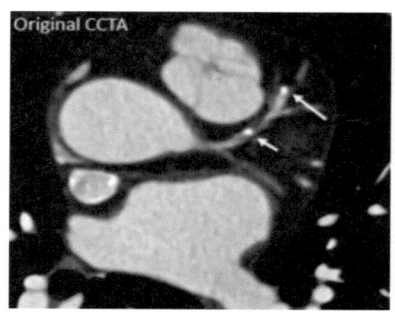 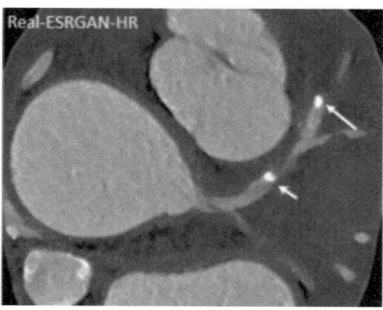

\* 출처 : https://www.mdpi.com/2075-4426/12/9/1354
[의료용 이미지 원본(좌), 확대 및 고해상화 이미지(우)]

**DeOldify**는 흑백사진과 영상에 색을 입히는 모델로 2019년에 공개되었다. 이 모델은 일반적인 생성적 적대 신경망 기술을 쓰지 않고도 뛰어난 색상화 결과를 만드는 방식을 사용해 안정적이고 예측 가능한 결과물을 제공한다.

DeOldify의 가장 큰 특징은 흑백사진이나 영상에 자연스럽고 생생한 색상을 자동으로 입힐 수 있다는 점이다. 예술적 색상용, 안정적 색상용, 동영상용 등 용도에 맞게 선택할 수 있는 여러 모델을 제공하며, 특히 인물과 풍경 사진에서 뛰어난 성능을 보인다. Google Colab에서 바로 사용하거나 파이썬 라이브러리로 쉽게 설치할 수 있어 접근성이 좋으며, 오래된 사진 복원, 교육자료 제작, 예술 작품 창작 등 다양한 분야에 활용할 수 있다.

특히 흑백영상에 색을 입히는 기능이 뛰어나 오래된 영상의 시청 경험을 크게 향상 시킨다. 적은 노력으로도 과거의 역사적 사진과 영상에 생동감을 불어넣을 수 있다는 장점이 있다.

\* 출처 : (좌)https://amp.seoul.co.kr/en/20171018023002,
(우)https://blog.naver.com/yunam69/221618538205

[양자역학을 논의한 1927년 솔베이회의 사진 컬러화]

**스테이블 디퓨전**Stable Diffusion은 2022년 8월에 공개된 텍스트 기반 이미지 생성 모델이다. Stability AI가 뮌헨공대와 여러 유럽 연구기관들과 함께 개발했다. 이 모델은 이전 모델들보다 계산 효율성과 이미지 품질이 크게 향상되었으며, 고해상도 이미지와 다양한 스타일을 잘 표현한다.

스테이블 디퓨전의 가장 큰 장점은 텍스트만으로 원하는 이미지를 쉽게 만들 수 있다는 점과 높은 품질의 결과물이다. 몇 초 안에 이미지를 생성할 수 있어 창의적인 디자인, 컨셉 아트 등 다양한 분야에서 활용할 수 있다. 여러 확장 모델과 기법을 지원하기 때문에 국방분야의 시뮬레이션 환경 구축이나 가상 훈련 시나리오 제작에도 널리 사용할 수 있다.

또한, 이미지 편집과 스타일 변환 기능이 뛰어나 기존 이미지를 수정하거나 보완하는 작업에도 효과적이다. 자체 서버에 설치해 사용할 수 있는 온프레미스 시스템 구축이 쉬운 것도 장점이다.

Stable Diffusion, DeOldify, Real-ESRGAN과 같은 오픈소스 이미지 모델들은 국방분야의 이미지 처리의 편리성을 향상할 수 있을 것이다. 정찰 영상의 해상도 개선, 군사기록 복원, 적군 장비 완성, 위험지역 시각화, 교육자료 제작과 같은 구체적 적용 사례들이 보여주듯이 이 기술들은 군사분야의 효율성을 높일 것이다. 특히, 온프레미스 운영과 커스터마이징이 가능한 오픈소스의 특성은 이러한 혁신을 가속화할 것이다.

## 8.5 오디오 생성 모델의 국방업무 활용

> 국방분야에서 오디오 생성 모델은 다양한 음향 데이터셋의 학습을 기반으로 사실적인 소리를 구현할 수 있다. Whisper, Amphion, WaveNet 같은 오픈소스 모델은 다양한 오디오 생성에 활용할 수 있다.

　국방분야에서 오디오 생성 모델은 다양한 음향 데이터를 활용해 실제와 같은 소리 환경을 만들어 상황별 청각 인지 능력을 높일 수 있다. 이 모델은 사람이 알아차리기 어려운 작은 소음 패턴이나 비정상적인 소리 신호를 정확하게 재현해 정보 수집과 위협 탐지 능력을 강화한다.

　또한, 지능형 시스템이 소리 정보를 분석하고 상황을 판단하는 기초를 제공한다. 음성 합성, 소리 기반 감시 시스템, 수중 음향 탐지, 가상 훈련 환경 구축 등 여러 분야에서 활용할 수 있다. 오디오 생성 모델을 활용해 국방분야에서 개발할 수 있는 인공지능 시스템 사례는 다음과 같다.

> ① 음성 명령으로 작동하는 지능형 명령처리 체계
> ② 위험 신호를 탐지하는 지능형 소음분석 체계
> ③ 음향 기반으로 경고를 제공하는 지능형 음향 감지 체계
> ④ 실제와 유사한 음향을 생성하는 지능형 가상 음향 훈련 체계
> ⑤ 장비 이상을 음향으로 감지하는 지능형 상태 모니터링 체계

[오디오 생성 모델의 국방활용 예시]

오픈소스 플랫폼에는 **Whisper, Amphion, WaveNet**과 같이 다양한 목적으로 사용할 수 있는 여러 오디오 처리 모델이 공개되어 있다. 국방분야에서 이러한 모델들을 활용하면 필요한 상황에 맞는 작전 환경 소리, 통신 신호, 장비 소음 등을 목적에 따라 감지하고, 분류하고, 만들어낼 수 있다.

| 구분 | Whisper | Amphion | WaveNet |
| --- | --- | --- | --- |
| 개발사 | OpenAI | Microsoft | Google |
| 공개시기 | 2022년 9월 | 2023년 10월 | 2016년 |
| 주 용도 | 음성인식, 번역, 언어감지 | 고품질 오디오 합성 | 오디오 합성 |
| 인공신경망 | Transformer | Transformer | CNN 계열 |

[오픈소스 오디오 생성 모델의 예시]

**Whisper**는 OpenAI가 2022년 9월에 공개한 음성인식 및 번역 모델이다. Transformer 신경망 기반 네트워크 구조를 사용해 여러 언어의 음성인식과 번역에서 높은 정확도를 제공하며, 다양한 작업에서 안정

적으로 작동한다.

Whisper의 주요 장점은 여러 언어와 다중 작업을 지원하고, 약지도 학습을 통해 다양한 환경의 음성 데이터를 효과적으로 처리할 수 있다는 점이다. 실시간 음성인식과 번역이 가능해 음성 기반 앱, 실시간 번역, 접근성 향상 등 여러 분야에 적합하다.

Amphion은 2024년에 공개된 오디오 생성 및 변환 모델이다. 다양한 신경망 구조를 통합해 텍스트 기반 음성 합성 등 여러 작업을 지원하며, 고품질 오디오 생성에서 뛰어난 성능을 보인다.

Amphion의 주요 장점은 실시간 오디오 생성과 변환이 가능하고, 복잡한 음향 패턴을 처리할 수 있는 강력한 성능이다. 특히 텍스트를 음성으로 바꾸는 TTS와 목소리를 변환하는 SVC 등 다양한 작업에서 높은 정확도와 효율성을 보이며, 음향 데이터의 세밀한 특징까지 재현할 수 있어 자연스러운 오디오 생성에 적합하다.

WaveNet은 DeepMind가 2016년에 공개한 오디오 생성 모델이다. 음성 합성과 음악 생성에서 매우 자연스러운 결과를 제공한다. 다양한 음성 데이터와 언어에 대해 학습할 수 있으며, 음성 합성 외에도 음악 생성, 오디오 복원 등 여러 작업에 활용할 수 있다.

WaveNet의 주요 장점은 고품질 음성을 만들어내는 능력과 유연한 구조로 다양한 분야에 적용할 수 있다는 점이다. 초기에는 실시간 음성 합성에 시간이 많이 걸렸지만, 이후 개선된 버전에서는 처리 속도가 크게 향상되었다. 이런 특성 덕분에 WaveNet은 음성 합성, 음악생성, 오디오 복원 등 여러 분야에서 널리 사용되고 있다.

Whisper, Amphion, WaveNet과 같은 모델들은 지속적인 성능 향상과 커뮤니티 기반 개선을 통해 비용 효율성을 유지하면서도 업무 편의성과 실감성을 높일 수 있을 것이다. 오픈소스 특성상 **빠른** 기술 발전과 유연한 적용이 가능해 미래 전장 환경에서 음향 정보의 수집, 분석, 활용 능력을 향상시키는 서비스로 발전시킬 수 있을 것이다.

## 에필로그

　우리는 지금 인공지능이라는 새로운 시대의 문턱에 서 있다. 이 혁신의 물결은 단순히 기술의 변화가 아니라, 우리 삶과 사회의 근본적인 재편을 의미한다. 프롤로그에서 살펴본 것처럼, IT가 디지털화와 정보화를 거쳐 지능화, 그리고 자율화로 향하는 과정에서 인공지능은 현재의 중심을 관통하고 있다. 그러나 이러한 큰 변화의 흐름은 자동적으로 우리를 더 나은 미래로 이끌지 않는다. 변화는 언제나 선택의 문제이며, 우리 각자의 노력과 준비 없이는 위협과 위험으로 다가올 수 있다.

　이 책을 통해 우리는 인공지능의 본질과 작동 원리를 이해하고, 국방 분야라는 특수한 환경에서 인공지능을 효과적으로 활용하는 방법을 살폈다. 하지만 이것이 끝이 아니다. 진정한 리터러시란 한 번의 학습으로 완성되는 것이 아니라, 끊임없이 변화하는 기술과 환경 속에서 꾸준히 배우고 적응하며 성장하는 과정이다. 심지어 이 책을 쓰고 있는 동안에도 MCP라는 새로운 기법이 널리 퍼지고 있고, 정부에서는 거대 규모의 인공지능센터와 Sovereign AI를 위한 대규모 투자를 추진하고 있다.

　현대 사회에서 기술은 빠르게 발전하며, 우리 생활 곳곳에 녹아들고 있다. 앞으로 인공지능은 계속해서 새로운 가능성을 열어갈 뿐만 아니라, 예상치 못한 부정적 문제들도 함께 가져올 것이다. 그때마다 겁내거나 멈춰 서지 말고, 자신 있게 변화의 파도를 타며 한걸음씩 나아가야 한다. 두려움은 기회를 가로막는 장애물이 될 수 있지만, 배움과 도전은 우리를 다음 단계로 이끄는 원동력이다.

이 책이 도전하는 독자들의 인공지능 리터러시 여정에 든든한 나침반이 되기를 바란다. 앞으로도 계속해서 지적 호기심을 잃지 말고, 두려움을 극복하며, 새로운 지식을 적극적으로 탐구하는 자세를 유지하기를 바란다. 인공지능 시대에 단단한 리터러시를 바탕으로, 미래의 변화 속에서 빛나는 길잡이이자 도전자의 역할을 해 나가길 진심으로 기원한다.

처음으로 저술하는 책이라 자료 수집과 분석을 제외하고도 꼬박 6개월 동안 매달렸지만 아직 많이 부족하다. 출판을 접을까 몇 번이나 망설이기도 했다. 그러나, 마침내 '첫걸음을 내딛는 용기'와 '오늘 걸을 수 있다면 내일은 뛸 수 있을 것'이라는 결론에 도달했다. 이 책이 나오기까지 깊은 식견으로 여러 가지 도움을 주신 박홍순 박사님, 윤일원 박사님과 흔쾌히 감수와 추천의 글을 써 주신 권혁진 교수님, 류효상 예비역 해군소장님, 박현규 교수님, 강지원 교수님, 박진호 교수님께 머리 숙여 감사드리며 글을 마친다.

부록

# 상식으로 알아야 할 인공지능 10대 사건

사건 1. 앨런 튜링의 'Turing Test' 제안
사건 2. 학습하는 기계인 'Perceptron' 개발
사건 3. 컴퓨터에 눈을 달아 준 얀 르쿤의 'LeNet' 개발
사건 4. 인공지능의 심장을 탄생시킨 '젠슨 황'과 '이안 벽'의 만남
사건 5. 딥러닝 혁명의 시작점이 된 'Alexnet' 개발
사건 6. 인류의 한계를 넘어선 'AlphaGo'의 승리
사건 7. Google의 'Transformer' 신경망 공개
사건 8. OpenAI의 'ChatGPT' 출시
사건 9. Meta의 'LLaMA' 모델 오픈소스 공개
사건10. 경계를 허무는 'Physical AI'의 등장

**사건 1**

# 앨런 튜링의 'Turing Test' 제안

1950년 10월 영국의 수학자이자 컴퓨터 과학자인 앨런 튜링이 '컴퓨팅 기계와 지능'이라는 논문을 통해 '기계가 생각할 수 있는가?'라는 질문에 접근하는 새로운 방법을 제시했다. 이른바 '튜링 테스트'로 알려진 이 접근법은 향후 인공지능 분야의 철학적, 기술적 발전에 지대한 영향을 미치게 된다.

튜링은 런던 킹스 칼리지에서 발표한 논문에서 "기계가 생각할 수 있는가?"라는 질문 대신 "기계가 인간처럼 대화할 수 있는가?"라는 질문으로 대체하여 인공지능의 실현 가능성을 논의했다.

그가 제안한 '이미테이션 게임'은 인간 판정관이 컴퓨터와 대화를 나누면서 상대방이 인간인지 기계인지 구별하는 실험이다. 만약 기계가 인간 판정관의 30% 이상을 속일 수 있다면, 그 기계는 '지능'을 갖추었다고 볼 수 있다는 것이 튜링의 주장이었다.

이 논문은 맨체스터 대학에서 교수로 재직하던 튜링이 그의 전쟁 중 암호해독 경험과 초기 컴퓨터 연구를 바탕으로 작성한 것으로, 철학 저널인 '마인드'에 게재되었다. 튜링은 제2차 세계대전 중 독일군의 에니그마 암호를 해독하는 데 중요한 역할을 했던 인물로도 유명하다.

"기계가 생각할 수 있다는 개념에 익숙해져야 한다"라고 주장한 튜링의 이 논문은 학계에서 큰 논쟁을 불러일으켰다. 철학자들과 과학자들은 기계적 지능의 가능성에 대해 회의적인 입장을 보였지만, 튜링은 21세기가 되면 기계가 인간의 지능을 모방할 수 있게 될 것이라고 예견했다.

튜링의 제안은 학문분야로서 인공지능이 공식적으로 탄생하기 6년 전인 1950년에 이루어진 것으로, 그의 논문은 후에 인공지능 연구의 기초가 되었다. 1956년 다트머스 회의에서 인공지능이라는 용어가 공식적으로 채택되기 전이지만, 많은 학자들은 튜링의 이 논문을 인공지능 분야의 시작을 알린 획기적인 사건으로 평가한다.

영국 정부는 튜링이 제안한 테스트가 인공지능 분야에 미친 영향을 기념하기 위해 2014년부터 튜링 테스트 챌린지를 개최해오고 있다. 이 대회에서는 다양한 인공지능 시스템이 튜링의 원래 제안에 따라 인간을 얼마나 잘 모방할 수 있는지 경쟁한다.

○○대학의 교수는 튜링의 테스트는 단순히 인공지능을 평가하는 방법을 제시한 것이 아니라, 인간의 지능과 기계의 지능 사이의 경계에 대한 근본적인 철학적 질문을 던진 것이라고 평가했다.

안타깝게도 튜링은 자신의 아이디어가 현실화 되는 것을 보지 못했다. 그는 1954년 41세의 나이로 세상을 떠났으나, 튜링 테스트는 오늘날까지도 인공지능의 성능과 한계를 논하는 데 중요한 개념으로 남아 있다.

현재 OpenAI의 ChatGPT, Google의 Gemini, Anthropic의 Claude와 같은 첨단 인공지능 모델들은 일부 상황에서 튜링 테스트를 통과할 수준에

도달했다는 평가를 받고 있다. 이는 튜링이 70여 년 전에 내다본 미래가 현실이 되었음을 보여주는 증거라 할 수 있다.

튜링의 선구적인 사상은 그의 생일에 맞춰 영국이 2021년 6월에 그의 초상을 이용한 50파운드 지폐가 공개되면서 다시 한번 주목받았다. 영국 중앙은행은 "현대 컴퓨팅의 아버지이자 인공지능의 선구자로서 튜링의 업적을 기리기 위한 결정"이라고 밝혔다.

튜링이 1950년에 제시한 질문 "기계가 생각할 수 있는가?"는 75년이 지난 현재에도 인공지능 연구자들과 철학자들 사이에서 여전히 뜨거운 논쟁거리로 남아있다. 그의 테스트는 인공지능의 발전을 측정하는 이정표이자, 인간의 지능과 의식에 대한 우리의 이해를 넓히는 철학적 도구로서 그 가치를 인정받고 있다.

**사건 2**

# 학습하는 기계인 'Perceptron' 개발

1957년 코넬대학교의 신경생리학자 프랭크 로젠블랫 박사가 세계 최초의 자동 학습 신경망 모델인 '퍼셉트론'을 개발했다. 이 혁신적인 발명은 미해군 연구소의 지원을 받아 진행된 것으로, 인간의 뇌를 모방한 컴퓨터를 만들려는 최초의 실용적 시도로 평가받고 있다.

로젠블랫 박사는 코넬 항공연구소에서 그의 연구팀과 함께 신경망의 기본 단위인 퍼셉트론 개념을 실제 기계로 구현했다. 퍼셉트론은 인간의 시각 시스템에서 영감을 받아 이미지를 인식하고 분류할 수 있는 알고리즘으로, 당시로서는 획기적인 기술이었다.

로젠블랫 박사는 1957년 7월 기자회견에서 "우리는 학습할 수 있는 기계를 만들었습니다. 이것은 컴퓨터가 스스로 경험을 통해 배울 수 있다는 첫 번째 증거입니다"라고 발표했는데 당시 과학계와 언론의 큰 주목을 받았으며, 뉴욕 타임스는 "전자두뇌, 인간처럼 생각하는 법을 배우다"라는 제목의 기사를 통해 이 혁신적 연구를 소개했다.

퍼셉트론의 원형은 '마크 1 퍼셉트론'이라고 불리는 거대한 기계였다. 이 장치는 400개의 광센서로 구성된 '망막'과 이를 처리하는 IBM 704 컴퓨터, 그리고 가중치를 조정하는 모터로 이루어져 있었다. 이 시스템은 간단한 도형을 인식하고 문자를 구별하는 능력을 보여 주었으며, 무엇보다 중요한 것은 시행착오를 통해 성능을 향상시키는 '학습' 능력을 갖추었다는 점이다.

로젠블랫 박사는 1958년 발표한 논문인 '퍼셉트론 : 뇌에서 일어나는 저장 및 조직 과정의 확률적 모델'에서 퍼셉트론이 가진 잠재력을 설명했다. 그는 "미래에는 이 기술이 발전하여 인간의 뇌를 모방한 지능형 기계가 될 것"이라고 예측했다.

그러나 퍼셉트론의 초기 성공에도 불구하고, 이 기술은 1969년 MIT의 마빈 민스키와 시모어 페퍼트가 저술한 '퍼셉트론 : 계산 기하학 입문'이라는 책에서 심각한 제한점이 지적되면서 잠시 주목을 받지 못하게 된다. 이들은 단층 퍼셉트론이 XOR 문제와 같은 비선형 분류 문제를 해결할 수 없다는 한계를 증명했다.

이로 인해 인공신경망 연구는 1980년대 중반까지 '인공지능의 겨울'이라 불리는 침체기를 겪게 된다. 그러나 1986년 제프리 힌튼과 데이비드 루멜하트가 오차 역전파 알고리즘을 발표하면서 다층 퍼셉트론이 등장했고, 이는 로젠블랫의 초기 아이디어를 부활시키는 계기가 되었다.

안타깝게도 로젠블랫은 자신의 연구가 현대 딥러닝의 기초가 되는 것을 보지 못했다. 그는 1971년 보트사고로 43세의 나이에 세상을 떠났다. 그러나 그의 퍼셉트론 개념은 오늘날 딥러닝의 기본 구성요소로 남아있으며, 현대 인공지능의 핵심 기술인 인공신경망의 시초가 되었다.

딥러닝의 선구자 얀 르쿤은 2018년 한 인터뷰에서 "로젠블랫의 퍼셉트론은 현대 인공지능의 뿌리"라고 평가했으며, 제프리 힌튼 역시 "오늘날의 딥러닝은 로젠블랫이 60년 전에 시작한 아이디어의 진화"라고 언급했다.

　인공지능 역사에서 로젠블랫의 퍼셉트론 개발은 단순한 기술적 혁신을 넘어, 기계가 학습할 수 있다는 근본적인 패러다임 전환을 가져왔다. 1957년 뉴욕의 한 연구실에서 시작된 이 혁신은 오늘날 우리가 경험하는 인공지능 혁명의 첫 걸음이었다. 비록 초기에는 한계에 부딪혔지만, 로젠블랫의 선구적인 아이디어는 결국 현대 인공지능의 기반이 되는 중요한 주춧돌로 자리매김했다.

**사건 3**

## 컴퓨터에 눈을 달아 준 얀 르쿤의 'LeNet' 개발

1989년 12월, AT&T 벨 연구소의 프랑스 출신 연구원 얀 르쿤 박사가 세계 최초의 실용적인 합성곱 신경망(CNN) 구조인 'LeNet'을 개발했다. 이 획기적인 기술은 손으로 쓴 우편번호를 자동으로 인식하는 시스템으로 구현되어 AI의 컴퓨터 비전 분야에 혁명을 가져왔다.

르쿤 박사는 1980년대 후반 뉴저지주에 위치한 벨 연구소에서 동료 연구원 죠슈아 벤지오, 레온 보투와 함께 손글씨 인식을 위한 신경망 시스템 연구에 몰두했다. 그의 연구는 1969년 마빈 민스키와 시모어 페퍼트가 신경망의 한계를 지적한 이후 침체되었던 인공신경망 연구를 부활시키는 중요한 성과였다.

르쿤 박사는 신경정보처리시스템학회에서 LeNet을 처음 발표하면서 "우리는 인간의 시각 시스템에서 영감을 받았습니다. 특히 눈에서 받아들인 정보가 뇌에서 계층적으로 처리되는 방식을 모방했다"고 밝혔다.

LeNet의 혁신성은 합성곱이라는 수학적 연산을 신경망 구조에 도입한 것이었다. 이 기법은 이미지의 특징을 효과적으로 추출할 수 있게 해 주었으며, 데이터의 위치 변화에도 강건한 인식 성능을 보였다. 르쿤 팀이 개발한 LeNet-5는 손글씨 숫자를 99% 이상의 정확도로 인식할 수 있었다.

이 기술은 이론적 성과에 그치지 않았다. 1990년대 초 AT&T와 미국 은행들이 협력하여 수표에 쓰인 금액을 자동으로 인식하는 시스템을 구축했고, 1998년에는 미국 내 주요 은행의 수표 처리 센터에서 LeNet 기반 시스템이 하루에 1천만 장 이상의 수표를 처리했다.

르쿤 박사의 LeNet은 패턴 인식 분야에 있어 중대한 발전이 연구는 신경망이 실제 세계의 복잡한 문제를 해결할 수 있음을 처음으로 증명했다는 것이 당시의 일반적인 평가이다.

그러나 르쿤 박사의 혁신적 연구에도 불구하고, 당시의 컴퓨팅 성능 한계와 대용량 데이터 부족으로 인해 CNN 기술은 한동안 주목받지 못했다. 이 기술이 다시 빛을 보게 된 것은 2010년대 초반, GPU 컴퓨팅 성능의 발전과 인터넷을 통한 대규모 이미지 데이터 확보가 가능해진 후였다.

르쿤 박사는 2003년부터 뉴욕대학교 교수로 재직하며 CNN 기술을 발전시킨 후, 2013년에는 Meta의 인공지능 연구소를 설립하여 초대 소장을 맡았다. 그의 선구적인 연구업적은 2018년 튜링상 수상으로 이어졌다.

르쿤 박사는 2019년 LeNet 개발 30주년을 맞아 LeNet은 현대 CNN의 원형으로 오늘날 스마트폰의 얼굴 인식부터 자율주행차의 물체 탐지까지 다양한 기술의 핵심이 되었다고 회고했다.

1989년 개발된 LeNet은 2012년 알렉스넷이 등장하기 전까지 이미지 인식 분야에서 중요한 역할을 했다. 르쿤 박사의 연구는 오늘날 우리가 일상적으로 사용하는 얼굴인식, 자율주행, 의료 영상분석 등 수많은 컴퓨터 비전 기술의 기반이 되었다.

뉴욕대학교 데이터 과학 센터에서는 매년 'LeNet 데이' 행사를 개최하여 르쿤 박사의 혁신적 연구를 기념하고 있다. 또한 2023년에는 IEEE가 LeNet을 '컴퓨터 비전의 마일스톤'으로 공식 지정했다.

오늘날 우리가 경험하는 객체인식 기술의 발전은 르쿤 박사의 선구적 연구에 깊은 뿌리를 두고 있다. 그의 LeNet 개발은 인공지능 발전사에서 퍼셉트론과 현대 딥러닝을 연결하는 중요한 가교 역할을 했으며, 인공지능이 이론에서 실용적 기술로 발전하는 데 결정적 기여를 했다.

### 사건 4

## 인공지능의 심장을 탄생시킨 '젠슨 황'과 '이안 벅'의 만남

2004년 4월, 캘리포니아 산타클라라에서 일어난 한 만남이 인공지능의 미래를 바꾸었다. NVIDIA의 창업자인 젠슨 황과 당시 스탠포드 대학교의 연구원이었던 이안 벅의 만남은 인공지능 혁명의 초석이 된 사건으로 평가받고 있다.

당시 스탠포드 대학에서 그래픽 처리장치를 이용한 범용 컴퓨팅 연구를 진행하던 이안 벅은 자신이 개발한 'Brook'이라는 프로그래밍 언어를 통해 GPU가 단순한 그래픽 처리 이상의 가능성을 가진다는 것을 입증하고 있었다. 이 연구에 주목한 젠슨 황은 이안 벅을 만나 그의 비전을 제시했는데, 이 만남은 컴퓨팅 산업의 패러다임을 바꾸는 전환점이 되었다.

벅의 연구는 GPU가 복잡한 수학적 계산을 병렬로 처리하는 데 탁월한 능력을 보인다는 것을 증명했다. 특히 행렬 연산과 같은 작업을 기존 CPU보다 훨씬 효율적으로 수행할 수 있음을 보여 주었다. 이는 나중에 인공지능, 특히 딥러닝 알고리즘이 요구하는 대규모 병렬연산과 정확히 일치하는 특성이었다.

젠슨 황은 그때 GPU가 단순히 게임이나 그래픽을 위한 칩이 아니라, 미래 컴퓨팅의 핵심이 될 것이라고 확신했고, 이안의 연구가 우리의 직감을 과학적으로 입증해 주었다고 회상했다.

이 만남 이후 벅은 엔비디아에 합류하여 CUDA라는 혁신적인 플랫폼 개발을 주도했다. 2006년에 공개된 CUDA는 개발자들이 GPU의 강력한 병렬 처리 능력을 다양한 분야에 활용할 수 있게 해주는 기술이었다. 이는 과학 시뮬레이션, 의료 영상 처리, 금융 모델링 등 다양한 분야에서 혁신을 가져왔다.

CUDA가 가져온 가장 큰 변화는 인공지능 분야였다. 2012년, 제프리 힌튼 교수팀이 개발한 AlexNet이 GPU를 활용해 이미지넷 경연대회에서 압도적인 성과를 거두면서 딥러닝의 시대가 열렸다. 이는 젠슨 황과 이안 벅의 2004년 만남에서 시작된 GPU 컴퓨팅 혁명이 맺은 결실이었다.

그때 선택한 방향이 인공지능의 역사를 바꿨다고 해도 과언이 아니다, GPU 없이는 현재의 딥러닝 혁명은 불가능했을 것이라고 인공지능 전문가들은 평가한다.

엔비디아는 이후 인공지능 연구를 위해 특화된 GPU를 꾸준히 발전시켰고, Tesla, Ampere, Hopper 등의 아키텍처를 통해 인공지능 학습과 추론 능력을 비약적으로 향상시켰다. 특히, 트랜스포머 신경망과 대규모 언어 모델의 등장으로 GPU의 수요는 폭발적으로 증가했다.

이러한 성과는 엔비디아를 세계에서 가장 가치 있는 기업 중 하나로 성장시켰다. 2023년에는 시가총액 1조 달러를 넘어서는 성과를 달성했으며, 젠슨 황은 '인공지능 시대의 선구자'라는 평가를 받고 있다.

더욱 주목할 점은 이 만남이 가져온 파급효과가 단순히 기업의 성공이나 기술적 혁신에 그치지 않았다는 것이다. GPU 컴퓨팅은 인공지능의 보편화에 기여했다. 연구자들과 스타트업 기업들이 강력한 컴퓨팅 자원에 접근할 수 있게 되면서, 인공지능 연구와 응용이 폭발적으로 확산될 수 있었다.

한 인공지능 역사 전문가는 "젠슨 황과 이안 벅의 만남은 단순한 비즈니스 미팅이 아니었습니다. 그것은 인류의 기술 진화 방향을 바꾼 결정적 순간이었다"라고 평가했다.

현재 엔비디아의 GPU는 ChatGPT, Claude, Gemini와 같은 최첨단 인공지능 모델을 훈련하고 서비스하는 데 핵심적인 역할을 하고 있으며, 이로 인해 인공지능은 우리의 일상생활에 깊숙이 들어오게 되었다. 이는 모두 2004년 젠슨 황과 이안 벅의 만남에서 시작된 여정이었다.

**사건 5**

## 딥러닝 혁명의 시작점이 된 'Alexnet' 개발

2012년 9월, 캐나다 토론토대의 '제프리 힌튼' 교수 연구팀이 개발한 인공신경망 'AlexNet'이 세계 최대 컴퓨터 비전 경연대회인 'ILSVRC'에서 압도적인 승리를 거두며 인공지능 역사의 새 장을 열었다.

알렉스 크리제프스키가 주도하고, 일리야 슈츠케버와 제프리 힌튼 교수가 참여하여 함께 개발한 이 딥러닝 모델은 이미지 인식 오류율을 기존 기술 대비 10% 이상 낮추는 놀라운 성과를 이루었다. 이 성과는 당시 인공지능 연구자들 사이에서도 혁명적이라는 평가를 받았다.

힌튼 교수팀은 많은 과학자들이 확신해왔던 인공신경망의 잠재력을 컴퓨팅 파워의 한계로 그 가능성을 완전히 실현하기 어려웠는데 그 벽을 허문 것으로 생각했을 것이다.

AlexNet의 성공은 단순한 연구 성과를 넘어 인공지능 분야 전체의 패러다임을 바꾸는 전환점이 되었다. 1940~50년대에 처음 개념이 등장한 인공신경망은 1980~90년대 한때 주목받았으나, 이후 지지부진한 성과로 '겨울의 시대'를 맞이했었다. 그러나 AlexNet의 성공으로 딥러닝이 주류 기술로 부상하며 인공지능의 '봄'을 다시 불러왔다.

특히 주목할 점은 AlexNet이 엔비디아의 GPU를 활용해 학습시간을 대폭 단축했다는 것이다. 두 개의 GPU를 병렬로 활용해 모델을 훈련시킨 것은 이후 딥러닝 연구의 표준이 되었다.

AlexNet은 혁신을 위해 활성화 함수인 ReLU를 효과적으로 활용하였다. 이 기술들은 오늘날 대부분의 딥러닝 모델에서 표준으로 사용되고 있다.

AlexNet의 성공으로 학계뿐 아니라 산업계에서도 딥러닝에 대한 관심이 급격히 증가했다. Google, Meta, MicroSoft 등 글로벌 테크기업들은 인공지능 연구에 대규모 투자를 시작했고, 스타트업 생태계도 활성화되었다.

힌튼 교수는 AlexNet의 성공 이후 2013년 Google에 합류하며 인공지능 연구의 산업화를 이끌었다. 그의 제자들인 크리제프스키와 슈츠케버 또한 Google과 OpenAI에서 핵심 연구자로 활동하며 인공지능 발전에 기여하고 있다.

AlexNet의 빛나는 성공은 오늘날 우리가 경험하는 인공지능 혁명의 시작점이었다. 이후에 개발된 자율주행차량, 음성 비서, 이미지 생성 인공지능, 대화형 인공지능 등 다양한 기술은 모두 AlexNet이 열어준 딥러닝의 길을 따라 발전했다.

인공지능 전문가들은 2012년은 인공지능 역사에서 분수령이 되는 해로 'AlexNet' 이전과 이후로 나뉜다고 해도 과언이 아니라고 평가한다.

이후 10여 년간 인공지능은 상상을 초월하는 속도로 발전했으며, 그 시작점에 'AlexNet'이 있었다. 제프리 힌튼 교수와 그의 연구팀이 토론토에서 이룬 혁신은 현대 인공지능의 기반을 다진 역사적 사건으로 기록되고 있다.

**사건 6**

# 인류의 한계를 넘어선 'AlphaGo'의 승리

2016년 3월, 서울 포시즌스 호텔에서 인류 역사상 가장 주목받은 바둑 대국이 펼쳐졌다. Google 딥마인드가 개발한 인공지능 바둑 프로그램 'AlphaGo'가 대한민국의 바둑 천재 이세돌 9단을 상대로 4승 1패의 압도적인 승리를 거두며 인공지능 발전의 새로운 이정표를 세웠다.

이 대결은 단순한 바둑 경기를 넘어 인공지능의 가능성과 한계를 시험하는 역사적인 순간이었다. 바둑은 오랫동안 인간의 직관과 창의성이 필수적인 영역으로 여겨져 왔으며, 가능한 착수점이 $10^{170}$에 이르는 복잡성 때문에 인공지능이 정복하기 어려운 마지막 게임 중 하나로 간주되어 왔다.

한 바둑 전문가는 "바둑은 단순한 게임이 아닙니다. 중국문화권에서는 수천 년간 인간 지성의 정수로 여겨져 왔습니다. AlphaGo의 승리는 인공지능이 인간의 영역으로 여겨지던 직관과 창의성의 영역에 들어섰다는 것을 의미합니다"라고 평가했다.

특히 충격적이었던 것은 AlphaGo가 보여준 플레이 스타일이었다. 전통적인 바둑 이론에서 벗어난 독창적인 수를 두며 이세돌 9단을 당혹스럽게 만들었다. 제2국에서 AlphaGo가 둔 '신의 한 수(37번째 착수)'는 바둑 전문가들을 놀라게 했으며, 인공지능이 인간과는 다른 방식으로 문제를 해결할 수 있음을 보여주었다.

"AlphaGo는 인간이 수천 년간 쌓아온 바둑 지식을 넘어서는 새로운 관점을 제시했습니다, 이것은 인공지능이 인류에게 새로운 지식과 통찰을 제공할 수 있다는 가능성을 보여주었다"라고 인공지능을 강의하는 대학교수는 평가했다.

당시, AlphaGo의 핵심 기술은 딥러닝과 강화학습의 결합이었다. AlphaGo는 수백만 개의 기존 프로 기사들의 기보를 학습한 후, 자기 자신과의 대결을 통해 실력을 향상시키는 방식으로 개발되었다. 이는 인간의 뇌가 학습하는 방식을 모방한 것으로, 이전의 규칙기반 인공지능 시스템과는 근본적으로 다른 접근법이었다.

이세돌 9단은 종합 전적 1승 4패로 AlphaGo에 패했지만, 네 번째 대결에서 유일하게 승리를 거두며 인간의 존엄성을 지켜냈다. 그의 승리는 인공지능이 완벽하지 않으며, 인간의 창의성과 직관이 여전히 가치 있다는 것을 증명했다.

AlphaGo와 이세돌의 대결은 전 세계적으로 엄청난 관심을 끌었다. 약 2억 명이 대국을 시청했으며, 이는 인공지능에 대한 대중의 인식을 크게 변화시켰다. 또한, 인공지능의 승리는 사람들에게 인공지능의 잠재력과 미래에 대해 생각하게 만들었다.

AlphaGo와 이세돌의 대결은 인공지능에서 소련이 발사한 스푸트니크의 충격과 같다. 미·소의 우주 경쟁이 스푸트니크 발사 이후 가속화된 것처럼, 인공지능 경쟁도 이 대결 이후 전 세계적으로 치열해졌다.

이후, AlphaGo는 이후 더욱 발전하여 AlphaGo Zero라는 새로운 버전으로 진화했다. AlphaGo Zero는 인간의 지식 없이 오직 바둑의 규칙만 가지고 자기 학습을 통해 기존의 AlphaGo보다 더 강력한 성능을 보여 주었는데 이는, 인공지능이 인간의 지식에 의존하지 않고도 독자적으로 발전할 수 있다는 가능성을 제시했다.

'AlphaGo'와 '이세돌의 대결'은 단순한 게임의 승패를 넘어, 인공지능의 발전 가능성과 인간 지능의 본질에 대한 근본적인 질문을 던진 역사적 사건으로 평가 받으면서 인공지능 혁명의 중요한 전환점이 되었다.

## 사건 7

# Google의 'Transformer' 신경망 공개

2017년 6월, 미국 캘리포니아주 마운틴뷰에서 Google의 연구팀이 인공지능 역사를 바꾼 논문 한 편을 발표했다. "Attention Is All You Need"라는 논문은 이후 인공지능분야에 혁명적인 변화를 가져올 'Transformer' 신경망을 세상에 소개했다.

Google 브레인 팀과 Google 리서치 소속 애쉬시 바스와니, 노암 샤제어, 니키 파르마, 제이컵 우즈벡스키, 일리아 수츠케버, 룰랑 존스 등 8명의 연구진이 개발한 이 모델은 기존의 순환 신경망(RNN)과 합성곱 신경망(CNN)구조에서 벗어나 어텐션 메커니즘만으로 언어를 처리하는 새로운 방식을 제시했다.

그들은 복잡한 순환 구조 없이도 입력과 출력 사이의 의존성을 모델링할 수 있다는 것을 발견했고, Transformer 모델은 이전 방식보다 훨씬 효율적으로 병렬 처리가 가능하면서도 번역 품질은 더 우수한 것을 증명했다.

Transformer 신경망의 핵심은 '어텐션 메커니즘'이다. 이 기술은 문장 내 각 단어가 다른 모든 단어와 어떻게 관련되는지 동시에 계산함으로써, 문맥을 더 정확하게 이해하고 장문의 의존성도 효과적으로 파악할 수 있게 한다. 이는 기존 모델들이 가진 장기 의존성 문제와 병렬 처리의 한계를 단번에 해결한 혁신이었다.

Transformer 신경망은 처음에는 자연어 처리 분야에서 기계 번역을 위해 설계되었지만, 그 효율성과 확장성으로 인해 곧 다양한 언어 처리 작업에 적용되기 시작했다. 특히 양방향으로 문맥을 파악할 수 있는 이 구조는 BERT, GPT 등 LLM의 기반이 되었다.

"Transformer 신경망의 등장은 자연어 처리를 신세계로 안내했고, 이 모델이 없었다면 오늘날 우리가 보는 ChatGPT나 Claude 같은 대화형 인공지능은 존재하지 않았을 것이다.

Transformer 신경망의 진정한 가치는 시간이 지날수록 더욱 분명해졌다. 이 구조는 모델의 크기를 수천억 개의 매개변수로 확장할 수 있게 했고, 이는 GPT-3, PaLM, Claude 등 현대 대규모 언어 모델의 놀라운 능력을 가능하게 했다.

연구자은 처음에는 Transformer신경망이 이렇게 확장성이 뛰어날 것이라고는 예상하지 못했고, 단지 효율적인 번역 모델을 만들고 싶었을 뿐이었다고 한다.

Transformer 신경망은 자연어 처리를 넘어 컴퓨터 비전, 음성 인식, 신약 개발 등 다양한 분야로 확장되고 있다. 특히 멀티 모달에서 Transformer 신경망은 텍스트, 이미지, 소리 등 다양한 형태의 데이터를 통합적으로 처리하는 데 중요한 역할을 하고 있다.

"2017년 Transformer신경망의 등장은 인공지능의 역사를 Transformer 이전과 이후로 나누게 한 사건으로 하나의 논문이 인간과 기계의 소통방식을 근본적으로 변화시킨 순간이었다"라고 한 인공지능 전문가는 평가했다.

Google의 Transformer 신경망 공개는 단순한 기술적 혁신을 넘어 인공지능이 인간의 언어를 이해하고 생성하는 방식의 패러다임을 바꾸었다. 이는 2022년 ChatGPT의 폭발적 성공과 이후 인공지능 산업의 급격한 성장으로 이어진 핵심 기반 기술로, 인공지능 발전사에서 가장 중요한 전환점 중 하나로 평가받고 있다.

**사건 8**

# OpenAI의 'ChatGPT' 출시

2022년 11월, 미국 샌프란시스코에 본사를 둔 인공지능 연구소 OpenAI가 대화형 인공지능 챗봇 'ChatGPT'를 전격 공개했다. 이 서비스의 등장은 단순한 기술 발표를 넘어 인공지능이 일반 대중의 일상에 깊숙이 파고드는 결정적 전환점이 되었다.

ChatGPT는 OpenAI가 개발한 GPT모델을 기반으로 한 대화형 인공지능으로, 이용자의 질문이나 요청에 사람과 유사한 방식으로 응답하는 능력을 보여 주었다. 특히 단순한 질의응답을 넘어 복잡한 질문에 대한 논리적 설명, 창의적인 글쓰기, 코드 작성, 다양한 형식의 콘텐츠 생성 등 광범위한 작업을 수행할 수 있어 전 세계적인 주목을 받았다.

"우리는 이용자들이 자연스러운 대화 방식으로 인공지능과 상호작용하는 경험을 제공하고자 했습니다. ChatGPT는 기술적 성과를 넘어 인공지능과 인간의 협업 방식에 대한 새로운 패러다임을 제시했습니다" OpenAI의 CEO 샘 알트만은 출시 당시 이렇게 밝혔다.

ChatGPT의 등장은 전례 없는 속도로 사용자 기반을 확장했다. 출시 5일 만에 100만 명의 사용자를 확보했으며, 2개월 내에 월간 활성 사용자 수 1억 명을 돌파해 역사상 가장 빠르게 성장한 소비자 서비스로 기록되었다. 이러한 폭발적 성장은 인공지능에 대한 대중의 인식과 접근성을 완전히 바꾸어 놓았다.

ChatGPT의 성공은 단순히 기술적 혁신이 아닌 사용자 경험의 혁명이었다는 점에 주목할 필요가 있다. OpenAI는 복잡한 모델을 누구나 쉽게 사용할 수 있도록 인터페이스를 제공했다. 이는 인공지능 서비스의 확산을 알리는 신호탄이었다.

"ChatGPT는 Apple이 스마트폰을 대중화했듯이, 인공지능을 일반 사용자들의 손끝에 가져다 놓았다"라고 국방분야에서 LLM의 활용을 주장하는 한 전문가는 평가했다.

ChatGPT 서비스의 출시는 다양한 산업에 즉각적인 파급효과를 가져왔다. 교육 분야에서는 학생들의 과제 수행 방식에 변화를 가져왔고, 법률 회사들은 문서 검토와 초안 작성에, 소프트웨어 개발자들은 코드 작성 보조 도구, 마케팅 전문가들은 콘텐츠 생성에 활용했다.

한편, ChatGPT의 확산과 허위정보 생성 가능성, 저작권 침해 문제, 일자리 대체 우려, 학생들의 과제 대리 작성 등 다양한 논쟁거리가 등장했다. OpenAI는 이러한 우려에 대응하기 위한 안전장치를 구축하고 모델을 지속적으로 개선해 나갔다.

ChatGPT의 성공은 기술 산업의 경쟁 지형도 획기적으로 바꾸었다. Microsoft는 OpenAI에 대규모 투자를 단행했으며, Google, Meta, Anthropic 등 글로벌 테크기업들도 경쟁 서비스 개발에 박차를 가했다. 이는 '생성형 인공지능 전쟁'이라 불리는 새로운 경쟁 시대의 시작을 알렸다.

한 연구소 인공지능 팀장은 "ChatGPT는 단순한 서비스가 아니라 인공지능이 우리 사회와 상호작용하는 방식의 근본적인 변화를 대표합니다, 이는 기술 역사에서 인터넷이나 스마트폰의 등장과 맞먹는 중요한 전환점"이라고 평가했다.

ChatGPT 출시 이후 생성형 인공지능은 기업 전략의 핵심 요소가 되었으며 일상생활의 다양한 분야에 통합되고 있다. 전 세계적으로 인공지능 정책이 빠르게 전진하는 가운데, ChatGPT의 등장은 분명 21세기 기술 발전의 결정적 순간으로 기록될 것이다.

OpenAI의 이 혁신적 서비스는 인공지능이 연구실의 실험에서 벗어나 우리의 일상에 완전히 통합되는 새로운 시대의 문을 열었다. ChatGPT가 보여 준 가능성과 한계는 앞으로 인류와 인공지능의 공존에 대한 청사진을 제시하고 있다.

**사건 9**

# Meta의 'LLaMA' 모델 오픈소스 공개

2023년 2월, Meta(구. Facebook)가 자사의 대규모 언어 모델 'LLaMA'를 오픈소스로 공개하면서 인공지능 업계에 새로운 바람을 일으켰다. 이는 대형 기술 기업이 독점해 온 첨단 인공지능 기술을 학계와 중소기업에 개방한 획기적 결정으로, 인공지능 기술의 민주화와 혁신 가속화에 중대한 전환점이 되고 있다.

당시 Meta에서 근무중이던 얀 르쿤은 "우리는 인공지능 연구가 더 개방적이고 투명해야 한다고 믿는다"며 "LLaMA의 공개는 머신러닝 커뮤니티가 더 작고 접근하기 쉬운 모델을 이해하고 구축하는 데 도움이 될 것"이라고 강조했다.

LLaMA는 7B(70억)부터 65B(650억)까지 다양한 매개변수 버전으로 출시되었으며, GPT-3와 같은 거대 모델보다 크기가 작으면서도 특정 벤치마크에서 우수한 성능을 보여주었다. 특히 Meta는 모델 크기가 작아 연구자들이 일반 컴퓨터로도 실험할 수 있다는 점을 강조했다.

국방용 LLM을 개발하는 한 전문가는 "ChatGPT와 같은 대형 모델들은 수천 대의 GPU로 훈련되고 막대한 컴퓨팅 자원이 필요해 대기업만이 개발하고 배포할 수 있었습니다. LLaMA의 공개는 이러한 장벽을 크게 낮추는 사건이었다"라고 설명했다.

LLaMA 모델의 공개는 의도치 않게 대중화되었다. Meta는 처음에 연구 목적으로만 제한적 액세스를 제공했으나, 모델이 온라인에 유출되면서 전 세계 개발자들이 이를 기반으로 다양한 프로젝트를 시작했다. 이 유출은 인공지능 커뮤니티에서 긍정적 사건으로 해석되며, Meta도 결국 이를 공식적인 오픈소스 프로젝트로 전환했다.

LLaMA의 공개 이후 Alpaca, Vicuna, Koala 등 LLaMA를 미세 조정한 수많은 파생 모델이 등장했다. 이러한 모델들은 각각 특화된 기능을 제공하며, 인공지능 연구의 다양성과 접근성을 높이는 데 기여했다.

인공지능 리터러시를 연구하는 전문가는 "LLaMA의 공개는 마치 리눅스가 컴퓨팅 운영체제를 민주화한 것과 같은 역할을 하고 있습니다, 이제 스타트업과 독립 연구자들도 최첨단 인공지능 기술에 접근하고 혁신할 수 있게 되었다"라고 평가했다.

Meta는 5월에 LLaMA 모델을 상업적으로도 사용할 수 있도록 라이선스를 변경했고, 7월에는 더 강력한 성능의 LLaMA-2를 발표했다. LLaMA-2는 2조 개 이상의 토큰으로 훈련되었으며, 특히 안전성을 강화했다고 밝혔다.

한 인공지능 스타트업 CEO는 "오픈소스 인공지능의 등장은 혁신 속도를 가속화하고 있습니다. 이제 우리는 거대기업의 API에 의존하지 않고, 자체 모델을 개발하고 맞춤화할 수 있게 되었다"라고 평가했다.

LLaMA의 공개는 인공지능 윤리와 안전성에 관한 논쟁도 촉발했다. 일부 전문가들은 강력한 인공지능 모델의 무분별한 접근이 가짜 정보 생성이나 오용으로 이어질 수 있다고 우려했다. 반면, 다른 전문가들은 오픈소스 방식이 오히려 다양한 시각에서 인공지능의 위험을 검증하고 안전장치를 개발하는 데 도움이 된다고 주장했다.

인공지능 모델의 공개는 단순한 기술 공개가 아닌 인공지능 개발의 철학적 접근에 관한 문제입니다, 인류의 미래를 좌우할 기술이 소수의 기업에 의해 통제되어서는 안 된다고 다수의 전문가들은 강조하고 있다.

Meta의 LLaMA 공개는 인공지능 생태계에서 오픈소스와 독점 모델 간의 경쟁 구도를 형성했다. OpenAI와 같은 기업이 폐쇄적 모델로 상업적 성공을 거두는 동안, Meta는 오픈소스 전략으로 인공지능 개발의 새로운 패러다임을 제시하고 있다.

LLaMA의 오픈소스 공개는 2023년의 가장 중요한 인공지능 사건 중 하나로 평가받으며, 인공지능의 민주화와 발전 방향에 큰 영향을 미치고 있다.

**사건 10**

# 경계를 허무는 'Physical AI'의 등장

2025년 5월, 인공지능의 진화는 더 이상 디지털 세계에만 머물지 않는다. 인공지능이 현실의 물리적 공간을 직접 인식하고, 판단하며, 행동하는 'Physical AI'의 시대가 본격적으로 열리고 있다. 소프트웨어 안에 갇혀 있던 인공지능이 이제는 로봇, 자율주행차, 드론, 스마트 팩토리 등 다양한 하드웨어와 결합해 인간의 삶과 산업을 혁신적으로 변화시키고 있다.

Physical AI는 '인공지능이 센서와 카메라, 모터, 액추에이터 등 다양한 물리적 장치와 결합해 실제 환경에서 스스로 판단하고 움직이는 기술'을 의미한다. 기존의 인공지능이 데이터 분석, 언어 처리, 이미지 인식 등 비물리적 영역에 집중했다면, Physical AI는 현실 세계에서 직접 '몸'을 가지고 작동한다는 점에서 차별화된다. 이 기술의 발전은 인간과 기계의 경계를 허물며, 인공지능이 물리적 공간에서 실질적인 '행동 주체'로 자리매김하게 만들고 있다.

CES 2025 기조연설에서 젠슨 황은 "언어 모델 기반의 인공지능 다음은 Physical AI로 이제 로봇의 시대가 올 것이며 그 로봇은 인공지능 기능을 갖춘 지능형 로봇이 될 것이다"라고 밝혔다.

Physical AI의 대표적인 사례는 자율주행 자동차이다. 차량에 탑재된 인공지능은 도로 상황을 실시간으로 인식하고, 수많은 변수 속에서 최적의 주행 경로를 계산해 스스로 운전한다. 2024년을 기준으로 미국과 유럽, 중국 등 주요 도시에서는 완전 자율주행 택시 서비스가 상용화 단계에 진입했다.

산업현장에서도 Physical AI의 영향력은 날로 커지고 있다. 스마트 팩토리에서는 인공지능 로봇이 생산라인에서 부품을 조립하고, 결함을 실시간으로 감지해 품질을 높인다. 독일의 한 자동차 공장에서는 인공지능 로봇이 인간 작업자와 나란히 일하며, 생산 효율을 40% 이상 끌어올렸다.

의료 분야 역시 Physical AI의 혁신 무대다. 외과 수술 로봇은 인공지능의 정밀 제어 하에 미세한 절개와 봉합을 수행하며, 환자의 생체 신호를 실시간 분석해 수술 중 위험을 사전에 감지한다. 서울의 대학병원에서는 인공지능 수술 로봇이 인간 외과의와 협력해 복잡한 심장 수술을 성공적으로 마쳤다.

농업과 물류, 건설 등 전통 산업에서도 피지컬 인공지능의 파급력은 가히 혁명적이다. 인공지능 드론은 광활한 농지를 날아다니며 작물의 생육 상태를 진단하고, 병충해를 자동으로 방제한다. 물류창고에서는 인공지능 로봇이 수천 개의 상품을 스스로 분류·이동시키며, 배송 효율을 극대화한다. 건설 현장에서는 인공지능 굴착기가 지형을 스스로 파악해 최적의 작업 경로를 결정한다.

Physical AI의 핵심은 '적응성'과 '자율성'이다. 강화 학습, 자기지도 학습 등 최첨단 인공지능 기술이 접목되면서, 기계는 예측 불가능한 환경 변화에도 스스로 학습하고 진화한다. 자율주행 로봇은 예상치 못한 장애물이나 날씨 변화에도 실시간으로 경로를 수정하며 임무를 완수한다. 이는 과거의 단순 자동화 로봇과는 차원이 다른 지능적 행동으로 우리에게 어떤 미래를 가져다줄지 감히 예측하기도 어렵다.

# 참고 문헌

## [논문]

1. 거대언어모델(LLM)의 국방분야 적용모델 연구 — 문경수 등 — 2024.
2. 국방분야 인공지능 기술 도입의 주요 쟁점과 활용 제고 방안 — 윤정현 — 2021.8
3. 자율주행을 가능하게 하는 기반 기술들 — 안성원 — 2017.5
4. 최근 국방분야 생성형 AI 적용 동향 — 육심언 등 — 2025.
5. 파이썬을 활용한 데이터 시각화 교육이 초등학교 6학년 학생의 컴퓨팅 사고력에 미치는 효과 — 김정아 등 — 2019.
6. YOLO 객체 탐지 모델의 구조 분석 및 발전 동향 — 강영아 — 2025.
7. Attention Is All You Need — Ashish Vaswani et al. — 2017.
8. Auto-Encoding Variational Bayes — Diederik Kingma et al. — 2013.
9. Backpropagation Applied to Handwritten Zip Code Recognition — Yann LeCun — 1989.
10. BERT : Pre-training of Deep Bidirectional Transformers for Language Understanding — Jacob Devlin — 2018.
11. Brook for GPUs : Stream Computing on Graphics Hardware — Ian Buck — 2004.
12. COMPUTING MACHINERY AND INTELLIGENCE — A. M. Turing — 1950.
13. Denoising Diffusion Probabilistic Models — Jonathan Ho et al. — 2020.
14. Efficient Estimation of Word Representations in Vector Space — Tomas Mikolov et al. — 2013.
15. Generative Adversarial Nets — Ian Goodfellow et al. — 2014.
16. ImageNet Classification with Deep Convolutional Neural Networks — Alex Krizhevsky et al. — 2012.
17. Improving Language Understanding by Generative Pre-training — Alec Radford — 2018.
18. LLaMA : Open and Efficient Foundation Language Models — Hugo Touvron et al. — 2023.
19. Long Short-Term Memory — Jergen Schmidhuber et al. — 1997.
20. Neural Machine Translation by Jointly Learning to Align and Translate — Bahdanau et al. — 2015.
21. The Perceptron : A Probabilistic Model for Information Storage and Organization in the Brain — Rosenblatt — 1958.
22. Training language models to follow instructions with human feedback — Long Ouyang et al. — 2023.

## [간행물]

1. 국가인공지능 전략 정책방향    과기정통부    2024. 9.
2. 공개 소프트웨어 연구개발 수행 가이드라인    정보통신산업진흥원    2018.
3. 기술 혁신을 위한 오픈소스 활용    소프트웨어정책연구소    2018.
4. 오픈소스 활성화를 위한 오픈소스 연구개발 생태계 연구    소프트웨어정책연구소    2021. 7.
5. 인공지능 학습용 데이터 품질관리 가이드라인 및 구축 안내서    한국지능정보사회진흥원    2021. 2.
6. 제3의 IT혁명 디바이스 시대가 온다    삼일PwC경영연구원    2024. 9.
7. 클라우드 산업 동향 및 핵심 성장요인 분석    한국수출입은행    2022. 3.
8. 프로세서 종류별 인공지능 반도체(AI Chip) 기술 동향 분석    정보통신정책연구원    2023. 12.
9. AI 반도체 기술 및 산업 동향    KDB미래전략연구소    2024. 7.
10. CES 2025로 살펴본 글로벌 기술 트렌드 : 더 가까워진 AX and more    한국 무역협회    2025. 2.
11. K-로봇경제 실현을 위한 제4차 지능형로봇 기본계획    산업자원부    2024. 1.
12. GitHub Octoverse 2024 Report    github.blog    2024. 10.

## [도서]

1. 데이터 사이언스 입문    타케무라 아키미치    2020.
2. 랭체인으로 LLM 서비스 개발하기    서지영    2024.
3. 인공지능의 역사    최승재    2024.
4. 점프 투 파이썬    박응용    2023.
5. 지능형 로봇의 이해와 활용    유범상    2013.
6. 컴퓨터 비전과 딥러닝    오일석    2022.
7. 클라우드 컴퓨팅과 인공지능의 만남    안성원    2017.
8. 혼자 만들면서 공부하는 딥러닝    박해선    2025.
9. AGI, 인공일반지능의 이해    이재성    2024.
10. AI 리터러시    김용성    2025.
11. Do it! BERT와 GPT로 배우는 자연어 처리    이기창    2021.
12. DUAL BRAIN    이선 클릭    2025.
13. LLM, 거대 언어 모델의 이해    김동성    2024.

## [언론기사]

1. 구글 머신러닝 엔진 '텐서플로' 오픈소스로 공개    전자신문    2015. 11. 10.
2. AI와 IoT 융합한 지능형 사물인터넷, 초지능 시대 연다    AI타임스    2022. 1. 11.

| | | |
|---|---|---|
| 3. 인공지능 학습용 데이터 구축 '데이터 라벨러', 새로운 미래형 일자리로 자리매김 | AI타임스 | 2022. 12. 2. |
| 4. "세종대왕 맥북 던짐 사건 알려줘" 밈이 된 챗GPT 엉뚱 답변 | 한국일보 | 2023. 2. 23. |
| 5. 메타, 상업용 대형언어모델 오픈소스로 공개한다 | AI타임스 | 2023. 6. 16. |
| 6. 작지만 똑똑한 AI … sLLM 시대 온다 | 매일경제 | 2023. 7. 23. |
| 7. 軍, AI기술 국방분야 적용 가능성 본격 타진 | 헤럴드경제 | 2024. 7. 3. |
| 8. NATO Acquires "NATO MSS", An AI-Enabled Warfighting System That Will Boost Its Command & Control Ability | EurAsianTimes | 2025. 4. 17. |
| 9. Britain Honors Computer Scientist Alan Turing As The Face of Their New Bank Note | Washington Post | 2019. 7. 16. |

# [누리집]

1. https://gemini.google.com/
2. https://www.perplexity.ai/
3. https://claude.ai/
4. https://copilot.microsoft.com/chats/
5. https://notebooklm.google/
6. https://ko.wikipedia.org/wiki/
7. https://namu.wiki/
8. https://www.fsf.org(Free Software Foundation)
9. https://www.nvidia.com/
10. https://mlflow.org/docs/latest/index.html
11. https://pseudo-lab.github.io/Tutorial-Book/chapters/object-detection/Ch1-Object-Detection.html
12. https://dot-learning.tistory.com/36
13. https://www.youtube.com/watch?v=okhvp6XE3k0&t=966s
14. https://www.youtube.com/watch?v=BEavWjwi68s&t=50s
15. https://www.youtube.com/watch?v=2GROL8SX9tY&t=878s
16. https://www.youtube.com/watch?v=ftQZo7XaTOA&t=30743s
17. https://www.youtube.com/watch?v=fdWx3QV5n44&t=171s
18. https://www.youtube.com/watch?v=-vnxFKHmKjc&t=82s
19. https://www.youtube.com/watch?v=pDNPew0LuD0&t=443s
20. https://www.youtube.com/watch?v=Wb-egpA7AFA

# 밀리터리
# 인공지능
# 리터러시

ⓒ 정현식, 2025

초판 1쇄 발행 2025년 10월 30일

| | |
|---|---|
| 지은이 | 정현식 |
| 펴낸이 | 이기봉 |
| 편집 | 좋은땅 편집팀 |
| 펴낸곳 | 도서출판 좋은땅 |
| 주소 | 서울특별시 마포구 양화로12길 26 지월드빌딩 (서교동 395-7) |
| 전화 | 02)374-8616~7 |
| 팩스 | 02)374-8614 |
| 이메일 | gworldbook@naver.com |
| 홈페이지 | www.g-world.co.kr |

ISBN  979-11-388-4900-5 (03550)

- 가격은 뒤표지에 있습니다.
- 이 책은 저작권법에 의하여 보호를 받는 저작물이므로 무단 전재와 복제를 금합니다.
- 파본은 구입하신 서점에서 교환해 드립니다.